자존감의 첫 번째 계단

자존감의 첫 번째 계단

의식하며 사는 기술

너새니얼 브랜든 · 고연수 옮김

교양인
GYOYANGIN

반응하는 삶을 살 것인가,
의식하는 삶을 살 것인가

어느 저녁 식사 자리에서 있었던 일이다. 누군가 나의 다음 책의 주제를 물었다. 나는 의식하며 사는 것이 어떤 의미인지 면밀히 살피는 책을 막 쓰기 시작했다고 대답했다. 그때 어떤 나이 든 여성이 풍파에 시달린 듯 잔뜩 주름진 얼굴을 찌푸리며 고개를 흔들었다. "의식하며 산다고? 좋은 생각이 아냐. 대체 누가 의식하며 살고 싶겠어요? 너무나 고통스러울 텐데."

나는 물었다. "자신이 무엇을 하고 있는지 인식하지 못해 상황이 좋아질 수 있는 기회를 놓치면서 기계적이고 무의식적으로 살면 덜 고통스러울까요?" 그녀는 답하지 않았다.

동석한 다른 사람이 한마디 했다. "글쎄요, 얻는 게 많다 해도 의식하며 사는 건 역시 고달픈 일 아닐까요?"

의식하며 살면 때때로 고통스러운 현실을 직시해야 하고 힘이 드는 것도 사실이다. 의식하며 살아가려면 분명 치러야 할 대가가 있다.(그 대가에 관해서도 꼼꼼히 따져볼 것이다.) 하지만 이 책의 요점은 의식하며 사는 것이 얼핏 보이는 단점보다 장점이 훨씬 더 많다는 것이다. 의식하며 살기는 힘과 자유의 근원이다. 그것은 우리를 짓누르는 게 아니라 우리를 고양한다.

의식은 더 밝아질 수도 있고 더 희미해질 수도 있는 불빛과 같다. 우리는 좀 더 의식하거나 좀 덜 의식할 수 있고, 혹은 좀 더 인식하거나 좀 덜 인식할 수 있다. 최적의 완벽한 의식과 말 그대로 무의식(혼수상태 같은)이라는 양극단 중 하나를 선택하는 것이 아니다. 좀 더 의식하거나 좀 덜 의식하는 것 사이에서 선택한다. 다시 말해 의식적으로 살거나 기계적으로 사는 것 사이의 어느 지점을 선택할 것인가의 문제라는 뜻이다.

안타깝게도 많은 사람들이 대개 기계적으로 산다. 유연하게 생각하지 못하고 내적 동기를 따져보지 않고 반사적으로 상황에 대응한다. 어떤 것을 새로운 각도에서 바라보는 일이 드물고, 새로운 생각도 잘 하지 못한다. 얕은 의식 수준에서 살아가며 그저 존재할 뿐이다. 짜릿함이나 열정이 고갈된 채 무채색으로 살아가는 것이다. 의식하지 않고 살면 지루하고 무기력하지만 의식하고 살면 에너지가 넘친다는 것은 흔히 경험할 수 있는 일이다.

의식하며 산다는 것은, 이 세계에 존재하는 방식으로서 앎(의식하기)에 집중한다는 것이고 각각의 상황에서 가장 적절한 수준으로 의식한다는 것이다. 그렇다고 이 개념이 명쾌한 것은 아니다. '의식하며 살기'라는 것은 완전히 추상적인 개념이다. 앞으로 이것의 의미를 차근차근 검토할 것이다.

　나는 여기서 의식(consciousness)이라는 말을 현실의 어떤 상황을 의식하거나 알고 있는 상태라는 기본적 의미 그대로 사용한다. 왜 의식이 중요한가? 의식은 의식을 지닌 모든 생물 종들이 현실에서 생존하고 적응하는 데 필요한 기초 도구이기 때문이라고 간단히 대답할 수 있다. 어떤 방식이나 어떤 수준으로 자신이 놓인 상황을 인식하는 능력, 그리고 그에 따라 적절하게 취할 행동을 제시해주는 능력이 의식이다. 이렇게 질문하는 편이 더 좋겠다. '어떤 것을 바라보는 시각은 왜 중요한가?'

　　의식하며 사는 것은 수동적인 정신 상태가 아니라 능동적인 정신 상태이다. 이것은 새로운 시각으로 세상을 보는 능력이다. 이해하면서 즐거움을 찾는 지성이다. 자신의 흥미, 행동, 가치관, 목적이나 목표에 관계된 모든 것을 인식하려는 것이다. 유쾌한 사실이건 불쾌한 사실이건 기꺼이 사실 그대로를 인식하는 것이다. 실수를 발견하고 그 실수를 바로잡고 싶어 하는 것이다. 흥미와 관심을 두는 대상에 대한 인식과 이해를 외부 세계와 내면 세계 모두에서 계속 확장하려는 것이다. 현실을 존중하고 현실 세계와 비현실 세계를 분별하는 것을 존중하는 것이다. 자신이 보고 있는 것을 제대로 보고 자신이 아는 것이 무엇인지 제대로 알려고 힘을 쏟는 것이다. 현실을 무시하는 것이 모든 불행의 근본이라는 것을 인식하는 것이다.

의식적으로 살거나 무의식적으로 사는 것은 다양한 방식으로 드러난다. 내가 경험한 심리 치료 사례 중 두 가지를 들어 의식하지 않고 사는 삶이 어떤 것인지 살펴보겠다. 이 두 사례는 그저 문제를 드러낼 뿐 해결책까지 보여주는 것은 아니다.

아널드는 47세의 역사학과 교수였다. 그는 자신이 아내를 무척 사랑한다고 생각했지만 실제로는 매우 냉정한 남편이라는 사실을 인식하지 못했다. 아내가 아내 자신의 중요한 문제로 얘기를 나누고 싶어 할 때면 그는 늘 딴 데 정신이 팔려 건성으로 반응했다. 아내가 원하는 바를 말하면 미소를 짓고는 별다른 대꾸 없이 화제를 돌렸다. 아내가 자신의 의견에 동의하지 않으면 아님 말고 식의 혼잣말로 얘기를 끝냈다. 아내는 남편이 그렇게 자신에게 상처를 주는 것에 대해서 대화하려고 애썼으나 그는 귀 기울여 듣지 않았다. 아니면 즉각 사과하고는 이내 아내의 말을 잊어버렸다. 아널드는 자신이 아주 헌신적인 남편이자 애처가라고 생각했다. 기분이 좋으면 진심으로 포용력 있고 섬세하게 배려하는 남편이 되기도 했지만, 본질적으로 그는 실제 아내가 아니라 자신이 만들어낸 아내의 이미지와 자기 자신, 그리고 아내를 사랑하는 마음만 있는 고치 속에서 살고 있었다. 그렇게 아내는 현실이라는 다른 세계로 추방되었다. 현실 세계의 용어로 설명하면, 아내는 그와 결혼해서 살고 있는 것이 아니었다. 아널드의 아내는 그가 실제 함께 살고 있는 그 여인이 아니었다. 그는 자기 머릿속에만 존재하는 환상과 살고 있었다. 자신의 주관적인 느낌으로 아널드는 아마 아내를 사랑했을 것이다. 하지만 의식하면서 사랑한 것은 아니었다. 매일매일 인식해야 하고 인식할 가치가 있는 관계를 맺지 않았다. 결국 아내는 병이 들어 돌연히 아널드의 삶으로부터 사라져버렸다. 비통하게 아내의 무덤 앞에 선 그는 12년의 결혼 생활 동안 사실은 결혼 생활을 하지 않았음을 깨달았다. 아널드는 자기 정신 속에 갇혀 있었다는 것을 알았다. 아내가 (죽음으로) 자신을 버리기 훨씬 전에 자기가 먼저 아내를 버렸다는 것을 이해했다. 사랑이 해내지 못한 것을 죽음이 해냈다. 그의 정신에 충격을 가해서 그를 깨어나게 했던 것이다, 잠시 동안이나마.

사람들은 대부분 고통을 겪고서야 무언가를 배운다. 아래 리베카의 경우처럼 아널드도 고통을 겪은 후 심리 치료를 받기로 결정했다.

리베카는 개인 성장 워크숍을 이끄는 39살의 여성이다. 그녀는 자신을 영적인 삶을 추구하는 사람으로서 높은 의식 수준에 이르렀다고 여겼지만 자신이 가족의 삶을 파괴했다는 것은 알아차리지 못했다. 《역경(易經)》을 공부했고 탄트라요가 과정을 이수했고 명상에 관한 전승 문헌에 심취했고 13년 동안 카를 융의 심리학을 바탕으로 삼아 정신 분석을 해 왔다는 사실로 자신을 과대평가했다. 10대인 두 딸의 행동을 두고 몇 시간이고 심리 분석을 하고 식사 중에 남편에게 꿈 이야기를 꺼내게 해서 그 꿈을 분석하고는 했다. 가족이 리베카의 분석에 무리가 있다고 하면 처음엔 부드럽게 공감해주는 듯하다가 끝까지 동의하지 않으면 짜증을 내고 결국엔 화를 냈다. 모든 가족이 지쳐서 입을 다물게 될 때까지. 리베카는 영적 지도자들의 명언을 끝없이 인용할 수 있었지만 딸들이 가끔씩 제 방에서 엄마만 죽어 없어진다면 얼마나 좋을까라고 말한다는 것은 전혀 알지 못했다. 남편은 공상에 빠져 지내는 것 같지는 않았다. 그저 자기 일에 파묻혀 가능한 한 아내와 단둘이 보내는 시간을 피했다. 리베카는 주변 사람들보다 더 '깨어 있고' 더 '의식하고 산다'는 점에서 자부심을 느끼며 도취된 상태로 인생을 살아갔다. 그런데 왜 자주 공허감을 느끼고 막연한 불안감에 시달리는지 알 수 없었다.

이런 사람들은 말 그대로 잠을 자고 있는 것도 아니고 인생을 성공적으로 살아가는 데 필요한 수준으로 깨어 있는 것도 아니다. 우리가 탐구해야 할 영역(좀 더 정확히 표현하자면 그 영역의 어떤 측면들)에 대한 사전 준비 작업으로 이들의 사례를 거론했다. 앞으로 더 많은 다양한 측면들을 확인하게 될 것이다.

인생을 뒤돌아보며 자신이 저지른 실수를 후회할 때 그 당시에는 깨어 있다고 생각했지만 사실은 잠들어 있었던 것처럼 보이는 경우가 있다. 지금은 이렇게나 분명하게 보이는 것이 왜 그 당시에는 보이지 않았는지 의아할 때가 있다. 물론 이게 자기기만일 수 있다. 지나고 나서 보면 모든 것이 명쾌하니까. 그 당시에는 의식하며 사는 법에 대해 자신이 아는 만큼만 의식하며 살았을 수도 있다.

하지만 일상을 살아가면서 이따금 몽유병 증상을 보였다는 느낌이 든다면 자신이 어느 정도로 의식하는지를 정확히 파악하고 있는 것이다. 우리는 깊이 생각해야 했을 때 대충대충 했다는 것을 알고 있다. 제대로 집중해서 인식하지 않고 산만하고 느슨해져 있었다. 물론 이유는 있었다. 하지만 그렇다고 의식하지 않고 행동했다는 사실이 달라지는 것은 아니다. 그리하여 우리는 너무 자주 과거를 돌이켜보면서 좀 더 의식했더라면 좋았을 것이라고 후회한다.

예를 들어, 결국엔 악연이 되고 만 연애를 하면서 처음에 인식하지 못했던 모든 위험 신호(연인의 모순된 행동, 앞뒤가 안 맞는 말들, 설명하지 않고 어물쩍 넘어갔던 일들, 납득이 안 가는 갑작스런 감정 폭발 따위)에 대해 생각해본다. '도대체 그때 정신을 어디에 두고 있었던 거야?' 하고 자문하게 된다. 혹은 해고당하기 훨씬 전에 상사가 했던 경고를 기억해내고는 왜 그 말의 의미를 파악하지 못했는지 어리둥절해한다. 혹은 최면에 걸리기라도 했던 것처럼 눈앞에 있는 기회를 알아보지 못하고 흘려보낸 사실을 돌아보면서 어떻게 그런 일이 가능했을까 자문하기도 한다. '내 인생인데 난 도대체 어디 있었던 거야' 하고 갸우뚱한다.

나의 전작인 《자존감의 여섯 기둥》에서 의식적으로 살기에 대해 논했을 때는 의식하며 사는 것이 자존감에 얼마나 중요한 영향을 끼치는지의 관점에서만 살펴보았다. 이 책에서는 의식하며 사는 것에 관해 좀 더 폭넓게 다룰 것이다. 의식하며 행동한다는 것은 무슨 뜻인가? 의식하며 사랑한다는 것은? 의식하며 양육한다는 것은? 의식하며 느낀다는 것은? 의식하며 일한다는 것은? 의식하며 투쟁한다는 것은? 의식하며 투표한다는 것은? 입법가로서 의식한다는 것은? 삶의 중요한 문제에 의식하며 대처한다는 것은?

정치 분야의 예를 들어보자. 의회 의원들이 어떤 계획의 예견되는 결과를 장기적 관점에서 고려하지 않고 순간의 편법으로 가격이나 임금 통제에 관한 법안을 통과시켜(불행하게도 대개의 법안이 이런 식이지만) 그 결과가 의원들이 문제를 바로잡겠다고 약속한 처음 상황보다도 심각해졌을 때(이것도 흔히 있는 일이지만), 국가 전체가 적절한 의식(그리고 양심)의 결핍에 따르는 대가를 치르게 된다.[1]

우리는 대개 어떤 특정 분야에서는 다른 분야들보다 좀 더 의식적으로 행동하는 경향이 있다. 예를 들어 직장에서 일할 때는 철저하게 의식하지만 인간관계는 거의 신경 쓰지 않을 수 있다. 반대의 경우도 있다. 정치적 신념보다는 개인적 성공에 대해 훨씬 더 명료하게 사고할 수도 있고 그 반대일 수도 있다. 건강 문제에는 신경을 곤두세우지만 종교나 도덕에는 무관심할 수도 있다. 물론 그 반대의 경우도 있다.

이 책에서 나는 인간의 가장 내밀한 정서부터 직업상 경력을 쌓는 것, 사랑에 빠지는 것, 결혼 생활 유지, 자녀 양육, 직장 생활에서 겪는 어려움 대처하기, 자신의 행동을 결정하는 가치관 선택하기, 자존감의 근원 이해하기, 종교나 신비주의에서 주장하는 것들과 의식하며 살기를 비교해보는 것까지 사람들의 다양한 관심사를 아우르며 의식하며 산다는 것이 무슨 뜻인지 검토할 것이다.

내 책을 읽은 독자들이 오랫동안 나에게 의식적으로 산다는 것과 영성, 종교, 신비주의, 신비주의와 결합된 도덕적 가르침 따위가 어떤 관련이 있는지 질문을 해 왔다. 그 질문들에 이렇게 책으로 답변할 기회가 생겨서 기쁘다. 특히 이 점에 관심이 많은 사람들은 1장과 7장만 읽어도 충분할 것이다.

인간은 인간의 본질적인 조건 때문에 지금 이 책에서 말하는 '의식하며 사는 것'이 필요하다. 현대인의 삶에서는 의식적으로 사는 것이 더더욱 긴요해졌다. 변화의 속도가 빨라질수록 적절하지 않거나 쓸모없게 된 낡은 신념이나 행동 방식으로 기계적으로 사는 것은 더욱 위험하다.

오랜 전통이나 낡은 제도는 사라지고 있다. 과거의 공적 권위는 점점 더 목소리가 희미해지고 존경을 잃고 있다. 우리의 문화는 산산이 부서져서 서로 충돌하는 수만 개의 하위 문화로 쪼개진 듯하다. 세상이 조각조각 해체되어 열성적인 순응주의자들도 무엇을 따라야 할지 점점 더 알기 어려워졌다. 이제 우리는 삶의 가치관을 스스로 선택해야만 한다. 어디서 거주할 것인가부터 어떤 직업을 가져야 할지, 어떤 삶의 방식을 고를지, 어떤 종교나 철학을 받아들일지에 이르기까지 점점 더 많은 삶의 형태를 선택해야만 한다. 인류사의 초기 사회는 이런 문제들에 대해 관습과 전통이라는 이전 세대의 삶의 방식이 제공한 선택지들이 전부였다. 하지만 그런 시대는 지나갔고 다시는 돌아오지 않을 것이다. 오늘날 우리는 유례없이 어마어마한 정보량과 엄청난 선택지에 노출되어 있다. 과거 어느 때보다도 우리 자신의 지략이 필요해졌다. 우리의 명료한 사고 외에는 아무것도 우리를 보호해줄 수 없다.

우리가 농경 사회와 산업 사회를 거쳐 정보 사회로 발전해 오고 있다는 사실은 의식적으로 산다는 것이 얼마나 중요한 것인지를 강력하게 시사해준다. 육체 노동의 시대는 지나갔고 지금은 정신 노동의 시대이다. 우리의 정신이 생존의 기초 도구라는 것은 새로운 사실이 아니다. 새로운 사실은 이것이 너무나도 분명해졌다는 것이다.

육체 노동 외에 제공할 것이 없는 사람들을 위한 일자리가 점점 줄어들고 있다. 지식, 정보, (그리고 혁신으로 이어지는) 창조성이 부의 원천인 경제에서 특히 필요한 것은 정신이다. 우리 시대는 기꺼이 생각하는 사람, 생각할 능력이 있는 사람을 필요로 한다.

인류사에서 전례가 없는 속도로 지식이 증가하고 있기 때문에 우리는 어제 받은 훈련으로 내일의 업무를 처리할 수가 없다. 계속 적응해 나가기를 원한다면 부지런히 '끊임없이 배우는' 것을 삶의 일부로 생각해야 한다. 오늘날, 이것이 의식적으로 산다는 의미이다.

불안정한 인간관계가 늘어 가는 세상에서 우리의 관심사가 가족 간의 유대감을 유지하고 강화하는 것이건, 개인의 성장과 발달이건, 무한 경쟁의 시장이라는 폭풍우 치는 바다 한가운데서 한 기업을 이끄는 것이건 (다시 말해, 우리의 목표가 물질적이든, 정서적이든, 영적이든 간에) 이런 것들을 이루어내는 데 필요한 것은 똑같다. 바로 의식하기, 생각하기, 배우기이다. 익숙해서, 잘 알고 있어서, 자동적으로 대처하는 것은 졸음운전과 같아서 재앙을 부른다.

우리는 인간 정신사의 새로운 천 년에 들어섰다. 이 책은 깨어나라는 경종이다.

자존감의 첫 번째 계단,
의식하며 살기

The
Art of Living
Consciously

의식하며 살기는 현실(사실과 진실) 존중을 기반으로 한다. 이번 장에서는 바로 이 점을 탐구하겠다.

먼저, 이러한 현실 감각을 지니고 태어나는 사람은 아무도 없다는 말로 시작하겠다. 현실 감각은 배워야만 한다. 현실을 온전히 인식하는 능력은 성취하는 것이다. 아이가 성장하는 과정에서 현실 인식을 방해하는 장애물은 곳곳에 있다. 어른들은 아이가 성장하면서 현실을 인식하고 인지하려는 자연스런 충동을 북돋우기는커녕 자신들의 문제점 때문에 아이가 그 장애물을 직시하지 않고 회피하게 만들수 있다.

아이로 살아간다는 것은 매우 힘든 일이다. 아이는 자신을 겁주고 혼란스럽게 하고 납득할 수 없는 어른들의 모습을 자주 목격한다. 그것들을 이해할 수 없어 자신의 판단력에 대한 믿음이 무너질 수 있고 현실감이 약화될 수 있다. 의식하기는 쓸모없거나 위험한 일이라고 느낄 수도 있다.

예를 들어보자. 엄마가 정직이 중요하다고 엄숙하게 설교한다. 그

때 손님들이 도착하고 엄마는 아이가 사실이 아니라고 알고 있는 것을 사실인 것처럼 얘기한다. 아이는 엄마의 얼굴에서 이 수수께끼를 풀 수 있는 실마리를 찾는다. 하지만 아이를 돌아보는 엄마의 얼굴에 죄의식이라고는 없어 보이고 엄마는 그 자리에서도 이후에도 한마디 설명조차 해주지 않는다. 이 위선(모순)은 사실이 사실이 아닌 걸로 취급됨으로써 혼란을 안겨준다.

다른 예를 들어보자. 아이가 엄마와 두 형과 함께 저녁 식탁에 앉아 기분 좋은 대화를 나누고 있다. 그때 아빠가 독한 술 냄새를 풍기며 헛걸음질로 비틀거리며 다가온다. 엄마는 고개도 돌리지 않는다. 의자를 당겨 앉으려던 아빠가 바닥에 엉덩방아를 찧고 만다. 그러고는 엉거주춤한 자세로 서 있다. 엄마는 주변에서 아무 일도 일어나지 않은 것처럼 대화를 계속한다. 이것이 불쾌한 일이 일어날 때마다 보이는 엄마의 반응이다. 아이의 눈은 아빠에게서 엄마에게로, 그리고 형들에게로, 또다시 아빠에게로 옮겨 간다. 하지만 아무도 아빠의 상황을 의식하지 않는다. 메시지는 분명하다. 사람들이 부정하는(회피하는) 사실은 사실이 아니라는 것.

예를 하나 더 들어보자. 아이는 교사가 별것 아닌 실수를 조롱하거나 비꼬는 이유를 이해할 수가 없다. 누구에게나 예의 바르게 존중해서 말하기를 그렇게 자주 강조하는 그 사람이 그러는 이유를 말이다. 짜증이 벌컥 나 있는 교사에게 아이가 용기를 내어 "저를 안 좋아하시는 거예요?"라고 묻고는 대답을 기다린다. "난 모든 학생들을 사랑해." 아이는 감히 더는 "그런데 왜 선생님은 우리가 선생님을 무서워하게 만들어요?"라는 질문을 하지 못한다. 그저 또 다른 거짓 답변이나 비꼬는 말을 들을 뿐, 교사가 이 질문에 진실을 말하지 않을 것이라는 점을 안다. 규칙이 제시되지 않는 게임에서 진실 게임은 소모전일 뿐이다.

아이들은 마음속으로 좀 더 깊이 있는 질문을 모호하게 겨우겨우 만들어보지만 입 밖으로 꺼내지는 않는다. "당신들의 세상에서 난 어떻게 살아야 하나요?"

이 질문 속에는 다음과 같은 의문들이 담겨 있다. 만약 당신이 내게 한 말이 말한 그대로를 의미하지 않거나 당신이 생각하는 바를 있는 그대로 얘기하지 않는다면 무엇을 믿어야 할지 내가 어떻게 알겠는가? 누가 언제 거짓말을 하고 있는지를 알 수 없다면 어떻게 사람을 신뢰할 수 있을까? 사실이 사실로 다루어지지 않는다면 확실한 것은 무엇일까? 그리고 나를 이끌어주는 어른들이 이런 모습을 보인다면 도대체 어떻게 세상을 이해할 수 있을까? 뭐가 뭔지 알 수 있을까? 그리고 알 수 없다면 난 어떻게 살아가야 하나?

아이가 인간의 비합리성에 맞닥뜨리면 이해하려는 의지(경험을 통해 사물의 이치를 찾아내려는 의지)가 꺾일 위험이 있다. 아이는 생각하기가 가치 있는 일이라는 믿음을 버릴 수도 있다.

아이들은 사랑을, 진실한 사랑을 필요로 한다. 또한 합리적인 세상에서 사는 경험도 필요하다. 그런데 너무나도 많은 부모들이 아이들에게 제공하지 못하는 경험이 바로 이것이다.

'합리적인 세상'이라는 말은 사실이 사실로 취급되고, 진실이 존중받고, 질문이 가치 있게 받아들여지고, 질문 때문에 야단 듣는 일이 없고, 사람들을 공격적으로 대하지 않고, 모순이 없는 환경을 의미한다. 공포감이 아니라 정신을 자극하며 사물을 이해하려는 아이들의 욕구를 존중하고 북돋아주는 환경을 의미한다.

때때로 일상생활에서 친밀한 관계인 어른들이 보이는 비합리적인 행동이 세상을 이해하려는 아이의 의지를 공격한다. 약속 깨기, 모순되는 명령, 명확한 사실을 부인하는 행동이 바로 그런 공격에 해당한다. 그리고 좀 더 심각한 공격도 더러 있다. 몇 년 전에 다섯 살 때 아버지에게 성폭력을 당한 여성을 상담한 적이 있다. 그녀는 최면 치료 중에 그 사건의 일부를 기억해냈다. 나는 그 사건에 따른, 그동안 드러나지 않았던 그녀의 생각이 궁금했다. 그중 가장 인상적이었던 것은 트라우마의 진원지였다. 그것은 폭력의 느낌이나 고통 자체가 아니었다. 아버지라는 사람이 어떻게 그런 짓을 할 수 있었는지 이해할 수 없다는 바로 그 점이었다. "내 아빠잖아요. 어떻게 그런 짓을 할 수가 있는 거죠?" 최면이 끝나고 나서 그녀는 말했다. "끔찍하게 무서웠어요. 내가 지닌 이성이나 분별력에 대한 모든 개념을 싹 날려버리는 경험이었어요." 그녀가 그 일로 어머니와 대화하려고 했을 때 트라우마는 더 복잡하고 심각해졌다. 어머니는 별일 아니라는 듯이 부엌 여기저기의 잡다한 일을 하면서 "네 아버지와 난 너를 사랑해."라든가 "너를 불행하게 만들 이유가 없어."라고 말하며 투덜거렸다. 아버지의 행위는 아버지와 어머니 두 사람의 관계에 아무런 영향을 끼치지 않았다. 어쩌면 아이의 육체에 저지른 범죄가 아이의 정신에 저지른 범죄보다 가벼웠다. 그녀에게는 의식하며 살기에 관심을 두게 하는 것보다 새로운 인간관계에 흥미를 불러

일으키는 것이 더 쉬운 치료 방법이었다. 그녀는 살아남으려고 의식의 불빛을 최대한 흐릿하게 낮추면서 긴 시간을 보냈다. 그 불빛을 다시 켜는 일은 끈질긴 노력이 필요한 과제였다.

하지만 극복해야 할 트라우마가 없을 때에도 의식하며 산다는 것은 우리 모두에게 쉽지 않은 도전이라는 것을 보게 될 것이다.

의식하는 삶은 현실을 직시하는 것

의식적으로 살려면 우리는 내가 '현실 감각'이라 부르는 것을 발달시켜야 한다. 이것은 무슨 뜻인가?

당신은 지금 손에 책 한 권을 들고 있다. 당신은 이 책이 갑자기 전화기나 커피로 변하지 않는다는 것을 분명히 알고 있다. 책장을 덮고 산책을 나갔을 때, 당신이 없는 사이에 집이 자동차로 변하지 않을 거라고 믿는다. 물론 강아지가 그 책을 박박 찢어놓는다거나 갑자기 허리케인이 집을 강타한다면 책이나 집이 달라질 수도 있다는 것은 알지만, 그 변화가 책과 집이라는 재료의 속성에 따른 자연의 법칙을 따른다는 것을 의심하지는 않는다. 책은 찢길 수는 있지만 아이스크림으로 변하지는 않는다. 집은 파괴될 수는 있지만 자전거로 변하지는 않는다. 우리가 어느 정도 확신을 품고 현실을 살아갈 수 있다면, 그 믿음의 궁극적인(형이상학적인) 뿌리에는 '사물은 사물 자신'이라는 앎이 있다. 철학에서는 이 원리를 동일률(the law of identity, 동일성의 법칙)이라고 부른다. A는 A이다. A는 A 그 자체이다. 이것이 논리학의 제1법칙이고 또한 존재에 관한 궁극적인 진술이다.

동일률은 사물은 반드시 그 본성에 따라 작용한다는 인과율을 끌어낸다. 어떤 주어진 상황에서 그것이 하게 되는 것은 그것이 어떤 것인지에 따라 결정된다.(그것이 무엇인지가 원인이 된다.)[1]

앞에서 물리적 실체를 예로 들었지만 반드시 물리적 대상일 필요는 없다. 여기서 '존재하는 것(an existent)'이라는 의미로 쓰인 '사물(a thing)'은 실재, 속성, 행동, 사고, 의도, 내적 감정 상태, 에너지의 형태라 해도 좋다. 존재하는 어떤 것이건 상관없다.

궁극적으로 우리가 이 세상에서 느끼는 어떤 안정감, 즉 안정된 우주에서 살고 있다는 느낌은 동일률에서 온다. 동일률은 우리가 경험하는 모든 것에 내재하는 것이어서 철학자가 아니라면 그것을 끄집어내 생각해보지 않는다. 하지만 동일률은 모든 것의 기초이다. 그것은 그것이고, 그것이 아닌 것은 그것이 아니다. 이보다 더 확실하고 더 본질적인 것은 없다.

여기서 우리는 우리의 모든 외부 사물 속에 깔려 있고 모든 것의 가장 기초가 되는 두 개념, 즉 존재(existence)와 비존재(nonexistence)에 대해 잠깐 살펴볼 필요가 있다.

이 개념들은 좀 더 쉬운 말로 어떤 것(something)과 무(nothing)를 일컫는다.

어떤 것(something)이라는 개념은 우리 정신 속의 모든 개념, 의식 속의 모든 내용, 그리고 모든 지식(그 지식의 깊이나 폭에 상관없이)에 적용된다. 이것이 바로 의식의 가장 기초적인 개념이자 의식의 출발점이다. 아기가 눈을 뜨고 시각이나 청각을 처음 느낄 때, 아기의 의식이 파악할 수 있는 모든 것이 '어떤 것'에 대한 인식이다. 아기는 그것이 '무엇'인지 모르고 아직 어떤 개념도 없지만 성인인 우리는 '어떤 것'의 개념이 아기가 인식하는 첫 상태와 단계를 일컫는다는 것을 안다. 아기가 느끼는 희미한 빛도 '어떤 것'이고 귀에 들리는 소리도 '어떤 것'이고 아기의 몸에 닿는 담요도 '어떤 것'이다. 의식한다는 것은 '어떤 것'을 의식한다는 것이다.

아기의 의식 발달에서 '어떤 것'을 파악하는 것 다음 단계는 실체를 지각하는 능력이다. 이것은 각각의 감각을 보유하고 통합하는 뇌와 신경 조직 때문에 가능하다.[2] 바로 이 능력에서 엄밀한 의미의 지식이 시작된다.

존재하지 않는 것은 무(nothing)이다. 우리는 대개 구체적인 사물이 존재하지 않는다는 것을 표현하려고 '무'의 개념을 사용한다. 호주머니 안에 물건이 없다는 것을 표현하고 싶을 때, "호주머니 안에 아무것도 없어.(I have nothing in my pocket)"라고 말한다. 혹은 돈이 하나도 없다는 말을 하고 싶을 때, "나는 무일푼이야.(The amount of my fortune is zero)"라고 한다. 그런데 '무'의 형이상학적 의미는 비존재이다. 문자 그대로 텅 비어 있다는 것, 공백, 영이라는 뜻이다. 비존재는 존재하지 않는다. '무'는 관계에만 적용되는 상대적 개념이다. 그것은 어떤 것과의 관계에서만 의미를 지니고 그 어떤 것의 부재를 뜻한다. '무'는 무일 뿐이다. 그것은 '어떤 것'의 다른 종류가 아니다.

'현실 감각'은 이 단순한 사실을 파악하는 능력이라고 말할 수 있다. 신비주의 문헌에서는 '무'(혹은 공空)를 '어떤 것'의 우월한 개념으로 취급하는 경향이 있다.

'어떤 것'은 '무'라는 진공과는 구별되는 구체적인 어떤 것임을 의미한다. 구체적인 어떤 것이란 어떤 종류나 성질이나 정체성으로 존재한다는 의미다. 어떤 사물의 '정체성'은 "그것이 그것인 것(that which it is)"이다.

그것인 것은 그것이다(That which it is, it is). 바위는 바위다. 전자는 전자(電子)다. 순간의 느낌은 순간의 느낌이다. 이루지 못한 야망은 이루지 못한 야망이다. 이 피할 수 없는 사실은 논리의 법칙과 모든 이성적 사고의 기초이다. 이것을 거부하면 사고는 일관성이 없어진다. 이것을 반박하려다 보면 여전히 이것을 기반으로 삼아 반박하고 있다는 것을 알게 된다. 어떤 사람의 주장은 그 사람이 주장하고 있는 바로 그 사실이지 그 반대의 사실이 아니다.

정체성이 없다는 것, 본질을 갖고 있지 않다는 것, 특정한 무엇이 아니라는 것은 어떤 것(anything)도 아니라는 뜻이다. 존재하지 않는다는 뜻이다. 존재한다는 것은 어떤 것(something)이라는 것이다.

논리학에서 동일률은 필연적으로 동반하는 원리가 있다. 무모순율이 그것이다. 무모순율은 어떠한 것도 동일한 범주에서 A이면서 동시에 A가 아닐 수 없다는 법칙이다. 어떠한 것도 같은 시간에 그리고 동일한 범주에서 어떤 속성을 지니면서 동시에 안 지닐 수 없고, 사실이면서 동시에 사실이 아닐 수 없다는 것이다. 어떤 양탄자가 흰색이면서 동시에 흰색이 아닐 수는 없다. 어떤 명제가 같은 범주에서 사실이면서 동시에 거짓일 수 없고 어떤 사건이 일어나기도 하면서 동시에 안 일어날 수는 없다. 우리가 어떤 것을 알고 있다면 알고 있는 것이다. 이것이 곧 의식하는 행위, 즉 현실 인식에서 본질적인 점이다.[3]

모순된다는 것은 우리 사고 과정에 오류가 있었다는 뜻이다. 모순의 예를 들어보자. 어떤 사람이 사이에 골짜기가 없이 나란히 서 있는 두 개의 산을 보았다고 한다면 이것은 모순되는 주장이다. 혹은 선출되는 데 필요한 거짓말을 딱 한 번 한 정치인을 완전히 정직한 정치인이라고 주장하는 것도 모순이다. 어떤 사람이 확실히 알지 못하면서 확신한다고 말하는 것도 모순된 주장이다. 비합리주의자들(오늘날 이런 사람들이 많다)은 모순을 옹호하고 모순을 상위 지식이라고 부를 수도 있다. 하지만 그들은 사실 아무것이나 지식이 될 수 있다고 주장하는 것이다. 모순되는 주장을 고집하는 것은 의식이라는 전선에 합선을 일으키는 것이다. 어떻게 모순에 빠지지 않을 수 있는지에 대해서는 7장에서 자세히 다루겠다.

이 문제와 관련해 사람들이 혼란스러워하고 모순된 주장이 가능하다고 생각하는 이유는 '같은 시간에 동일한 범주에서'라는 한정어에 충분히 주의를 기울이지 않기 때문이다. 논리학의 아버지 아리스토텔레스는 이 점에서 매우 엄격했다. 그런데 사람들은 예를 들어 "B는 직장에서는 책임감이 있지만 사생활에서는 매우 무책임하다. 그래서 그는 책임감이 있기도 하고 없기도 하다. 이런 식으로 모순어법은 가능하다."라고 말한다. 이 주장의 오류는 모순 어법이 가능하다고 한 데 있다. 시간과 범주라는 요인을 고려하면 이 주장은 모순이 아니다. 좀 더 엄밀히 진술한다면 다음과 같다. "B는 어떤 맥락에서는 책임감이 있지만 다른 맥락에서는 그렇지 않다. 예를 들어 업무 중에는 책임감이 있지만 사생활에서는 책임감이 없다."

모순되어 보이는 점을 해소하는 준거 틀을 새롭게 알게 되면서 두 진술이 모순된다고 생각하다가 나중에 그렇지 않다는 것을 확인하는 경우가 종종 있다. 이를테면 '종교적'과 '영적'이라는 용어를 좁은 의미로만 이해하는 사람은 "그는 영적이지 않지만 매우 종교적이다."라는 말이 모순이라고 여길 것이다. 하지만 좀 더 깊이 있게 이해하면 모순이라 생각했던 것이 오해였을 뿐이라는 점이 드러날 것이다.

정확히 모순이 되는 경우를 생각해보자. 예를 들어 다음과 같은 부모의 메시지가 아이의 정신에 끼치는 영향을 따져보자. (1) 우리는 네가 스스로 독립적으로 생각하기를 원해. (2) 우리는 네가 우리의 가르침에 복종하고 우리의 판단에 절대로 의문을 품지 않기를 원해. (3) 너는 (1)의 지시와 (2)의 지시가 서로 어긋난다고 말하거나 따지려 들면 안 돼. 발달 중인 아이들은 이런 모순이 의식이 충분히 성숙하기 전에 의식을 파괴한다는 것을 안다. 그래서 "내 말이 앞뒤가 안 맞니? 그래, 확실히 말이 안 되긴 해." 하는 식으로 응수하는 부모를 좋아하기 어렵다.

교육이라는 명목으로 'A'와 'A 아닌 것'이 한 공간을 서로 차지하려고 싸우게 하면서(즉, 모순된 것을 양립시켜) 어린아이의 정신에 폭력을 행사하는 다른 예를 더 살펴보자. "우리의 하느님은 무한한 자비와 사랑의 하느님이다. 그리고 네가 그분을 온전히 받아들이지 않는다면 하느님은 너를 영원한 지옥 불에 떨어뜨릴 것이다." "의문을 품지 마라. 이해하려 들지 마라. 그리고 이성적인 존재가 돼라." "절약하고 근면하고 열심히 일하는 것은 미덕이다. 하지만 만약 (그렇게 해서) 부를 얻는 데 성공하는 죄를 짓는다면, 부자가 천국에 들어가는 것보다 낙타가 바늘귀를 통과하는 것이 더 쉽다는 것을 기억하라." "섹스는 더럽고 역겹고 혐오스러운 것이다. 그리고 너는 남편을 위해 정절을 지켜야 한다."

물론 사람들은 대부분 모순을 당연하다고 여기지 않는다. 하지만 자신의 사고와 가치 체계가 모순투성이일 수 있음을 인식하지 못하기 때문에 자기 안에 모순이 있다는 것을 알아채지 못한다. 그래서 사람들은 적절한 행동에 관해 도덕적으로 자주 혼동한다.

사람들이 일상생활에서 모순을 마주하게 되는 가장 흔한 경우가 자신에 대한 공식적 견해(자기 개념)와 자신의 어떤 행동이 충돌하는 경우이다. 이런 경우에 우리에게는 다음 세 가지 선택지가 주어진다.

자신의 자기 개념을 수정할 수 있다.
자신의 행동을 바꿀 수 있다.
혹은 그 모순을 회피해버릴 수 있다.

첫 번째와 두 번째 방법은 좀 어렵기 때문에 세 번째 대안을 가장 흔히 선택하는 것 같다. 이 경우에 모순을 회피하려는 이유는 자존감이나 거짓된 모습을 지키기 위해서이다. 그러나 내면 깊은 곳에서는 자신이 무엇을 하고 있는지 알고 있기 때문에 실제로는 자신의 자존감을 갉아먹는 선택이다. 회피하면 의식은 속일 수 있을지 모르지만 잠재의식은 속이지 못한다. 지금 현실과 충돌하고 있다는 것, 회피하고 부정하면서 평온을 유지하고 있다는 것을 내면 깊은 곳에서는 알고 있다.[4]

개인의 내면 문제가 아니라 사회적 차원의 문제를 생각해보자. 예를 들어 담배 농가에 보조금을 지급하면서 금연 캠페인을 벌이는 것처럼 정부가 모순된 정책을 펴는 일은 부지기수다. 모순된 정책이 용인될 수 없도록 하는 법이 제정된다면 둘 중 한 가지 혹은 둘 다 폐지되어야 한다는 식으로 입법이나 조정 과정에서 벌어지는 혼란을 근본적으로 제거할 수 있을 것이다. 모든 분야에서 무모순율은 쓰레기를 쓸어내는 데 효과적이다.

동일률과 무모순율은 논리학의 원리 그 이상이다. 이것은 우리의 정신을 온전하게 보호하는 장치다. 이것을 무시하면 우리는 현실로부터 튕겨 나가게 된다.

적잖은 철학자들이 이 두 원리가 불변의 사실이 아니라 단지 개연성이 있을 뿐이라거나 통념일 뿐이라고 주장하려다가 이 원리들에게 역공을 당했다. 그 철학자들은 어쩔 수 없이 그들이 공격하고 싶어 하는 원리들을 전제로 삼아 논리를 편다는 반박을 당했다. 동일률과 무모순율을 격파하려 하면서 이 두 원리를 필요로 하고 사용함으로써 이들이 옳다는 것을 묵시적으로 인정해야 했던 것이다. 어떤 논리를 펼쳐도 다음과 같은 사실을 지울 수는 없다. 즉 어떤 주장을 내세울 때 그는 자신의 주장이 바로 그것이고 그것의 반대는 아니라는 사실을 암시하는 셈이다. 그리고 만일 그의 견해가 참이라면, 그것은 곧 그의 견해가 같은 시간에 같은 범주에서 거짓이 아님을 암시하는 것이다. 동일률과 무모순율은 예외가 없는 법칙이다.

사실의 객관성에 관해 좀 더 논의해보자. A가 A라면, 즉 사실이 사실이라면, 우리가 동의를 하건 안 하건, 알건 모르건, 믿건 믿지 않건 간에 상관없이 그것은 바로 그것 자체이다. 어떤 것이 사실이라면 우리가 그 점을 모르거나 보지 않으려 해도 사실이 아닌 걸로 만들 수 없다.(그리고 이것은 외부 현실에 적용되는 만큼 내면 세계의 많은 부분에도 그대로 적용된다.) 내가 어떤 것을 느끼고(말하고, 두려워하고, 상처 입고, 분노하고, 시기하고, 갈망하고) 있다면, 내가 인정하건 안 하건 나는 그것을 느끼고 있는 것이다. 현실은 존재하는 것이며, 의식의 기능은 현실을 지각하는 것이다. 현실은 의식의 대상이다. 현실은 의식이 지각하는 대상이며, 정확히 지각하는 법을 배워야 할 필요가 있는 대상이다.[5]

만일 내가 횡령을 했다면 나는 횡령범이다. 내 범죄가 드러나건 드러나지 않건 이것은 사실이다. 내가 다른 사람의 성과를 가로채서 내 것이라 주장한다면 아무리 세상 사람들이 나에게 갈채를 보낸다 할지라도 나는 사기꾼인 것이다. 내 배우자가 마약에 중독되어 있다면 내가 그 사실을 인정하건 안 하건 이것이 그의 현재 상황이다. 내가 한 아이의 부모라는 것을 싫어한다면 내가 아무리 아닌 것처럼 말해도 이것이 내 진실한 감정이다. 이것이 현실이다. 만일 어떤 영역에서 새로운 발견이 나의 신념과 모순되고 내 생각이 틀렸다는 것을 입증한다면, 내가 이것에 대해 생각해보려고 하건 안 하건 이것은 사실이다.

의식하며 산다는 것은 사실을 회피하려 하지 않는 것이다. 즉, 사실에 대해 눈을 감는 것이 그 사실의 존재를 소멸시킨다고 생각하지 않는 것이다.

의식하며 산다는 것은, 이 세계에서 살아남고 싶고 잘 지내고 싶다면 현실을 살고 현실에 적응해야 하므로 우리 자신의 존재와 행복에 관련된 것들, 더 구체적으로 말하면 자신의 행동과 관심사, 필요, 가치관, 목표를 상세히 살펴보는 것이 첫 번째 책무임을 이해한다는 뜻이다. 그러면 상황에 맞는 행동을 할 수 있기 때문이다.

의식적으로 산다는 것은, 우리가 이해할 수 있는 한 최선을 다해 현실과 우리 자신을 조화시키면 성공의 기회를 최대한 이용할 수 있고, 현실을 외면하면 실패하거나 심지어는 파괴적으로 살게 된다는 것을 안다는 뜻이다. 후자의 경우를 보자. 결혼 생활의 풀리지 않는 문제를 직시하기를 거부하다—여기에는 결혼 생활의 풀리지 않는 문제에 관해 대화를 나누지 않으면, 그 문제는 존재하지 않는 것이 된다는 전제가 깔려 있다.—마침내 배우자가 절망해서 포기하고 떠나는 경우를 생각해보라. 혹은 모든 병은 환상일 뿐이고 자신이 병에 걸리지 않았다고 믿는 한 계속 건강할 거라는 확고한 전제 아래, 병에 걸린 현실과 치료의 필요성을 인정하기를 거부하다가 병으로 죽는 사람을 생각해보라.(신앙심이 때때로 병의 진행에 영향을 끼칠 수 있다는 것은 지금 여기서 논의하고 있는 것과 모순되지 않는다. 전적으로 다른 문제이다.)

의식적으로 산다는 것은 상황을 직시하는 것이 그 상황에 눈을 감는 것보다 바람직하다는 점을 분명히 이해하는 것이다. 그리고 현실의 사실들을 존중하는 것이 사실에 저항하는 것보다 더 만족스런 결과를 가져온다는 것, 회피는 사실이 아닌 것을 사실로 만들거나 사실인 것을 사실이 아닌 것으로 만들지 못한다는 것, 사실이 존재하지 않는 것처럼 구는 것보다 나의 실수를 고치는 편이 더 이롭다는 것, 내 인생이나 삶의 목표에 대해 더 많이 의식할수록 더 현명하고 더 효과적으로 행동할 수 있다는 것을 확신하는 것이다.

내가 말하는 현실 감각이란 이런 복잡한 것들을 알아차리는 것이다. 현실을 깨닫는 것이 의식하는 삶의 기초이다.

외부 세계와 내면 세계는 연결되어 있다

우리는 대개 의식하며 살기의 의미를 깊이 생각하기 시작할 때 환경 문제에 관심을 보이는 것, 우리 주변의 세상을 이해하는 것, 우리의 추측에 대해 시비를 가려주는 증거를 찾는 것, 우리의 목표와 관련된 정보를 검색하는 것, 우리의 일에 관해 더 많이 배우는 것, 아니면 자신의 외부 세계와 관련된 다른 문제들에 대해 생각하는 것 따위를 떠올린다. 다 맞는 말이다. 하지만 이것은 절반의 이야기에 불과하다. 또 다른 절반은 자기 인식과 관련이 있다. 자기 내면의 욕구, 동기, 사고, 정신 상태, 정서, 몸의 느낌 따위를 이해하는 것이다.

합리성의 핵심이 현실의 사실들을 존중하는 것이라면 그것은 우리 삶의 모든 사실들을 포함해야만 한다. 우리의 내면 세계도 현실의 일부이다. 정신은 물질만큼 실재적이다. 의식적으로 살고자 한다면 자기 인식과 자기 반성을 해야만 한다.

외부 세계에 대한 정보로 가득 차 있고 외부 상황은 주의 깊게 관찰하지만 자기 내면 세계의 작동 과정과 그 과정의 의미는 전혀 감지하지 못하는 사람들을 우리 모두 알고 있다. 이런 사람들은 자기 소외 상태에 있는 것이다. 자신의 내면 세계(욕구와 정서의 세계)에 전혀 관심이 없는 사람들은 종종 외부 세계(사회 생활)에 효율적으로 대처하지 못한다.

효율적으로 대처하고 싶다면 양방향에서 들여다보는 법을 배워야 한다. 외부 세계와도 단절되지 않고 자신의 내면 세계와도 단절되지 않는 법을 배워야 한다. 예를 들어 어떤 구체적인 목표를 이루려 한다면 주어진 상황의 객관적인 요구 사항, 그리고 그것이 자신에게 주는 정서적 의미를 알아야 한다. 우리는 사실, 그리고 자신이 그 사실을 어떻게 평가하고 있는지를 알아야 한다. 무엇을 해야 하는지, 그리고 자신이 해야 하는 일에 대한 자신의 느낌을 알아야 한다. 행동으로 옮기는 순간 자신의 감정에 집중하지 않겠다는 선택을 할 수는 있지만(혹은 상황에 따라, 집중하겠다고 선택할 수도 있다), 그 상황의 개인적 의미를 의식하지 못하는 것은 대개 위험하다. 그런 정보들은 우리가 적절하게 방향을 잡도록 도와줄 수 있다.

현재 자신의 상황이 만족스러워서 외부 세계의 현실을 무시하고 감정에 따라 행동하는 쪽을 선택할 수 있다. 그럴 때 그 사람이 경험하게 되는 주된 감정은 불안이다. 눈을 감은 채 살기를 선택한다면 두려워할 만한 충분한 이유가 생기는 것이다. 리베카에게도 이런 문제가 있었다. 그녀는 자기 안에 빠져 살았기 때문에 자신의 행동이 가족에게 끼치는 영향이나 가족들의 적대감을 인식하지 못했다. 리베카가 느낀 불안감은 몸이 그녀에게 위험하다고 알리는 경고 신호였다.

반대로 외부 세계의 현실에 효율적으로 대응하려고 항상 자신의 감정을 무시하기로 결정했을 때, 그 사람은 중요한 영역에서 생각하는 능력이 망가지게 된다. 만일 우리가 자신의 개인적 맥락과 단절되면 개인적인 영역에서 합리적으로 행동할 수 없다. 즉 벌어진 상황이 자신에게 어떤 의미인지 파악하지 못하게 된다.

우리가 외부 세계에서 보지 못하는 부분은 자기 자신을 바라볼 때 보지 못하는 부분인 경우가 많다. 욕구를 부정하는 사람은 대개 그 욕구를 만족시킬 기회를 잡지 못한다. 예를 들어 친구가 필요하다는 욕구를 부정하는 사람은 친구를 얻을 기회를 얻지 못하고 외롭게 산다. 남자들에게 무기력하게 착취당하는 관계에서 벗어나지 못하는 여성의 경우처럼, 자신이 고통받고 있다는 현실을 부정하는 여성은 그 고통의 근원을 깨닫지 못하고 또다시 상처를 받는 상황을 만든다. 다른 사람들이 누군가를 시샘한다고 하면서 자신이 시샘하는 것은 인정하기를 거부하는 경우처럼, 자신의 욕구에 죄책감을 느끼고 부인하는 사람은 다른 사람들이 그런 욕구를 지니고 있다고 투사한다.

요점은 외부 세계를 의식하는 것과 내면 세계를 의식하는 것은 양방향에서 서로 자유롭게 소통되어야 한다는 것이다. 그렇지 않으면 어느 쪽도 제대로 인식할 수 없다. 이 점은 이성과 정서를 다룰 때 좀 더 자세히 이야기하겠다. 여기서는 먼저 외부 세계를 의식하는 것과 내면 세계를 의식하는 것 사이의 관계를 명확히 해 두기 위해 두 가지 사례만 제시하고 싶다.

25년 전쯤 나는 '영재 다루기'라는 주제로 열린 학회에 기조 연설자로 초대받았다. 나의 연설은 이렇게 시작했다. "신사 숙녀 여러분, 학부모님들과 교사 여러분, 만일 여러분이 어린 시절의 기억 속으로 되돌아가서 어른들에게서 받고 싶었지만 받지 못했던 것을 떠올린다면 여러분이 양육하고 있는 아이들이 여러분에게 무엇을 원하는지 알게 될 것입니다." 그리고 청중의 감정의 흐름과 기억을 자극하면서 아이였을 때 어땠는지, 주로 어떤 것들이 아이들을 좌절시키는지, 아이들의 정당한 욕구가 무엇인지에 관한 내용으로 강연을 이어 나갔다. 우리는 어린 나이에 상처를 입으면 인생을 견딜 만하게 만들려고 아예 감정을 느끼지 않거나 억누른다. 그러고 나면 오랜 시간이 흐른 후 자녀가 생겼을 때, 아이들이 우리가 이해할 수 없는 세상에 사는 것처럼 보일 수 있다. 그래서 봐야 할 것을 보고 해야 할 것을 하는 데 아주 애를 먹는다. 우리는 어린 시절의 자신을 이해하지 못하고 우리 앞의 아이들에 대해서도 무지하다. 문제는 대다수의 사람들이 자신이 제대로 보지 못한다는 사실을 모른다는 것이다. 이런 이유 때문에 감정 이입은 자기 인식에서 출발해야 한다. 즉 우리 내면의 현실을 파악하고 우리 자신의 어린 시절 경험을 기억해내는 것으로부터 시작해야 한다. 나의 기조 발표 후, 청중은 이것을 어떻게 행동에 옮길 것인지 자발적으로 토론하기 시작했다. 그들이 즉석에서 제시하는 갖가지 통찰력 넘치는 방법은 인상적이었다. 그들은 대체로 자신들이 어린 시절에 원했던 것들을 회상하면서 아이들이 필요로 하는 것을 더 많이 이해할 수 있었다.

자기 인식이 필수였지만 학회에 참석한 학부모들과 교사들에게 이것만 필요했던 게 아니었다는 것을 덧붙여야겠다. 참석자들은 아이들의 말을 경청하고 어떤 특수한 경우에 가장 큰 도움이 될 수 있는 것을 아이들로부터 배워야 했다. 그러지 않으면 자신들은 좋아하지만 아이들에게는 맞지 않는 것을 투사할 위험이 있었다. 내적·외적 인식을 통합할 필요가 있었던 것이다.

다음은 위의 사례보다 한두 해 전에 있었던 일이다. 40대 초반쯤 '구조 통합'이라고 알려진 신체 요법(흔히 그 치료법의 창시자인 아이다 롤프Ida Rolf의 이름을 따서 '롤핑 요법rolfing therapy'이라고 부른다)을 체험한 적이 있다. 이 치료 과정에는 몸을 중력과 좀 더 조화시켜 재배치하고 근육이 경직되어 생긴 몸의 불균형을 바로잡아, 차단된 감각과 에너지의 영역을 열어주는 고강도 마사지와 근막 조정 과정이 있다. 효과적으로 치료가 되면 전반적인 감각 능력이 자유로워지고, 육체의 반응 과정을 섬세하게 알아차리는 지각 능력이 향상되고, 몸의 전체적인 움직임을 좀 더 잘 조절하게 되고, 균형 감각이 좋아지고, 에너지가 넘치게 된다. 모든 사람이 비슷한 효과를 보는 것은 아니다. 전혀 효과가 없는 경우도 있다. 나로서는 딱 알맞은 때에 받은 치료였다. 몇 년 동안 찌뿌듯했던 몸이 훨씬 더 가벼워졌다. 전반적으로 나에 관해 더 생생하게 인지하게 되었다. 감정적으로 더 자유로워졌다. 내 안에 있던 어떤 벽이 녹아내리는 것처럼 느껴졌다. 그리고 더 많은 에너지를 느꼈다. 나 자신의 감정을 더 분명하게 느끼게 된 것은 놀랍지 않았다. 내가 전혀 예상치 못했던 것은 다른 사람들을 감지하는 능력도 달라졌다는 것이었다.

그 기간 동안 나는 많은 심리 치료 그룹을 이끌었다. 내담자들은 롤핑 치료가 계속되는 동안 한 주 한 주 지나면서 변화하는 내 모습을 확연히 알아차렸다. 나는 몸으로 하는 그 심리 치료의 체계적인 훈련을 아주 조금밖에 받지 않았지만 내담자들의 몸을 놀랍도록 정확하고 새롭게 읽을 수 있게 되었다. 얼굴 표정이나 눈동자의 움직임이나 자세의 소소한 변화, 서거나 앉을 때의 섬세한 변주, 미묘한 안색의 차이, 숨 쉬는 패턴의 변화, 이 모든 것들이 갑자기 말로 표현되듯이 또렷하게 정보를 제공하는 것처럼 보였다. 점점 더 다른 사람들을 잘 들여다볼 수 있는 어떤 공간으로 이동하는 것 같았다. 일종의 계시를 받는 느낌이었다.

이 두 가지 사례를 통해 강조하고 싶은 것은 우리의 내면을 좀 더 또렷이 볼 수 있을 때 외부 세계도 더 확실하게 볼 수 있다는 것이다.

이제 이성과 합리성에 대해 좀 더 언급하는 것으로 의식하며 사는 삶의 토대에 관한 논의를 마무리하겠다.

이성은 경험을 통합한다

이 장을 쓰기 시작한 날 아침 식사 중에 TV 뉴스를 켰다. 첫 번째 뉴스는 우주 비행사 짐 러벌(Jim Lovell)이 아폴로 13호에서 겪은 특별한 경험에 관한 것이었다. 그의 책 《잃어버린 달(Lost Moon)》을 영화화한 〈아폴로 13〉(1995년)이 막 개봉되려던 참이었다. 러벌은 조용히 절제된 말투로 달에서의 임무가 생존 게임으로 바뀌어버린 사고에 대해 설명했다. 산소통이 폭발해서 우주 공간을 고속 질주하고 있는 우주선이 거의 분해될 정도로 사태가 악화되던 와중에 연이어 터진 악몽과도 같은 상황(산소 공급은 급속히 줄어들고 지구로 귀환하는 데 필요한 에너지도 불충분한 상황)을 묘사했다. 그 인터뷰에서 흥미진진했던 것은 우주선 안의 우주 비행사들과 지상에 있는 보조 승무원들이 고도로 훈련된 지성으로 능숙하게 상호 작용하며 끝내 우주선과 비행사들을 무사히 귀환할 수 있게 한 놀라운 팀워크 감각이었다.

그 순간 잠시, 위기 상황에서 그들이 보여줬던 식으로 움직이는 세상에서의 삶은 어떨까 생각하며 가슴 시리게 그런 세상을 갈망했다. 나는 그 특별한 상황에서 필요했던 반응의 속도나 긴박한 상황에 대한 인식이 아니라 각자의 자리에서 보여준 의식하기, 합리성, 신뢰성의 수준에 대해 말하는 것이다. 그것은 모든 팀원들의 집요한 책임감이 가능하게 한 단결된 인간 활동의 경이로운 광경이었다. 나는 그들이 삶의 다른 영역에서 얼마나 합리적인지 모른다. 하지만 그 상황에서 주어진 현실은 확실한 것이었으며(아무도 그 현실을 그냥 무시해버리면 문제가 저절로 해결될 거라고 생각하지 않았다.) 이성은 절대적이었다.(아무도 해결책을 찾으려고 점성술사에게 전화하지 않았다.) 생존하려면 현실적이고 합리적인 판단이 필요하다는 것을 모두 알고 있었다.

나는 행동하는 이성으로서 영성의 좋은 예가 바로 이 사건이라고 생각했다.

나는 '영적'이라는 말을 '물질과 관련된' 혹은 '물질로 구성된'을 뜻하는 '물질적'이라는 말과 대조되는 말, 즉 의식과 관련된 의미로 쓴다. 더 나아가 의식의 필요, 그리고 의식의 발달과 관련된 의미로 쓴다. 이런 맥락에서 '이성의 영성'에 대해 논하자면, 엄청난 속도로 일하는 사람들이 지독히 어려운 과학 기술적 난제의 해결책(이것이 아니었으면 멸망했을지도 모를 인류를 생존하게 한 해결책)을 찾으려고 엄청난 집중력을 발휘하며 물리학·화학·생리학 등 여러 과학에서 끌어낸 거대한 추상적 이론들을 통합하고 적용할 때 작동하는 고도의 의식 수준과 결부해서 이해하기를 원한다.

젊은 세대에게 저지르는 많은 범죄 중에서 가장 최악은 그들에게 이성, 합리성, 비판적 사고의 중요성을 거의 가르치지 않는 것이다. 제대로 된 교육 체제라면 기초 논리학을 배우지 않거나 논리적 오류를 인식하도록 훈련받지 않고 고교 과정을 마치는 젊은이는 없을 것이다. 아이들은 무엇이 아니라 어떻게 생각할지를 배워야 한다. 인류의 지성사가 이루어낸 것을 배워야 한다. 이성의 능력이 그들을 인간답게 만드는 유일한 것이고 그들의 가장 소중한 자산이 두뇌라는 것을 이해하도록 도와줘야 한다.

젊은이들에게 합리성과 자존감의 관계, 즉 의식하기와 의식하기의 효과의 밀접한 관계를 가르치는 것만큼 큰 선물은 없다. 나는 30년 넘게 이 둘의 관계를 주제로 삼아 글을 쓰고 있다. 자존감의 핵심이 인생의 도전적 상황에 유능하게 맞선 경험이고 우리의 정신이 현실에서 생존과 적응을 가능하게 해주는 기초 도구라고 한다면 정신의 적절한 훈련보다 더 가치 있고 실용적인 일은 없다.

진화의 어느 단계에서 이성의 능력을 갖춘 생명 형태가 나타나기 전에도 수백만 년 동안 지구상에 생명체가 존재했다. 인간만의 특별한 능력과 정신 작용으로서 이성의 개념은 대략 2600년 전 고대 그리스에서 처음 명시적으로 확인된다. 거의 2세기 후에 아리스토텔레스는 인간을 '이성적 동물'이라고 규정했다. 이 말은 인간이 항상 이성적으로 행동한다는 뜻은 아니었다. 이성(최소한 완전한 형태로)의 능력은 인간이라는 종에 특유한 것이라는 의미였다. 이성은 인간을 다른 종과 구별하는 가장 두드러진 특징이며, 경이로운 인류 문명이나 인간의 수많은 행위를 이해할 수 있게 한다는 뜻이었다.

이해할 수 없는 충동에 지배받는 것은 인간뿐만이 아니다. 하등 동물도 마찬가지다. 하지만 우리의 몸으로 전달되는 메시지, 정서, 과거의 지식, 상상력, 외부 현실, 어쩌면 인류가 오랫동안 쌓아 온 경험까지 이 모든 것을 평가하고 통합하는 것은 '생각하기'라고 불리는 인간만의 독특한 능력이다.

물체를 인지할 수 있도록 이질적인 감각들(에너지의 파동)을 보유하고 통합하는 법을 자동적으로 배우는 뇌와 신경계를 가진 것이 인간이라는 종의 배타적 특성은 아니다. 다른 동물들도 유사한 면이 있다. 하지만 인간은 지각의 결과를 개념으로 통합하고, 현실의 어떤 양상들을 파악해서 그것들의 공통점을 찾아내고, 다시 상위 범주의 개념으로 통합(개념들을 상위 범주로 통합하거나 혹은 하위 범주로 나누어 점점 더 복잡해지는 지식의 구조를 세우고 점점 더 많은 현실을 정신이 지배하면서 그 개념들을 가지고 또다시 같은 작업을 하는 것)해서 마천루를 세우고, 의학적 진단을 위해 복잡한 의료 기기를 고안해내고, 인간의 노동력을 줄이면서 더 많이 더 효율적으로 생산해내는 새로운 방법을 발명하고, 인간을 달에 보내고 지구로 무사히 귀환할 수 있게 한다. 이것이 이성 기능을 작동시키는 인간만이 할 수 있는 것이다.

인간의 의식이 지닌 독특한 특징 중 하나는 정신이 정신의 과정을 검토하는 자기 반성이다. 우리는 이렇게 자문할 수 있다. 나는 어떻게 저 결론에 도달했는가? 정말로 나의 내적 동기를 알고 있는가? 나는 지금 편견의 영향을 받고 있는가? 이것이 사실이라고 믿을 수 있는 근거가 있는가, 아니면 단지 희망 사항일 뿐인가? 나는 지금 논리적인가? 나의 결론은 나의 전제를 따르고 있나? 우리는 정신의 작동뿐만 아니라 우리 삶의 어떤 양상도 가상 현실처럼 관찰할 수 있다. 우리는 이렇게 질문할 수 있다. 나는 누구인가? 내가 원하는 것은 무엇인가? 나는 어디로 가고 있나? 무슨 목적으로 살고 있나? 내 선택과 결정에 자부심을 느끼는가? 의식적으로 산다면 반드시 이런 질문을 하게 되어 있다. 그리고 그런 질문들을 가능하게 하는 것이 바로 우리가 지닌 이성적 능력(생각하는 능력, 나아가 생각에 관해 생각하는 능력)이다. 덜 진화된 의식은 이러한 정신 작용에 의문을 품지도 않고 그럴 수도 없다. 개는 자신이 부적절한 생각에 휘둘리는지 아닌지 궁금해하지 않는다. 침팬지는 자신의 목표가 합리적인지 아닌지 질문하지 않는다.

이성은 사람에 따라 다양하게 이해되기 때문에 내가 규정하는 이성의 개념에 대해 좀 더 언급할 필요가 있겠다.

이성(혹은 합리성)은 관계를 파악하는 능력이다. 구별하고 연결 고리를 찾고 추상화하고 합치고 구분하고 통합하는 능력이다. 이성은 무모순율에 기대어 구체적인 사실로부터 일반적인 원리를 도출해내고(귀납), 일반적인 원리를 구체적인 사실에 적용하고(연역), 새로운 지식과 정보를 기존 지식의 맥락에 연결한다.

우리는 정신의 작동뿐만 아니라 삶의 모든 측면에서 통합이 핵심이라는 것을 확인할 수 있다. 태아가 인간으로 성장하는 것은 분열과 융합으로 이루어진 점진적인 단계의 연속이다. 인간을 비롯해 모든 유기체는 위계적으로 조직된 구조와 기능으로 이루어진 복잡한 통합체이다. 우리는 환경에서 재료를 가져와 그 재료들을 부순 다음 재가공해서 그 재가공된 재료를 생존 수단으로 전환하는 새로운 통합을 이루어냄으로써 물리적 삶을 유지해 간다. 인식 작용도 마찬가지다. 통합은 물리적 삶의 주요 원리인 만큼 정신의 주요 원리이기도 하다. 이 원리는 어떤 실체를 지각하여 인식(인간과 동물이 생존하는 데 필요한 인식)한 결과물들이 인간이나 동물의 뇌 속에서 (자연이 '설정해놓은' 대로) 보유되고 통합될 때 작동한다. 개념을 형성하고 추상적 사고를 하는 과정, 즉 특히 인간의 생존을 결정하는 지식을 획득하는 과정의 핵심이 통합이다.

물론 이 과정은 자동적으로 이루어지지 않는다. 자동적인 지각이 아니라 의지에 따른 것이다. 우리는 생각하기를 선택해야 한다. 우리의 정신 과정을 개념 수준에서 유도해내고 관찰해야 한다. 우리의 결론이 반론의 여지가 있는지 검토해야 한다. 즉, 논리적으로 추론해야 한다.[6]

이성은 점진적으로 진화한다. 이성은 개념 수준까지 올라가는 인식의 수단이다. 이성은 삶을 명쾌하게 의식하게 하는, 삶 속에 내재하는 통합의 힘이다.

합리성, 즉 판단하고 행동할 때 이성을 쓰는 것과, 특정한 시대와 특정한 지역에서 사람들이 '합리적인 것'이라고 표현하는 것을 혼동하는 일은 흔히 있다. 하지만 이렇게 혼동해서는 안 된다. 혁신적인 생각을 하는 많은 사람들이 그 당시의 '일반적 통념'을 받아들이지 않거나 다른 사람의 규칙으로 하는 게임을 거부해서 '비합리적'이라는 비난을 받았다. 종종 합리성은 사람들이 '합리적'이라고 말하는 것들에 도전하고 거부해야 한다.

어느 정도 독립적인 아이는 자라면서 극히 개인적인 문제에서 어른들의 관점에 의문을 제기한다. 소년 혹은 소녀는 "왜?", "왜 그렇게 말해? 근거는 무엇이야?"라고 묻는다. 만족할 만한 대답을 제시하지 못하면 다른 사람들이 '합리적'이라고 말한다고 해서 그 관점을 받아들이지 않는다. 아이들의 가장 가치 있는 특성 중 하나가 사물을 이해하고 이치를 따지려는 욕망이다. 이것이 그들 내면에 있는 이성의 목소리이다.

인류 역사에서 합리적이라고 받아들여진 개념이 새로운 증거나 좀 더 정밀한 사고를 통해 뒤집힐 때 사람들은 때때로 이렇게 말한다. "이성에 대해서는 이쯤 하기로 하지요." 하지만 뒤집힌 것은 잘못된 개념이지 이성이 아니다. 사실, 이성이 그 오류를 무너뜨린 도구이다. 이성이 추구하는 것은(이 말은 정확히 진술되기가 쉽지 않다) 경험을 모순되지 않게 통합하는 것이다. 이 말은 경험에 개방되어 있고 경험을 이용한다는 뜻이다. 이성은 전통의 종복도, 합의의 종복도 아니다.

과정으로서 '이성'(혹은 '합리성')과 어떤 사람이나 집단이 '합리적인 것'이라고 이름 붙인 것을 구별하는 일은 아주 중요하다. 이성이 '부적절하다'고 말하는 것은 이 둘을 제대로 구별하지 못한 결과일 수 있다.

사람은 실수할 수 있다. 이것은 두말할 필요가 없다. 아무리 실수하지 않으려 애를 써도 실수할 수 있다. 그런데 여기서 내가 규정하는 일반적 의미의 이성이 자신의 오류를 바로잡을 수 있게 한다. 이것이 이성의 독특한 특징이다. 신앙이나 감정에 의한 판단에는 이런 자기 교정의 가능성이 없다. 거기엔 내장된 자기 교정 장치가 없다. 가끔은 진실을 드러내기도 하지만 오류를 탐지하거나 교정할 수 있는 길을 안내해주는 내적 기준, 즉 내적 식별 수단이 없다.

자신의 정신 작용을 관찰하고 평가하는 인간의 능력에 대해 이제까지 확인한 것 외에 다른 경우를 생각해보자. 사생활에서건 직장에서건 우리가 자신이 계획한 것을 재고해서 간과했거나 부주의했던 것 혹은 부적절한 추론이나 사고의 결함을 발견하고 계획을 수정하려고 할 때마다 이성은 자체 수정 태세로 돌입한다. 새로운 증거나 새로운 논쟁을 보고서 어떤 것에 대한 생각을 바꾸려 할 때마다 생각은 생각 자체를 교정하는 데 쓰인다. 어떤 합의나 제안에 동의하려 하는데 몸이 뭔가 불편하다고 신호를 보내거나 어쩐지 뇌가 작동을 멈춰 결정을 보류하고 한 번 더 검토하라고 할 때마다, (우리가 충분히 그것을 이해하고 있지는 않지만 이런 신호들을 무시하지 말라는 경험이 쌓여 있기 때문에) 우리를 멈추게 하고 다음 단계로 불쑥 나아가기 전에 좀 더 살펴보게 하는 것이 바로 이성의 역할이다. (덧붙이자면 사람들이 반드시 이 이성의 역할을 분명히 파악하는 것은 아니다. 그저

"감이 와."라고 표현할 수도 있다. 하지만 "경험상, 이걸 좀 더 확인해보는 게 좋겠어." 혹은 "이 협상이 그렇게 잘된 거라면 왜 뭔가 불편하지? 내가 계산하지 않은 것, 내가 수긍할 수 없는 뭔가가 있어."라고 말하는 것이 이성이다.)

더 나아가, 관점의 차이로 논쟁하다 생각에 빈틈이 있다거나 결함이 있다고 지적당했을 때 나의 입장을 다시 생각해볼 필요가 있다고 경고해주는 것이 이성이다. 새로운 증거가 나의 기존 관점과 양립(통합)할 수 없을 때 처음부터 다시 시작하라고 말해주는 것도 이성이다. 나의 신념 체계로 이해할 수 없는 사건이 일어났을 때 그 신념을 전제부터 다시 검토해보라고 가르쳐주는 것도 이성이다.

의식하고 살기를 실천하면 자신의 생각에 오류가 있을 수 있음을 암시하는 증거를 열린 태도로 확인하고 기꺼이 그 오류를 바로잡게 된다. 이것은 정신적으로 완고하고 경직된 사람이 보이는 자기 방어적 태도와 반대되는 모습이다. 방어는 자신을 보호하려는 무의식에서 나온다. 결코 실수해서는 안 된다고 생각하거나 잘못을 인정하는 것은 자신의 가치를 훼손하는 것이라는 잘못된 생각을 고집하면 인식·능력이 위축되고 맹목적인 사고를 하게 된다. 의식하고 살려면 (그리고 진짜 자존감을 갖추기 위해서는) 자신의 오류를 찾아내고 그것을 인정하는 솔직함이 필요하다. 이러한 태도의 저변에는 '난 현실과 대립하지 않는다'는 전제가 깔려 있다.

이성을 방해할 수 있는 격렬한 감정, 인간의 타성, 자유의지 때문에 이성의 자기 교정 장치는 자동적 혹은 즉각적으로 작동하지 않는다. 하지만 결국 이성과 현실이 이긴다. 과학 기술의 진보는 이성과 현실의 승리를 보여주는 모범적 사례이다. (기술이 항상 인간의 삶에 긍정적으로 분별력 있게 쓰이는 것은 아닌데 그것은 이성의 실패가 아니라 이성의 활용이 실패한 것이라고 보아야 한다. 이성은 수단뿐만 아니라 목적에도 맞게 적용되어야 한다. 나는 '도구적 이성'이라는 개념에 강력히 반대한다. 목적을 따지는 것은 이성의 영역이 아니라고 주장하면서 합리성을 수단의 선택에만 한정하는 것이 '도구적 이성'이다. 나치 수용소의 가스실이 효율적으로 작동되었다는 사실이 인간의 합리성을 보여주는 사례라고 할 수는 없다. 이성은 맥락을 무시하는 것, 즉 어떤 사건이 진공 속에서 발생했다고 보는 것을 용인하지 않는다. 전체 맥락에서 사안을 보고 상황에 맞게 가늠하는 것이 합리성의 특징이다.) 과학이 진보하면서 낡은 것을 대체하는 새로운 패러다임(기존의 낡은 모델로 쉽게 통합할 수 없는 새롭게 축적된 데이터)이 필요해지는 경우를 보자. 이성의 슬로건은 "통합하라, 통합하라, 통합하라!"이다. 이런 추진력이 과학 발전의 원동력이다.

물론 이성을 오직 과학과 동일시하는 것은 잘못일 수 있다. 과학은 현실의 사실들을 합리적이고 체계적으로 연구하는 학문이다. 그 목표는 자연의 법칙을 발견하는 것이다. 우주를 이해할 수 있는 명료하고 통합된 지식을 얻는 것이다. 과학은 이성의 표현일 뿐 이 둘의 의미는 같지 않다. 이성이 좀 더 넓고 포괄적인 개념이다. 인간은 과학적이지 않으면서 합리적일 수 있다. 직장에서 어려운 문제를 해결하거나 대화를 통해서 서로 복잡한 마음을 이해하는 것처럼 삶이 차질 없이 돌아가게 하는 일상의 사고 작용을 보라.

우리의 삶에서 이성이 차지하는 막중한 역할을 인정한다고 해서 추론만이 유용하고 합리적인 정신 활동이라고 주장하는 것은 아니다. 환상 품기, 공상하기, 창조적인 지적 놀이, 명상을 통한 자기 관찰, 사색하기, '우뇌'가 하는 온갖 엉뚱하고 비언어적인 인지, 이 모든 것들은 아주 유용한 역할이 있고 중요한 목적이 있으며 정신이 제대로 작동하고 있다는 것을 말해준다. 하지만 목적 있는 생각하기를 멈추고 또 다른 정신 작용 모드로 전환할 시점을 알려면 사고라는 행위가 필요하다. 그리고 우리가 지닌 지식의 전체 맥락을 배경으로 하여 정신 작용이 불러오는 결과를 확인하는 것도 이성이 하는 일이다. 분명히 말해서 이성의 임무가 통합이기 때문에 이성은 최종적 심판관이다.

철학자 모티머 애들러(Mortimer J. Adler)는 다음과 같은 정확한 관찰을 했다.

불치병으로 생명을 위협받지 않고 살아 있는 동안 우리에게 닥칠 수 있는 모든 중대한 불운 가운데 가장 치명적인 것은 정신력의 상실이다. 좀 더 구체적으로 말하면, 지적 능력 곧 합리적으로 사고하는 능력의 상실이다.

시력이나 청력 상실, 부분적 근육 마비, 팔다리의 절단, 지각된 것의 의미를 이해하지 못하는 인지불능증, 이 모든 것들은 분명 장애이긴 하지만 여전히 인간적 차원에서 살게 해준다. 하지만 지적인 정신을 빼앗기는 것은 인간성을 빼앗기는 것이다.[7]

사람들은 이성의 개념에 대해 많은 오해를 한다. 그런 오해들을 다 열거할 수는 없고 한두 가지만 좀 더 자세히 살펴보겠다.

몇 년 전에 나는 내담자의 감정과 정서적 맥락을 깊이 이해하고 싶을 때 내담자가 앉아 있는 자세로 앉고 내담자의 들숨 날숨의 호흡을 그대로 따라하면서 어느 정도 내담자와 정신적으로 일치가 되었다는 상상을 하면(이 상황을 말로 충분히 설명하기는 어렵다), 내 마음 속에 떠오르는 통찰과 내가 끌어내는 반응에서 증명되듯이 더 깊고 새롭게 내담자를 이해하게 된다는 것을 알았다. 동료 연구자들은 이것을 두고 완전히 비합리적인 이론이 아니냐고 했지만, 내 생각은 그들과 전혀 달랐다. 나는 추론의 과정을 거쳐서만 생각할 수 있다고 주장한 적이 없다. 예를 들어 아인슈타인도 그의 이론을 세울 때 근육 감각이 한 역할을 언급한 적이 있다. 또한 나는 우리가 이미 우주에 관한 정보를 파악할 수 있는 모든 방법에 관해 충분하고 포괄적인 지식을 갖고 있다고 주장해본 적도 없다. 다양한 통찰을 '지식'으로 전환할 수 있는 것이 이성이고 현실 검증이다. 우리의 통찰이 사실을 보여주고 있는지를 확인하려면 현실 검증이 필요하다.

내담자의 동작을 따라하는 심리 치료 방법이 대체로 좋은 결과를 내는 이유를 대략적으로는 설명할 수 있다. 그러나 만족스럽게 설명할 수 없다 해도, 이 방법이 내담자의 피드백으로 확인되듯이 내담자의 내적 상태를 더 깊이 인식할 수 있게 한다는 것을 계속해서 확인한다면 이 방법을 하나의 도구로 쓰는 것이 합리적일 것이다. 나는 이 방법에 오류가 없다고 생각하지는 않는다. 깊이 있는 대화와 관찰을 통해 정확도를 계속 점검할 것이다.

효과가 있는 이유를 충분히 설명할 수 없다 할지라도 유의미한 결과를 낸 실적이 있는 방법을 사용하는 것은 합리적이다. 인류는 수천 년 동안 왜 혹은 어떻게 효과가 있는지 이해하지 못하면서도 민간요법을 써 왔다. 치료법의 효과를 관찰하고도 그것을 이용하지 않는 것은 비합리적인 판단일 것이다.

의식하며 산다는 것의 의미는 효과가 있는 것에 집중하는 것이고 그것에 좀 더 집중해서 그것에 내재된 원리들을 이해하려고 하는 것이다. 또한 효과가 없는 것에 주의를 기울이고 그것을 중단하는 것이다.

이성이라는 것이 처음으로 확인된 이후, 인류가 이성에 대해 오해한 것은 이성과 감정의 관계이다. 고대 그리스 이후 전통적으로 감정 옹호자들은 이성을 피와 심장의 지혜로운 통찰을 방해하는 압제자로 본 반면에, 생각 옹호자들은 감정을 이성이 억누르고 제재해야 할 '야생마'로 여겨 왔다. 나중에 확인하게 되겠지만 이 견해는 둘 다 옳지 않다. 두 견해 모두 의식적으로 사는 데 도움이 안 된다.

의식적으로 사는 것은 이런 이분법과 그 밑에 깔린 잘못된 전제를 거부한다. 의식적으로 살려면 이성과 감정이 서로 반대되는 것이 아니라 통합되는 것으로 보는 더 넓은 시각이 필요하다.

앞으로 솔직하고 깊게 느끼면 자유로운 상태로 명료하게 사고할 수 있다는 것을 확인하게 될 것이다. 명료하게 사고하는 것은 열정적인 삶을 위한 맥락을 창조하는 것이다. 의식적으로 산다는 것은 인간의 영혼을 갈등하는 세력들 간의 전쟁터로 보는 견해를 뛰어넘어 깨달은 사람의 자유로운 상태처럼 충돌이 아닌 조화로 보는 것이다.

의식하는 삶과
의식을 회피하는 삶

The
Art of Living
Consciously

아내 데버스와 나에겐 해묵은 문제가 하나 있었다. 내가 아침에 토스트와 커피를 준비하면서 부엌 바닥에 커피를 자주 흘리는 것이 문제였다. 나는 그런 사실을 눈치 채지 못했기 때문에 커피 자국을 닦지 않았다. 데버스는 주기적으로 그 일을 지적하며 좀 더 주의해 달라고 부탁했다. 나는 그렇게 하겠다고 약속하곤 했다. 그리고 정말로 그럴 생각이 있다고 느꼈다. 하지만 어찌된 일인지 계속해서 커피를 쏟았다. 아내에게 지적받을 때는 때때로 당혹스러웠다. 주의하겠다고 굳게 결심했는데 도대체 왜 혹은 어떻게 그런 일이 계속 벌어지는지 이해할 수가 없었다.

우리는 그 문제를 두고 많은 얘기를 나눴다. 가끔은 우호적이었지만 항상 그렇지는 않았다. 나는 커피를 머그잔에 담아 마시기를 좋아했는데 받침 접시를 쓰는 게 귀찮았다. 머그잔의 균형을 잡는 것이 왜 그렇게 어려운지 나도 도무지 이해할 수가 없었다.

우리가 새 집을 지어 흰 바닥재 사이에 흰 줄눈으로 시공한 훨씬 더 깔끔한 부엌이 생기자 그 문제를 더는 피할 수 없는 상황이 되었다. 흰 줄눈에서 커피 얼룩을 제거하기는 쉽지 않은 일이었다. 어느 날 컴퓨터 앞에 앉아 있는데 부엌에서 데버스의 화난 목소리가 들렸다.

"여보! 도대체 이 얼룩을 내가 지워야 할 이유가 있나요?"

"물론 없죠. 내가 처리할게요." 나는 곧 축축한 스펀지를 들고 무릎을 꿇고 앉아 줄눈의 얼룩을 없애려고 애를 쓰다가 무심코 내뱉었다. "제기랄, 힘드네."

"싱크대 아래 얼룩 제거제가 있어요." 아내가 대꾸했다. 얼룩 제거제로 닦고 있을 때 아내가 등 뒤에서 말했다. "이 문제를 어떻게 해야 할지 도무지 모르겠어요. 정말 수천 번 얘기했는데 아직도 똑같잖아요." 나는 아무리 주의를 기울여도 이 문제가 해결이 되지 않으니 나도 얼마나 난감한지 모르겠다고 계속 우겼다.

내가 네 발로 커피 얼룩을 제거하는 동안 아내가 웃음을 참느라 애쓰고 있었다는 것은 나중에야 알았다. 아내가 여전히 화가 나 있다고 생각했고 그게 당연하다고 생각했다.

그때 아내가 의기양양하고 재밌는 표정으로 이렇게 선언했다. "어떻게 이 문제를 해결해야 할지 알겠어요. 언젠가 너새니얼 브랜든이 심리 치료에서 사용한 방법을 써야겠어요." 나는 큰일 났구나, 하고 생각했다.

"커피를 쏟아서는 안 된다는 데 동의하나요?"

"물론."

"자, 당신의 손발에 이상이 없으니 커피를 쏟지 않을 수 있다는 것에도 동의하나요?"

"물론."

"좋아요. 그럼 내가 바닥의 커피 자국을 발견할 때마다 오백 달러씩 주겠다고 약속해요."

"오백 달러씩이나? 너무 심하잖아요."

"당신이 17년 동안 흘린 커피를 생각해봐요."

한참 침묵을 지켰다. 아내의 말이 절대적으로 옳고 합리적인 제안이라고 생각했다. 논리적으로도 그 제안에 동의하는 게 옳다고 느꼈다.

작업실에 앉아 스멀스멀 올라오는 절망감을 느끼며 이제는 정말로 이 문제를 해결해야 한다고 생각했다. 정신이 잠시 외출하는 (absent-minded, 이 말은 이따금 반의식semi-conscious을 정중하게 표현하는 말이다) 호사를 누리느라 매주 삼천오백 달러를 지불할 능력은 없었다. 그래서 나는 이전에 나 자신에게 물어볼 생각을 해본 적이 없었던 질문들을 스스로 던져보았다. 나는 왜 커피를 쏟았을까? 커피를 쏟지 '않는' 것이 그렇게 어려운가? 그러다 갑자기 아주 명쾌한 대답이 떠올랐다. 커피를 컵에 가득 채우기 때문에 쏟는다는 것. 만일 컵의 3/4 정도만 채우면 커피를 쏟는 일은 간단히 피할 수 있을 것이다. 게다가 나는 커피를 반 컵 이상 마시지 않는다.

그날 이후로 커피를 쏟는 일은 없었다.

이 이야기의 요점은, 진짜로 '의식하며 행동하기'는 우리가 흔히 생각하는 것과 다르다는 것이다. 분명히 나는 커피 쏟는 문제를 해결하려고 노력하면서 적당하게 의식하고 있었다고 말했을 것이다. 그런데 갑자기 실패에 따른 위험 부담이 완전히 다른 수준으로 올라가자 나는 절박하게 노력하게 되었고 이 문제를 이전보다 더 강렬하게 인식하는 쪽으로 나아갔다.

내기 이전의 의식 수준은 분명 문제를 해결하기를 원하지만 해결하려는 마음이 있었을 뿐 즉시 해결하려는 것은 아니었다. 그 상황을 해결하려는 결심이 절박하지는 않았다. 반드시 해결해야겠다고 결심했을 때 나는 의식 수준을 끌어올렸고 해결책을 찾아냈다.

이 문제가 그렇게 오래 질질 끌지 않게 처음부터 아내가 다르게 행동했으면 좋지 않았을까 하고 궁금해하는 독자들을 위해 설명을 덧붙인다. 만약 어떤 여성이 번번이 커피를 바닥에 흘리는 남편의 행동을 고치려고 몇 차례 대화를 하고 실패한 후에 이 문제를 두고 나에게 상담을 받았다면, 나는 커피 자국을 당신이 닦지 말고 남편을 부엌으로 불러 그냥 "이 커피 자국 닦아야겠네요."라고 간단히 말하라고 제안했을 것이다. 장담하건대, 그 남편(그러니까 '나')은 분명 17년보다 훨씬 더 일찍 커피를 흘리는 행동을 그만두었을 것이다.

하지만 그 일이 일어난 실제 상황으로 다시 돌아가보면, 내가 커피를 쏟는 일로 아내의 속을 뒤집어놓고 있다는 사실을 안 것 자체가 변화를 이끈 강력한 동기는 절대로 아니었다는 것을 인정해야 했다.(이렇게 인정하는 것이 쉽지는 않지만.) 그래서 나는 이 점과 관련해 더 깊이 자기 성찰을 하게 되었다.

여기서 핵심은, 의식은 더 또렷하게 집중해서 의식하거나 흐릿하게 의식하는 수준의 차이가 있다는 것이다. 중요한 것은 단순히 내가 의식하고 있느냐 아니냐가 아니라 그 맥락에서 효과적인 결과를 만들어내는 정도까지 의식하느냐이다.

달리 말하자면, 상황에 맞는 적절한 수준의 각성을 만들어내는 책임을 제대로 지고 있느냐이다.

방금 본 사례는 일상적인 예이다. 하지만 커피를 쏟지 않는 것 같은 사소한 사안이건 양육이나 회사 경영이나 책을 쓰는 것 같은 복잡한 사안이건 관련된 원리는 다 똑같다. 우리가 할 수 있는 최고의 수준에서 의식하며 활동하는가 혹은 차선쯤에서 안주하는가?

만일 우리가 어느 정도 우리의 정신 활동을 조절할 능력을 갖추고 있지 않다면, 즉 의식이 의지와 관련된 것이 아니라면 의식하며 살기라는 문제는 생기지도 않았을 것이다. 자동적으로 의식을 하는 존재는 의식적으로 살라는 조언도 필요 없을 것이고 다른 대안이 있다는 것을 지각하지도 않을 것이다. 사실 개는 자신의 감각을 최적으로 사용하게끔 설정되어 있다. 하지만 인간의 정신은 그렇지 않다. 우리는 우리의 목표와 행복에 필요한 생각하기를 선택할 수도 있고 선택하지 않을 수도 있다. 그 결정은 우리 몫이다. 정신을 집중할 수 있느냐 없느냐, 생각할 수 있느냐 없느냐, 의식하려고 할 수 있느냐 없느냐, 현실을 직시할 수 있느냐 없느냐 하는 이 모든 문제가 우리의 자유 의지에 달려 있다.

의식적으로 살려면 우리는 반드시 선택의 본질을 이해해야 한다. 즉, 선택은 우리의 자유이기도 하고 책임이기도 하다.

의식의 수준은 내가 선택하는 것이다

마음의 자유는 다음과 같이 간단하게 요약할 수 있다.

- 정신 집중을 하느냐 혹은 신경을 끄느냐 혹은 적극적으로 집 중하지 않으려 하느냐는 우리 마음에 달려 있다.
- 생각을 하느냐 혹은 신경을 끄느냐 혹은 적극적으로 생각하기 를 회피하려 하느냐는 우리 마음에 달려 있다.
- 우리에게 닥친 문제를 좀 더 분명하게 보려 하느냐 혹은 신경 을 끄느냐 혹은 적극적으로 보지 않으려 하느냐는 우리 마음 에 달려 있다.
- 우리가 불쾌한 사실을 찬찬히 들여다보느냐 혹은 피하느냐는 우리 마음에 달려 있다.

정신을 집중하는 과정은 사실, 어떤 사안과 관련해서 "이것을 파악해."라는 명령을 우리 자신에게 내리는 것이다. 예를 들어 끝내야 할 일이 잔뜩 있는 컴퓨터를 바라보고 있을 때 처음엔 좀 멍하니 집중이 잘 안 되는 상태에 있다고 가정해보자. 그럼 우리는 한숨을 쉬고 심호흡을 하고 서류를 집어 들고 실제로 우리에게 말을 건다. "이걸 봐. 어디서 중단했는지 보라고. 다시 흐름을 되살려봐. 지금 이 상황에서 필요한 게 뭔지 파악해. 그리고 계속해." 그 순간 우리는 좀 더 또렷하게 정신을 집중하고 더 높은 의식 수준으로 옮겨 간다.

우리 모두는 집중하지 않는 쪽을 선택해서 당면한 현실을 회피하고, 회피의 결과로 생겨날 일들에 대해 생각하기를 꺼려 한 경험이 많이 있다. 물론 완전히 반대되는 경험도 많다.

생각하기를 선택한다는 것은 기분이나 감정에 관한 인식과 막연한 마음속 이미지와 감각 지각적 수준을 적극적이고 개념적인 수준의 의식으로 끌어올리기로 선택한다는 것이다. 즉, 관심사를 좀 더 잘 파악하려고 구분과 통합, 추상화와 구체화를 통해 어떤 목표를 선택하는 것이다.

신경을 끄거나 혹은 생각하기를 적극적으로 회피하는 쪽을 선택하는 것은 우리가 생각하고 있지 않은 것이 무엇이건 간에 감각적 차원의 인식이나 수동적인 감정의 수준에 머물러 있겠다고 선택하는 것이다. 이런 경우, 집중해야 할 문제가 있다는 사실을 회피하고 정신적으로 이리저리 떠돈다. 그리하여 핑계거리를 찾거나 합리화하고 쟁점을 바꾸거나 갑자기 졸리게 된다. 그리고 대면하지 않기로 선택한 문제로부터 도망칠 길이나 다른 길을 찾는다.

직장에서 누군가 우리 조직에 어떤 문제가 있다고 말하는 상황을 예로 들어보자. 우리의 책임인데도 아무도 그 문제를 해결할 책임을 떠맡지 않으려 한다고 가정해보자. 그래서 우리는 처음엔 누군가가 한 말을 이해하는 것을, 그 다음엔 그 말을 기억하는 것을, 또 그 다음엔 해야 할 일을 파악하는 것을 힘들어한다. 우리는 의식을 깨우는 것이 아니라 아주 교묘하게 혼동을 일으키도록 한다. '혼동'은 생각과 책임에 맞서는 방어 전략이다. 이런 문제가 직장 문제가 아니라 결혼 생활 혹은 양육의 문제일 수도 있는데, 그럴 때도 우리는 대면하기보다 회피하기를 더 좋아한다. 그래서 스스로 일으킨 '혼동'이라는 똑같은 전략을 구사한다. 이런 반복되는 행동 방식을 알아채고 깨뜨리고 싶을 때 할 수 있는 가장 좋은 질문은 "내가 지금 무엇을 모르는 척하고 있는 거지?"이다. 물론 이 질문을 한다는 것은 이미 좀 더 분명하고 좀 더 집중된 의식 수준으로 바뀌었다는 뜻이고 이것도 선택 행위이다.

어느 경우이건 명쾌하게 인식해서 이해하려고 노력할 것인가 말 것인가 하는 갈등 상황은 생길 수 있다. 우리의 정신을 신뢰하고 인생을 점점 더 잘 통제할 수 있는 방법은 긍정적인 반응을 반복하는 것이다. 우리는 근육을 계속 사용하면서 근육을 강화한다. 정신을 단련하는 것도 마찬가지다. 이 점이 자존감 키우는 법을 배우는 데 필수적이다.

그런데 의식하기는 반드시 선택의 문제이다. 모든 것을 다 의식할 수는 없다. 한 방향으로 초점을 맞추겠다고 한 것은 다른 방향으로는 초점을 맞추지 않겠다고 선택한 것이다. 한 주제를 생각하기로 한 것은 그 순간에는 다른 것은 생각하지 않겠다고 선택한 것이다. 내가 당신의 말을 경청하고 있다면 옆 테이블의 대화와 거리의 자동차 소음에 벽을 치는 것이다. 갑자기 식당 밖의 폭발음이 들린다면 우리의 대화에서 외부로 주의를 돌린 것일 수도 있다.

그럼 이제 의식과 맥락이라는 주제를 다뤄보자.

'지금 이 순간'에 집중하기

일반적으로 특정 상황에서 어떤 정신 상태가 적절한지를 결정하는 것은 우리의 행동, 가치관, 목표이다. 방금 나는 나에게 의식과 맥락이라는 주제로 글쓰기 과제를 주었다. 이 과제를 준 목적은 우리가 논의해 온 주제와 내 논지를 분명하게 전개하는 데 필요한 단계에 계속 집중하도록 하기 위해서다.

동시에 지금 우리 집 수영장에서 놀고 있는 손자들이 떠들고 웃는 소리를 희미하게 듣고 있다. 이 글을 쓰다 말고 나가서 손자들과 함께 시간을 보낸다면 즐거울 것이다. 하지만 나는 가능한 한 빨리 이번 장을 끝내고 싶다고 생각한다. 그래서 다시 마음을 거두고 일에 몰두한다. 글쓰기를 계속하는 동안 아이들의 소리는 내 의식에서 점점 희미해진다. 이제 그 소리는 거의 들리지 않고 내 머릿속 생각은 점점 더 또렷해진다. 작업하고 있는 컴퓨터 화면에 글이 술술 써진다. 나는 극도로 강하게 집중하고 있어서 거의 무아지경 상태이다. 글을 쓴다는 지금의 목표에 딱 맞는다.

하지만 좀 이따 식사를 하러 가족들과 합류했을 때는 이 상태를 떠나서 다른 상태로 바뀌어야 한다는 사실을 알고 있다. 만일 저녁 식사 중에도 이 상태를 고집한다면 여섯 살 된 조던이 물을지도 모른다. "할아버지, 지금 뭐해?" 혹은 열 살짜리 애슐리가 이렇게 물을 수도 있겠다. "할아버지, 아직도 컴퓨터 앞에 앉아 있어요?" 손자들과 함께 있을 때 나는 그 교류 속에 있겠다고 선택한다. 우리들 사이에서 일어나고 있는 일을 의식하고 싶다. 그래서 집중의 대상이 바뀌고 정신 활동의 성질도 바뀐다. 추상적인 생각보다는 주로 보고 듣고 느끼는 것에 마음이 쏠릴 것이다. 이 상태는 손자들과 함께 있는 시간과 그 기쁨을 충분히 즐기겠다는 새로운 목적에 도움이 될 것이다.

그리고 손자들이 잠자리에 드는 동안 아마도 내 서재에서 명상을 하게 될 것이다. 이 새로운 상황에서 잠시 동안 내면의 고요를 경험하는 것 말고 다른 목표는 없다. 명상을 하면서 기분 전환이 되거나 이 책에 관한 새로운 아이디어가 떠오를 수 있다는 것을 알지만 그런 결과에 집중하거나 집착하지 않는다. 내가 원하는 것은 그저 고요를 음미하는 것이다. 무슨 일이 일어나건 그대로 내버려 둔다. 별다른 일이 일어나지 않아도 좋다. 명상하는 중에 갑자기 점검해야 할 계약서가 책상 위에 있다는 게 생각난다. 계약서에 대해 생각하기 시작한다. 하지만 명상을 하고 있는 지금 이 새로운 목표는 적절하지 않다. 내게 도움이 안 된다. 그래서 계약서에 관한 생각을 밀쳐두고 다시 고요 속으로 들어간다.

좀 이따가, 아마도 그 자리를 뜨기 전에 나는 계약서를 보기로 결정할 것이다. 글을 쓰거나 손자들과 이야기를 나누거나 명상하는 동안 했던 것과는 사뭇 다른 종류의 정신 활동(글쓰기의 정신 과정과 겹치는 면이 좀 있지만)에 몰두한다. 이제 나의 정신은 이 맥락에 관련될 수 있는 모든 것들을 고려하도록 재배치된다. 특히 내가 읽고 있는 글에 내포된 의미에 주의를 기울여 계약서 내용에 포함되거나 포함되지 않은 것을 파악한다.

그 후에 내가 아내와 침대에서 사랑을 나누는 것을 예로 들어보자. 정신 활동은 다시 달라진다. 나는 논문을 쓰고 있지 않다. 창조하고 분석하고 명상하고 있는 게 아니다. 아마도 분명 많은 말을 하지 않을 것이다. 하지만 이 교류의 목적을 충분히 인식하고 있을 것이다. 그 목적은 육체적이고 정서적인 친밀감이다.

내가 의식하며 행동하고 있다면 이 모든 활동에 한 가지 공통점이 있을 것이다. 내가 어떤 일을 하고 있는 그 순간에 머무를 거라는 것, 그리고 그 상황에 맞게 인식하고 있을 거라는 것이다. 어떤 맥락에서는 아주 추상적인 인식이 필요하고 또 다른 맥락에서는 아주 감각적인 인식이 적절하다. 진공 상태에서는 어떤 것도 옳거나 틀리지 않다. 옳고 그름은 나의 목적을 포함한 맥락에 달려 있다.

하지만 우리가 의식적으로 행동한다면 우리가 실제로 하고 있는 일과 우리의 목표나 목적, 그리고 우리의 정신 상태가 서로 일치해야 한다. 일치되지 못하면 효율적일 수 없다. 이 글을 쓰려고 하면서 섹스에 적절한 정신 상태에 있다면, 혹은 섹스를 하는 동안 글쓰기에 적절한 정신을 작동하고 있다면, 어느 쪽이건 결과는 좋지 않을 것이다. 맥락이 정신 상태가 적절한지 아닌지를 결정하기 때문이다.

무의식중에 민첩하고 적절하게 행동하는 경우도 많다. 어떤 언어로 말을 하거나 자동차를 운전하는 것처럼 새로운 지식과 기술을 자동화하며 배우는 단계에서 필요했던 각성 수준을 계속 요구하지 않게 되는 것이 바로 인간 학습의 특성이다. 숙달된 능력이나 기술은 잠재 의식의 레퍼토리로 축적되어 내려가고, 의식은 다시 자유로워져서 새롭고 익숙하지 않은 것들을 만난다. 의식적으로 산다는 것은 우리가 배웠던 모든 것을 하나하나 계속해서 인식하는 것을 의미하지 않는다. 그것은 가능하지도 않고 바람직하지도 않다. 스키를 배우기 시작할 때는 발, 다리, 엉덩이, 어깨의 사소한 움직임까지 빈틈없이 의식해야 한다. 그렇게 하면서 스키 타는 실력이 향상되지만 동작에 계속 신경을 쓰면 자연스럽게 스키를 타는 데 방해가 된다. 하지만 만일 스키 기술을 향상시키는 강습을 받기 원한다면 이런 동작들을 다시 의식해야 할 것이다. 효율적이고 싶다면 무엇에 집중하고 무엇을 '기계적으로' 할지를 알아야 한다. 맥락을 모른다면 어떤 것이 의식적인 행동이고 어떤 것이 아닌지 알 수 없다.

의식 회피는 현실 회피다

의식하기를 회피하게 만드는 동기로는 흔히 피로, 게으름, 공포, 고통, 혹은 부적절하게 탐닉하고 싶은 욕망 따위가 있다.

피로라는 동기는 대개 위험하지 않고 조금 쉬면 쉽게 좋아질 수 있다. 하지만 다른 동기들은 위험할 수 있으므로 아래에서 자세히 검토할 것이다. 우선 왜 의식하기를 회피하는지가 아니라 어떻게 회피하는지를 생각해보자. 우리가 직시하고 검토해야 할 어떤 것을 회피할 때 우리 정신은 무엇을 하고 있는가?

회피의 가장 간단한 전략은 의식의 흐름을 따라가는 노력을 포기하는 것이다. 목적을 놓치고 수동적인 표류에 항복한다. 두서없는 생각이 일어나도록 내버려 둔다. 우리의 정신은 조타수 없는 배가 된다. 이것은 부자연스러운 일이 아니다. 우리는 꼭 회피하겠다는 충동 때문이 아니라 단지 쉬기 위해서 어느 정도 이런 상태에서 시간을 보낸다. 그리고 잠을 자려고 할 때처럼 이런 시간이 꼭 필요한 경우가 있다. 하지만 아이의 담임 교사가 내 아이에게 중요한 문제가 있다고 말하는 동안, 배우자가 우리의 관계가 위기에 처했다고 말하는 동안, 혹은 상사나 고객이 나의 일처리에 심각하게 불만을 토로하는 동안 이런 상태에 있다면(가능한 한 가장 명쾌한 사고를 필요로 하는 그 순간 머릿속에 떠오르는 대로 아무 생각이나 하고 있다면) 그것은 의식하지 않고 행동하는 것이다.

의식 회피(현실 회피)의 또 다른 형태는 이성적으로 생각하지 않고 순간의 감정이나 정서에 수동적으로 굴복하는 것이다. 공포, 고통, 분노, 혹은 다른 정서가 자기 자신보다 더 커져서 온 우주가 되어버린다. 이것은 자신의 기분을 의식하며 관찰하고, 자신의 기분을 이해하고 충분히 극복할 수 있다는 생각으로 생생하게 경험하는 것과는 전혀 다르다. 이것은 생각하기를 포기하고 감정 속으로 가라앉는 것이다. 이런 상태에서는 아무것도 파악할 수 없다.

생각이 멈출 만큼 감정이 폭발한다면 누구라도 일시적으로 이런 상태가 될 수 있다. 하지만 이성적인 정신 상태라면 극복할 수 있다. 감정에 사로잡히지 않고 심지어 그 감정까지 수용하도록 해야 할 것이다.

치열하게 느끼면서 냉정하게 생각하는 것은 분명 가능하다. 정서와 의식을 나누는 본질적인 이분법을 말하려는 게 아니다. 하지만 많은 이들에게 기분이나 정서는 대개 현실의 도피처임을 쉽게 확인할 수 있다. 많은 사람들이 뭔가를 숨기기 위해 어떤 기분이나 정서를 느낀다. 공포, 고통, 분노, 욕망에 계속 빠져 있으면 생각하거나 지각할 필요가 없고 남들과 소통하거나 책임감 있게 행동할 필요가 없다는 전제하에 그렇게 하는 것이다. "무서워, 그러니 세상을 멈추게 해." "고통스러워, 그러니 다른 사람이 하게 해." "화가 나, 그러니 감히 다른 사람이 어떤 것에 대해서도 나를 비난하거나 나에게 덤비지 못하게 해." "현실에 대해 계속 눈 감을 거야." 이런 정신 상태에서 느끼는 기분과 정서는 무의식과 동일하다.

또 다른 회피 전략은 냉정하게 의식해야 할 문제에서 (그 맥락과)

상관없는 문제로 옮겨 가는 것이다. 비난하기, 핑계 만들기, 합리화하기, 감정을 무시하고 이치를 따지기, 익살을 떨거나 농담하기, 현실을 잊어버릴 수 있는 바쁘기만 하고 쓸모가 없는 일로 전환한다. 혹은 현실을 회피하려고 어떤 행동을 할 수도 있다. 갑자기 공부를 하거나, 자선 행위를 하거나, 어머니를 방문하거나, (눈 내리는 겨울날) 테니스화를 빨 수도 있다.

이와 같은 모든 사례에서 심리적으로 회피하는 것은 '의식하기'이고, 실존적으로 회피하는 것은 '현실'이다.

의식하지 않으려는 이유, 게으름과 두려움

집중해서 의식하는 것은 정신적 노동이며 노력이 필요하다. 그래서 어떤 사람들은 의식해야 하는 그 순간 바로 의식하기를 멈춘다. 이전에는 이 현상을 '반노력(anti-effort)'이라고 불렀는데, 지금은 게으름의 문제라고 표현하고 싶다.

'게으름'은 심리학 용어처럼 들리지 않는다. 하지만 지금은 게으름이라는 개념 없이는 인간의 행동을 적절하게 설명할 수 없다고 생각한다. 그냥 노력할 마음이 전혀 생기지 않는 경우가 있다. 누구나 다들 그런 경험이 있다. 최소한 가끔씩은 이런 마음에 굴복한다. 고려해야만 하는 것을 끝까지 회피하겠다는 것이 아니라 잠시 쉰다는 타당한 이유에서건 잠깐 동안의 방종 때문이건 가끔씩 회피하는 것은 대개 별 탈이 없다. 하지만 늘 이런 방식으로 사는 것은 자기를 파괴하는 것이다. 수동성 전략은 삶의 숱한 어려움과 기회의 순간에 자신을 무능하다고 느끼게 한다. 이렇게 해서는 자존감을 키울 수가 없다.

두려움은 우리의 생각을 마비시키는 또 다른 이유이다. 우리가 두려워할 수 있는 것들은 여러 가지가 있다. 예를 들면 다음과 같다.

- 나의 생각이 옳지 않다고 드러날 것이라는 두려움, 즉 실수할 지도 모른다는 오류에 대한 두려움.
- 나의 판단대로 행동해서 틀린다면 그 결과가 나의 책임이 된다는 두려움, 자신 말고는 비난받을 대상이 아무도 없을 것이고 다른 사람들이 나에게 책임을 물을지도 모른다는 두려움.
- 자존감이나 가짜 자존감을 지키려고 이제껏 부정하고 회피하고 부인했던 나에 관한 진실(나의 생각, 기분, 행동에 관한 진실)을 들여다보는 두려움.
- 인정하게 되면 평지풍파를 일으키거나 관계를 파괴할 수도 있는, 다른 사람에 관한 진실을 대면하는 두려움.
- 자신이 인정한 현실 문제에 대처할 방법을 모른다는 두려움.
- 일단 자기 내면의 문을 열면 그 내면 세계에 압도당하지 않을까 하는 두려움, 그래서 '자신이 이성을 잃거나' 삶을 대처하는 모든 능력을 잃지 않을까 하는 두려움.
- 자신에 관한 어떤 진실이 '중요한 타인'에게 노출되어 체면을 잃게 되지 않을까 해서 진실을 들여다보는 것조차 몹시 꺼리는 두려움.

어쩌면 위의 글을 읽다가 잠깐씩 멈춰 바로 당신의 현재 정신 상태와 정신 과정을 섬뜩하게 인식하게 될지도 모르겠다. 이번 장의 초고를 읽은 어떤 친구가 여백에 이렇게 써놓았다. "아주 설득력이 있음. 계속 집중해서 읽어 나가는 것이 두려웠음. 책을 덮고 싶었음."

이제 이런 두려움들을 하나하나 따져보자.

자신이 오류를 범할 수 있다는 두려움에 굴복하는 것이 자기 파괴적이라는 사실을 확인하기는 어렵지 않다. 우리는 선택하거나 결정하는 두려움에 굴복하는 것 그 자체가 선택이고 결정이며, 후속 결과를 야기한다는 사실을 회피한다. 예를 들어 급속히 변화하는 경제 환경을 직시해서 주도적으로 판단한 대로 실행하기가 두려워 경쟁 회사에 시장을 뺏기는 것을 무력하게 보고 있는 경영자처럼.

자기 책임이라는 두려움에 굴복하는 경우도 마찬가지다. 최우선 순위가 목표를 이루는 것이 아니라 비난이나 책임을 회피하는 것이라면 삶에서 보람을 느끼거나 성공을 이룰 수가 없다. 소심함이라는 감옥에 갇히게 된다. 극복하려 하지 않는 공포감은 우리 삶을 제한한다. 직장에서건 개인적 인간관계에서건 자신의 욕망을 달성하는 데 필요한 책임을 기꺼이 지는 사람들, 의존보다는 독립을 선택하며 수동적이기보다는 주도적으로 상황을 이끌어 가는 사람들이 성공한다.

심리 치료를 받으면서 자신의 생각, 정서, 행동의 진실을 성공적으로 대면해본 사람은 누구나 자기 수용의 힘에 대해 거의 확실히 배운다. 자신을 있는 그대로 인정하고 받아들일 수 있을 때, 자신의 생각과 정서와 행동이 최소한 그것이 일어난 그 시점에 자기 표현이라는 사실을 인정할 수 있을 때, 자기를 열고 자신을 인식할 수 있을 때, 판단하지 않고 있는 그대로 관찰할 수 있을 때 우리는 점점 더 강해지고 좀 더 온전해진다고 느낀다. 보이는 그대로의 우리 자신의 모든 점을 좋아하거나 용납해야 하는 것은 아니다. 하지만 자기 거부로 무너질 필요도 없다. 심리 치료에서 좋은 결과를 얻는 내담자들은 자신이 원치 않는 자신의 특질을 받아들인다면 거기에 갇혀버릴 거라는 예상과는 달리 자기 수용이 성장과 변화의 기초라는 사실을 발견한다.

나의 진짜 생각(또는 어떤 맥락에서 생각하고 있는 것)을 알려 하지 않고 당황스럽고 곤란하다고 느껴지는 생각을 부인한다면, 나의 기존 지식에 그 생각을 연결하고 합리적으로 처리해서 그 생각 이상으로 성장하는 것이 어려워지며 그 생각에 계속 붙들려 살 수 있다. 진짜 느낌(어떤 맥락에서 느끼는 것)을 알려 하지 않고 나의 평정이나 자기 개념을 흔드는 기분이나 정서를 부인한다면 (그 기분과 정서가 표현하는) 나의 신념과 가치관에 대한 생생한 정보를 억누르는 것이다. 그래서 진짜 생각과 느낌을 통해서 배울 수 없고, 그것들을 교정할 수가 없고, 그것들이 표면으로 떠오르려고 위협할 때마다 그저 두려워하게 된다. 기억하고 싶지 않은 행동들을 인식해서 인정하려 하지 않고 내가 선택한 행동에 책임감을 느끼지 않는다면 앞으로 다르게 행동하는 법을 어떻게 배울 수 있겠는가? 아무것도 배우지 못할 것이다.

관계가 흔들릴까 봐 당면한 문제의 진실을 회피하면 고통을 피할 수 없다. 만일 어떤 사람의 결점을 알면서도 어떤 이익 때문에 계속 그와 거래하기로 했고 그래서 그 사람의 결점이 드러날 때 충격이나 불만을 드러내지 않는 경우라면 자기를 기만하거나 회피하는 것이 아니다. 이 경우는 비용과 이익을 계산해서 위험을 감수하는 것이다. 하지만 그런 대가가 없는데도 드러난 위험성을 의식하지 않기로 선택한다면 (배우자의 학대를 부정하거나 합리화하거나, 외도의 증거를 못 본 척하거나, 어떤 프로젝트에서 많은 것을 얻으려고 거래상의 결점을 의식하지 않으려 하면) 미래의 고통과 실망을 자초하는 것이다. '배신당했다'라고 말할 수 있는 권리를 몰수당하는 것이다. 스스로 무장 해제하고 그들의 처신이 용납될 만하기 때문에 고쳐야 할 필요나 이유가 전혀 없다는 데 동의한다는 암시를 보내는 셈이다.

집중해서 의식하고 살더라도 가끔 어떻게 대처해야 할지 모르는 현실에 직면할 수도 있을 것이다. 예를 들어 소통의 기술이 부족한 커플의 경우 갈등에 처했을 때 대처 방법을 모를 수 있다. 그래서 문제를 분명하게 인식하기보다는 의식하기가 두려워 '덮어 두고' 가는 쪽을 택할 수 있다. 이전 세대에서는 이런 선택을 이해할 수도 있었다. 하지만 어떻게 조치해야 할지 모르기 때문에 변화시킬 방법을 모른다는 사실을 그저 견딜 수밖에 없다 할지라도, 인식한 것을 억압하지 않는 쪽이 더 이롭다는 것을 우리는 알고 있다. 억눌린 것은 쉽게 사라지지 않고 무의식 수준에서 여전히 살아 있기 때문이다. 그것을 분명히 인식하지는 못하지만 우리는 영향을 받는다. 초조하고 우울하고 몸이 아프고 괴상하게 행동할 수 있다. 이런 결과를 방지하기 위해 인간관계에서 계속 부정적인 것들에 집중해야 한다는 뜻은 아니다. 실제로 유용하지도 않고 오히려 역기능적이다. 하지만 그런 부정적인 것들이 있다는 것은 알고 있어야 한다.

'지나치게 의식하면' 그것에 압도되어 제대로 대처할 능력을 잃을 것이라는 두려움은 전혀 근거가 없다. 이런 말은 자신의 분노를 두려워하는 여성들에게서 가장 많이 듣는다. 자신이 부정하는 격렬한 분노가 표면으로 드러나기 시작하면 그들은 때때로 '미쳐버리지' 않을까 걱정한다. 하지만 (그 기분 때문에 파괴적으로 행동하지 않고 좌절을 해결하기 위한 실제적인 방법을 찾으면서) 자신의 기분을 직시하면 대개는 걱정했던 것과는 달리 스스로 더 잘 통제하고 평정을 더 잘 유지한다고 느낀다. 산산조각 난 자기를 통합할 때마다 온전하다는 느낌을 더 많이 받게 된다. 하지만 내가 한동안 '전략적 의식'이라고 명명했던 방법으로 평정을 유지해 왔다면 심리치료나 전문가의 도움 없이 이 점을 이해하기는 매우 어렵다.

두려움이 의식하기를 회피하게 하는 동기가 된다고 말했던 것처럼 고통 또한 똑같은 동기로 작용한다. 고통스러울 때 움츠러드는 것은 인간의 당연한 반응이다. 어떤 생각이나 기억을 응시하는 것이 고통스러울 때 의식하기를 멈추고 싶은 충동을 느끼는 것은 당연하다. 어떤 조치도 취할 필요가 없고 더 이해할 필요도 없는 경우에 이렇게 중단하는 것이 나쁘기만 한 것은 아니다. 고통스러운 일을 곱씹는 것은 본질적으로 좋을 게 없다. 하지만 우리는 조치를 취해야 하고 좀 더 분명히 이해해야 하는 문제들이 있다는 것을 알면서도 자주 의식하기를 회피한다. 이 중 어떤 것들은 우리 자신의 실수 때문에 불행한 결과를 자초한 경우일 수도 있다. 자신이 왜 그 실수를 하게 되었는지 이해할 때까지, 그리고 그로 인한 결과를 받아들이고 충분히 통합할 때까지 들여다봐야 한다. 이렇게 했을 때 다시 같은 실수를 저지를 가능성이 최소화된다. 힘에 부치지만 끈질기게 주의를 집중해야 할 문제가 있을 때 이성적인 사람은 고통스럽다고 해서 의식하기를 포기하지 않는다.

결혼 생활이나 직장 생활에서 어려운 일이 생겼을 때 그 원인을 찾기가 매우 힘들지도 모른다. 하지만 그 고통을 정면 돌파하지 않는다면 고통을 통해 배울 수도 없고 변화할 수도 없다. 아이에게 정서적으로 큰 문제가 있을 때 그 상황을 맞대면하기가 부모로서는 무척 괴로울 것이다. 하지만 대면하기를 거부한다면 효과적으로 대응할 수 없다. 나 자신이 내가 욕망하는 모습과 얼마나 다른지를 확인하는 것도 쓰라린 일이다. 하지만 그렇게 하지 않는다면 어떻게 그 욕망과 좀 더 가까워지겠는가?

여기서 주제는 고통 회피이다. 그래서 지금 의식하며 행동하기를 선택하는 것을 의지의 영역에 한정해서 언급하고 있다는 점을 강조하고 싶다. 트라우마(개인이 받아들이고 통합할 수 있는 능력 이상의 충격, 공포, 고통)는 일반적인 의식 수준으로는 접근할 수 없는 차단된 정신 영역을 만들 수 있다. 그 순간의 무의식은 자신을 방어하려고 애쓰는 유기체의 작용이다. 대개 이런 문제를 다루는 데에는 전문적인 도움이 필요하다. 그리고 이런 문제와 치료법은 이 책에서는 다루지 않는다. 심리치료사들이 종종 통제의 범위를 확장하는 것을 도와주기는 하지만 자신의 통제를 벗어나는 영역에 대해서도 좀 더 의식하며 행동하기를 바라지는 않는다. 그래서 좀 더 분명하게 의식하면서 행동해야 할 필요성을 말할 때는 현실적으로 선택지가 있는 상황에 한정해서 말한다.

마지막으로 이성적으로 허용되지 않는 욕망(월세를 지불할 수 없을 정도로 과도하게 비싼 휴가를 떠난다든가 의심받을 만한 전력이 있는 상대와 대책 없이 섹스를 하는 경우처럼)을 채우려고 현실을 회피하는 경우를 생각해보자. 이것이 의식하기를 유보하는 여러 이유 중에서 가장 흔하다. 그리고 고통을 야기하는 가장 흔한 원인이다. 존재하는 것은 존재한다. 우리가 소망한다고 해서 생각하고 싶지 않은 당황스런 사실들이 사라지지는 않는다. 현실은 우리의 욕망에 비협조적이다. 현실에 반항(회피)하려고 할 때 우리는 스스로 불안이라는 벌을 내린다. 인생의 마지막 단어는 현실이지 욕망이 아니라는 것을 어느 정도 알고 있기 때문이다. (때때로 다른 사람들이 이런 비합리적인 행동에서 초래된 결과로부터 우리를 보호해준다는 점 때문에 우리는 이 점을 착각할 수 있다. 하지만 그들은 최후까지 보호해주는 것이 아니고 잠시 보호해줄 뿐이다.) 길게 보면 현실을 존중하며 행동하는 사람이 이성보다 소망을 더 중시하는 사람보다 더 잘 살아간다는 것을 확인하기는 어렵지 않다.

정신 건강 관련 전문가 집단에서 의식 회피가 어떤 모습으로 나타나는지를 보여주는 이야기를 하나 해볼까 한다. 자존감을 이용한 심리 치료에 관한 세미나를 지도할 때였다. 문장 완성 작업은 내 치료 기법의 가장 큰 특징이다. 나는 세미나에 참석한 심리치료사들이 문장 완성 기법을 활용해서 그 가능성을 체험하기를 원했다. 내가 내담자 한 명과 작업할 때는 완성되지 않은 문장 줄기를 하나 준다. 그리고 그 한 문장 줄기에 각기 다른 내용을 덧붙여서 여러 문장을 완성하게 한다. 문법적으로 바르기만 하면 어떻게 끝을 맺건 상관없다. 하지만 그룹으로 작업을 하는 상황이라 좀 다른 시도를 했다. 심리 치료사들을 네댓 명의 소그룹으로 나눴다. 내가 문장 줄기를 부르고 각 그룹의 한 사람이 그 줄기를 이용해 문장을 끝맺었다. 그 다음 옆 사람이 또 새롭게 문장을 끝맺고……. 이런 식으로 내가 새로운 줄기를 제시할 때까지 계속 돌아갔다. 그렇게 45분 동안 대략 스무 개 정도의 미완성 문장을 제시했다. 예를 들면 다음과 같다. "_____할 때 나는 가끔 방어적이 된다."

그들이 문장을 완성하기 전에 너무 오래 망설이는 것을 보고서 (늘 내담자들에게 요구했듯이) 검열하지 말고, '옳은 것'을 말하고 있는지 걱정하지 말고, 그냥 문장이 완성되도록 아무것이나 말하라고 했다. 참가자들이 문장을 완성하면서 편집하거나 주저하지 않고 그 과정이 자연스럽게 흘러갔을 때 자기 발견, 새로운 통합, 개인적 성장이라는 측면에서 놀라운 결과가 나왔다.

나중에 참가자 전원이 다시 모여 문장 완성 작업에 대해 얘기를 나눴다. 참가자들은 그 과정을 통해 자신과 다른 참가자들에 대해서 매우 많은 것을 알게 됐다고 했다. 나는 아주 우연히 그들이 가끔씩 다른 문장 줄기들에 비해 더 힘들게 완성하는 문장 줄기가 있다는 것을 관찰했다. 그래서 참가자들에게 유난히 힘들었던 문장 줄기가 있었다는 것을 알아챘는지 물었다.

침묵. 아무도 대답하지 않았다. 잠시 기다리다가 일반적인 논의를 다시 계속하게 했다.

잠시 후, 방금 전에 했던 질문은 언급하지 않고 자신의 소그룹에서 누군가 어떤 줄기에 대해 특별히 힘들어했던 것을 알아챈 사람이 있는지, 있었다면 그 문장 줄기는 무엇이었는지 물었다. 즉시 몇몇이 손을 들어 대답했다. "우리 그룹의 몇 사람이 '_____할 때 나는 가끔 방어적이 된다.'라는 줄기에서 어려워하는 것 같았어요."

나는 미소 짓지 않을 수 없었다. 정신 건강 전문가들도 다른 사람의 문제점은 볼 수 있었지만 자기 안의 문제점은 정확히 보지 못했다. 내가 이 점을 지적한 후에도 그들은 벌어진 상황을 쉽게 수긍하지 않았다. 아마도 자신들이 지닌 자기상(self-image)과는 거리가 있어서 인정하기 힘들었을 것이다. 그 사건은 재미있기도 하면서 실망스럽기도 했다. 그들의 직업을 고려한다면 나는 그들이 자기 방어를 좀 더 의식하기를 바랐다.

"우리가 연습해본 이 문장 완성 과정을 찬찬히 들여다보면 내담자들을 더 잘 이해할 수 있을 것입니다."라고 넌지시 암시했다.

별 재미는 없지만, 의식하며 살기의 어려움과 문장 완성 과정의 또 다른 양상을 보여주는 다른 예를 제시하겠다. 《자존감의 여섯 기둥》을 가지고 주말 세미나를 지도할 때였다. 의식하며 살기가 무엇인지에 대해 잠시 토의한 후 첫 주의 과제를 제시했다. 참가자들에게 노트를 펴서 페이지 상단에 미완성 문장을 쓰라고 했다. "내가 만일 일상 활동 중에 5%만 더 의식하고 산다면, _____" 그러고 나서 가능한 한 빨리 빈 칸을 채워 6~10개의 완성된 문장을 만들라고 했다. 그런 후 자신들의 문장을 다른 사람들과 공유하게 했다. 그들의 말꼬리는 대충 이러했다. "실수를 덜 할 텐데. 좀 더 성과를 낼 텐데. 나 자신을 좀 더 존중할 텐데. 해야 하는 것이 무엇인지 좀 더 분명하게 볼 텐데."

그때 한 여성이 손을 들고 말했다. "나는 이 과정을 못할 것 같아요. 그냥 문장을 끝맺지 못하겠어요."

나는 수천 명의 사람들에게 문장 완성 기법을 가르쳐 왔기 때문에 그 여성의 말이 사실이 아니라는 것을 알고 있었다. "그저 문법에 맞게 문장이 완성되도록 말꼬리를 달면 됩니다. 이렇게 이해하신 게 맞나요?" 여성이 그렇다고 대답하자, 나는 말을 이었다. "저 문장 줄기에 대해 문법적으로 맞는 말꼬리를 한 가지만 말씀해주시겠어요?" 그녀가 대답했다. "만일 일상생활에서 5%만 더 의식하고 산다면, 나는 더 많은 것을 볼 텐데." "아주 좋습니다. 한 문장만 더 완성해볼까요?" "만일 일상생활에서 5퍼센트만 더 의식하고 산다면, 힘든 문제들과 맞부딪쳐야 할 텐데."라고 그녀가 대답했다. 그러고는 잠시 말을 멈추었다 덧붙였다. "사실, 아까 선생님이 문장 완성을 하게 했을 때, 한 문장을 완성했어요. 그러고는 멍해졌어요." 그녀는 자신의 노트를 보며 읽었다. "내가 일상생활 중에 5%만 더 의식하고 산다면, 내가 남편과 이혼하고 싶어 한다는 사실을 대면해야 할 텐데."

나는 말을 멈추고 그녀와 참가자들에게 이것에 대해 깊이 생각해보라고 했다. 그리고 다시 말을 이었다. "가끔씩 힘든 문제를 대면하려면 많은 용기가 필요합니다."

그녀는 고개를 끄덕였다. 눈이 더 반짝이는 것 같았다.

세미나 참가자들을 관찰하면서 질문을 했다. "결국 문제는 이것입니다. 우리가 불행하다는 것을 분명히 알면 더 잘 살아가고 더 만족하며 살 수 있을까요, 그 반대일까요? 둘 중 어느 전략이 더 효과적일까요?"

나는 의식하기에 대한 논의가 지극히 세속적이라는 것을 잘 알고 있다. 이것은 지상의 삶에 필요한 것과 지상의 삶에서 일어날 수 있는 것들에 초점을 맞추고 있다.

의식적으로 살 때, 인간만이 누리는 기회와 어려움 속에서 포착할 수 있는 영성에 닻을 내린다. 우리는 삶을 무시하지 않는다. 두 팔 벌려 껴안는다. 그렇게 하면서 의식 자체는 계속해서 진화한다. 왜냐하면 삶은 성장이고, 움직임이고, 확장이고, 깨우침이고, 어제를 뛰어넘어 내일에 이르는 동적 추진력이기 때문이다.

내 말 중 어떤 부분은 불교에서 말하는 '마음 챙김(mindfulness)'을 연상시킬 수도 있다. 어느 정도 동의한다. 예를 들어 우리가 하고 있는 일 속에 머무르는 것의 중요성 따위. (그리고 가끔 나는 의식하며 살기의 동의어로 마음 챙기며 살기라는 말을 사용한다.) 하지만 불교를 아는 사람이라면 이 둘의 차이점을 인식할 것이다. 예컨대, 나는 자기(the self)를 환영이라고 보는 불교의 관점에 동의하지 않는다. 이 점에 대해서는 7장에서 자세히 논의하겠다.

자, 이제 우리의 핵심 주제를 본격적으로 검토할 준비가 되었다. 의식하며 사는 삶이란 무엇이고 의식하고 살면 어떤 결과를 끌어내는가라는 주제를 점검해보자.

의식하는 삶1: 자기 인식

지금부터 우리는 두 장에 걸쳐 '이 맥락에서 의식하며 산다는 것은 무엇을 의미하는가?'라는 관점에서 일상생활의 주요 영역을 살펴볼 것이다.

먼저 몇 가지 사전 관찰을 하고 싶다.

나는 이미 의식하기를 실천하는 가장 간단한 방법을 말했다. 의식하기는 어떤 일을 하는 동안 그 행위 속에 존재하는 것이다. 부정문으로 표현한다면, 내가 하고 있는 일 속에 존재한다는 것은 내 마음이 다른 곳에 있는 동안 행동하지 않는 것, 즉 기계적으로 행동하지 않는 것이다. 긍정문으로 표현하면, 효과를 얻을 수 있는 적절한 정신 상태에서 행동하는 것이다. 예를 들어 아이가 상처받은 사건에 대해 말하고 있다면 아이의 기분을 파악할 수 있도록 아이의 말 속 행간을 읽으며 보고 듣고 민감하게 촉을 세우는 데 집중하는 것이다. 만일 컴퓨터 강사가 프로그램이 어떻게 작동하는지를 설명하고 있다면 정서가 개입되지 않는 쪽에 초점을 맞출 것이다. 주의 깊게 보고 듣지 않는다면 강사의 설명을 이해하거나 기억하기 쉽지 않을 것이다.

물론 완전히 집중하지 않고 다른 활동과 병행할 수 있는 단순한 육체적인 일도 있다. 예를 들어 다른 사람과 이야기하면서 그릇을 헹궈 식기세척기에 넣을 수도 있고 음악을 들으면서 운전할 수도 있다. 하지만 식기세척기에 문제가 발생하거나 혹은 갑자기 교통 상황이 심각해지면 우리는 대화나 음악으로부터 벗어나 문제가 있는 영역에 집중하도록 의식 수준을 높인다. 좀 더 정확히 말하면, 애초에 유념하고 있는 상태였다면 우리는 이런 식으로 대처한다. 만일 그 상황 속에 있다면, 주의가 더 필요한지 어떤지를 인식할 수 있을 만큼 그 상황 속에 존재하는 것이다. 의식하며 행동한다는 것은 한 가지 일에 배타적으로 집중한다는 뜻이 아니라 적절히 집중한다는 뜻이다. 효과적으로 대응하게끔 집중하는 것을 의미한다.

우리가 지금 하고 있는 일 속에 존재한다면 우리가 다루는 문제에 영향을 끼치는 정보를 더 민감하게 감지할 수 있다. 우리의 감각은 지각하기 위해 열려 있다. 수동적이기보다 적극적인 정신 상태에 있다. 기계적으로 반응하지 않는다. 즉, 그 상황에 맞게 정신을 바짝 차리고 반사적으로 행동하지 않는다. 이 순간에 우리는 온전히 깨어 있는 감각으로 살아 있다. 우리가 딴 데 정신이 팔려 있는 동안에는 우리의 삶이 펼쳐지지 않는다.

지금 여기에 깨어 있기

자신이 하고 있는 일에 머무른다는 것은 과거나 미래와 연결된 모든 고리가 끊어진 '바로 지금에만 존재한다'는 의미가 아니다. 의식적으로 산다는 것은 더 넓은 맥락을 놓치지 않고서 현재에 머무르는 것이다. 더 넓은 맥락은 배경으로 존재한다. 그리고 우리가 하는 행위는 전경으로 드러난다. 이때 우리는 그 순간 속에 존재한다. 그 순간의 덫에 갇히는 것이 아니다. 최적의 행동을 가능하게 하는 상태이다.

'지금 여기에 머무르기'라는 정언 명령이 가끔 나머지 상황은 망각한 채 그리고 자신의 행동이 미래에 어떤 결과를 가져올지를 전혀 고려하지 않은 채 단지 그 순간에만 한정해 인식하는 것이라고 (잘못) 해석되기 때문에 이 점을 강조한다. '지금 여기에 존재하기'를 터무니없이 잘못 이해하는 경우를 잘 설명해주는 만화가 있다. 고층 빌딩에서 떨어지면서 "아직까지는 좋아."라고 촌평하고 있는 남자를 포착한 만화 말이다.

현실의 상황이 항상 마음에 든다면 많은 사람들이 지금보다 더 쉽고 더 즐겁게 현재를 의식하며 현재를 살 것이다. 하지만 분명한 사실은 우리는 때때로 우리가 전혀 좋아하지 않는 사실들과 부딪쳐 그것을 처리해야 한다는 것이다. 어떤 사람들은 당황스러운 사실이 나타나면 의식하기를 유보하거나 그러한 사실을 (정신적으로) 사라져버릴 신호라고 여긴다. 이런 회피에 깔린 전제는 내가 보지 않기로 선택한 것은 (여러 가지 현실적인 목적 때문에) 존재하지 않는다고 보는 주관적인 자기 기만이다. 이미 언급한 대로, 의식하며 산다는 것은 현실을 책임감 있게 사는 것이다.

심리 치료 중에 우리가 하고 있는 것 속에 존재하기라는 문제를 제기하면서 나는 가끔 이것을 확실히 이해시키기 위해 문장 완성 연습을 제안한다. 예를 들어 "만일 내가 지금 하고 있는 일 속에 존재한다면, _____"이라는 문장 줄기에 말꼬리들을 완성해 소리 내어 말하게 하기도 한다. 전형적인 말꼬리에는 다음과 같은 것들이 있다. 그렇게 많은 실수를 저지르지 않을 텐데. 가족들에게 좀 더 신경을 쓸 텐데. 내 아이들이 내가 자기들의 말을 더 많이 경청한다고 느낄 텐데. 더 많은 일을 끝낼 텐데. 무슨 일이 벌어지고 있는지 알 텐데. 내 감정을 좀 더 잘 이해할 텐데. 내 기분을 직시해야 할 텐데. 좀 더 강하다고 느낄 텐데. 처음엔 좀 더 불안해질 거라는 생각이 든다. 내 삶을 살고 있다고 느낄 텐데.

그리고 "내가 지금 하고 있는 일 속에 존재하고 있을 때의 나쁜 점은 _____"이라는 문장 줄기로 확장하기도 한다. ('나쁜 점'이라는 구절은 좀 더 의식한다는 점에서 연상되는 부정적인 것들을 표현할 수 있게 하는 비격식체 표현이다) 이 문장 줄기에 사람들이 자주 덧붙이는 말은 다음과 같다. 불안해질 텐데. 진실을 말해야 할 텐데. 숨길 수 없을 거야. 대처할 방법을 모르는 문제를 알게 되면 어떡하지? 생각만 해도 불편해져. 너무 지나치다고 느낄 텐데. 상처를 너무 많이 받게 될 텐데. 사람들이 나의 진면목을 보게 될 거야. 불안증이 심해질 거야. 화가 날지도 몰라. 통제할 수 없을 텐데. 이건 너무 부담스러워. 이건 너무 어려워. 도망칠 수 없을 텐데.

이 말꼬리들에서 알 수 있는 한 가지 공통된 주제는 지금 자신이 하고 있는 일을 좀 더 의식하며 한다면 자신이 부정하거나 회피해 온 정서가 의식의 표면으로 떠올라서 그것들을 대면해야 하지 않을까 하는 두려움이 있다는 것이다. 현재에서 도피한다는 것은 흔히 자기 내면의 진실로부터 도피하는 것이다. 경험으로 판단하면 이것은 유일한 동기는 아니고 가장 흔한 동기이다. 또 하나는 위의 두려움과 아주 밀접하게 연결된 두려움인데, 우리가 보게 될 수도 있는 것(예컨대, 부모나 배우자나 아이에 대한 부정적인 감정이나 자신이 저지른 과거의 부끄러운 행위에 대한 기억)에 대한 두려움과 그것을 보고 나서 얻게 될 느낌에 대한 두려움이다.

의식하며 살기라는 주제를 논의할 때 종종 지능에 관한 질문을 받게 된다. 하지만 지능은 이 문제에서 중요하지 않다. 우리는 지능이 같지 않다. 지능이 높은 사람은 지능이 낮은 사람보다 더 많은 것을 파악할 잠재력이 있지만 사실 지적 능력은 별 상관이 없다. 왜냐하면 개인의 능력 범위 안에서 의식적으로 사느냐 살지 않느냐의 문제이기 때문이다. 자신의 의지력의 한계 안에서 의식하며 행동하는가 하는 문제이기 때문이다. 지능이 평균인 사람은 천체 물리학 교수가 되지 않는다. 따라서 천체 물리학자의 일을 감당할 수준으로 의식을 하느냐 마느냐의 문제는 생기지 않는다. 하지만 자신의 직무와 관련한 문제는 생길 수 있다. 핵심은 '각자의 능력에 따라' 의식하느냐 의식하지 않느냐이다.

의식적으로 산다는 것은 (능력이 어떻든 간에 최선을 다해서) 우리의 행동, 목표, 가치, 목적에 따르는 모든 것을 인식하려 한다는 의미이고, 우리가 보거나 알고 있는 것에 맞추어 행동하는 것을 의미한다. 이것은 어떤 수준의 지능에도 적용 가능하다. 지능이 높은 사람은 지능이 더 낮은 사람이 생각해내지 못할 문제를 생각해낼 수 있고 현실을 더 잘 알아차릴 수 있다는 사실과 의식적으로 살기는 상관이 없다. 여기에 관련된 질문은 이것이다. '자신의 한계 내에서' 의식적으로 살고 있는가? 일상의 행위에서는 평균 지능인 사람이 천재적인 과학자보다 더 의식하며 살지도 모른다.

자, 이제 의식하며 살기에 대한 정의가 자신이 아는 바에 따라 행동한다는 뜻을 포함하고 있다는 점을 확인해보자. 내가 보거나 알고 있는 것을 기초로 삼아 행동하지 않는다면, 즉 내가 인식한 것이 내 행동에 반영되지 않는다면(내 행동이 내가 알고 있는 것과 모순된다면) 의식적으로 행동하지 않는 것이다. 오히려 내 의식을 배신하는 것이다. 내가 알고 있는 것을 회피하고, 회피의 이유를 회피하고, 나의 행동이 내가 알고 있는 것을 계속 거부하고 있다는 사실을 회피한다. 이것은 다른 어떤 것보다 자존감을 좀먹는 확실한 공식이다. 또한 장기적으로 행복을 갉아먹는 확실한 처방전이다. 하지만 사람들은 매일 자신의 의식을 배신한다. 그리고 일이 잘못되면 '인생은 고해'라고 말한다. 혹은 '나는 왜 이렇게 운이 없을까?' 하고 탄식한다.

가령 이런 식이다. 내 수입을 초과해서 사는 것을 알아, 하지만 _____. 내 식사 방식이 건강을 해치고 있다는 것을 알아, 하지만 _____. 내가 일을 좀 더 열심히 해야 한다는 것과 직장에서 불성실하다는 것을 알아, 하지만 _____. 내 성과를 더는 속이지 않아야 한다는 것을 알아, 하지만 _____. 우리의 사업 방침이 이 사업을 망치고 있다는 것을 알아, 하지만 _____.

어떤 사람들에게는 '의식하며 살기'라는 말이 추상적으로 들릴지도 모르겠다. 하지만 의식하며 살기의 결과는 삶과 죽음만큼이나 현실적이다.

나는 이 주제를 본격적으로 다루면서 여러 범주로 나누었다. 논의의 편의상 나누었지만 이 범주들은 실제로는 상호 의존적이고 서로 얽혀 있다.

우리는 다음 측면에서 의식적으로 산다는 것이 어떤 것인지를 고찰할 것이다.

> 우리의 정신을 원활하게 작동하면서 느끼는 즐거움
> 우리의 선택과 행동
> 우리의 목표나 목적과 연관된 지식 찾기
> 회피 충동
> 자기 인식
> 인간관계
> 양육
> 직장
> 세계―우리가 살고 있는 맥락
> 사상, 가치관, 철학의 영역

인식하고 몰두하는 즐거움

아리스토텔레스는 그의 책《형이상학》서문에서 인간은 본성적으로 지적 욕구가 있다고 선언했다. 어쩌면 아리스토텔레스가 인류에게 과분한 찬사를 보냈는지도 모른다. 하지만 우리는 인생의 초반부에 우리의 감각으로 세상을 탐색하면서 기쁨을 보이고, 보고 듣는 것의 의미를 찾느라 분투하고, 새로운 것을 알아 가는 것을 즐거워하고 '알고 싶어' 한다. 그러다가 나중에 인간의 비합리성에 부닥쳤을 때 지적인 열의를 잃게 되고 새로운 앎에 덜 끌리게 되는지도 모른다. 혹은 생각하기의 열정을 죽이는 교육 제도를 거치면서 그렇게 되는 건지도 모르겠다. 아니면 우리가 부정하는 문제와 치유되지 않은 상처를 입은 자신을 방어하기 위해 삶을 더 큰 맥락에서 보지 않으려고 의식을 축소하는 것일 수도 있다. 하지만 우리는 모두 새롭게 연결되는 지식을 보거나 듣거나 이해하거나 파악하거나 혹은 어려운 문제에 몰두하는 순수한 행동에서 생기 넘치는 기쁨의 순간을 경험한 적이 있다.

의식하며 살면 이런 순간들은 아주 예외적이거나 오래된 기억 속에 있는 것이 아니라 늘 우리 삶 속에 있다.

나는 심리 치료 중에 가끔씩 내담자들에게 이 가능성을 일깨워주는 것이 즐겁다. 사례 하나를 살펴보자.

해나는 몇 년 전에 내게 전화 통화로 심리 치료를 받은 사람이었다. (내 경우에, 다른 도시에 사는 내담자들과 전화로 상담하는 것이 50%쯤 된다.) 해나는 똑똑했지만 세상 물정엔 꽤 어두운, 미술을 전공한 21살의 학생이었다. 보내온 사진으로 보아 꽤 매력 있어 보였다. 해나는 자신이 살고 있는 도시의 신문에 연극 평론을 쓰는 35살의 '연상' 남성과 데이트를 하고 있었다. 남자 친구는 최근에 올해의 주요 연극 행사가 끝난 후 여기저기서 열린 파티에 해나를 데려갔다. 거기서 해나는 자신의 내성적인 성격, 대인 불안, 세련된 교양 부족, 사람들의 대화를 거의 이해하지 못하는 것 때문에 굴욕감을 느꼈다. 치료 세션이 있던 그날 저녁 그녀는 공식적인 파티 후에 어떤 연극의 개막 공연에 참여할 예정이었다. "파티에 참석한 모든 사람들이 화려하게 차려입고 멋진 화젯거리를 갖고 있을 텐데 나는 그냥 바보 같이 서 있을 거예요. 어떡하면 좋을까요?"라고 그녀가 말했다.

나는 실험을 하나 해보는 게 어떻겠느냐고 제안했다. 그리고 한 번 더 실망한다고 해서 크게 달라질 것은 없으며, 내가 제안하는 것을 기꺼이 해보겠다면 귀중한 것을 배울 수 있고 예상하지 못한 일이 일어날 수 있는 기회가 될 것이라고 말했다.

"그 파티장에 들어서는 순간부터 당신이 얼마나 많이 보고 들을 수 있는지에 주목해보세요. 사람들의 옷이나 악세사리를 자세히 관찰해보세요. 실내 장식을 살펴보고 당신과 얘기하고 있는 사람들의 눈 색깔을 들여다보고 사람들의 목소리와 억양에 주의를 기울이고 거기서 들리는 모든 말을 들으려 애써보세요. 당신의 감각으로 주변 상황에 먼저 공세를 취해보는 거예요."

우리는 해나가 내 조언을 구체적으로 어떻게 행동으로 옮길 것인지 좀 더 논의했다.

그 다음 날 전화로 보고를 하는 해나의 목소리는 들떠 있었다. "짜릿한 경험이었어요! 처음엔 선생님 지시를 실행하느라 정신이 없었어요. 그래서 초조해할 시간이 없었죠. '네 감각을 사용하라'는 말을 계속 생각했어요. 선생님 지시대로 주변 환경과 사람들에게 집중을 하자 이상하게도 평온해졌어요. 좀 더 강해진 것 같았어요. 내가 정말로 그 파티 속에서 파티를 즐기고 있는 것 같은 느낌이 더 커졌어요. 아, 뭐라고 설명해야 할까요? 가장 놀라운 일은 그 사람들의 말에 열심히 귀 기울였을 때 사람들의 얘기를 꽤 쉽게 이해할 수 있다는 것을 발견한 거예요! 내가 이해할 수 없는 말들이라고 확신해서 이전에는 듣지 않았고, 그래서 이해할 수 없었고, 그것이 다시 자기 의심을 강화했다는 것을 깨달았어요. 그리고 이게 모든 것 중 가장 멋진 일인데요, 내게도 할 말이 있다는 것을 알았어요. 의견이 있다는 것을요! 내가 사람들에게 내 의견을 말하자 사람들이 내 얘길 들어줬어요. 정말이지 굉장한 밤이었어요!"

"당신은 보기와 듣기의 힘을 발견했군요." 하고 내가 대답했다.

그때에야 나는 우리가 겁을 먹으면 흔히 덜 보고 덜 들으면서 (의식을 확장해야 할 바로 그 시점에 오히려 위축시키며) 에너지를 계속 우리 내부로 끌어당기기만 한다는 것을 설명했다. 그 파티에서 해나의 과제는 자신의 에너지를 밖으로 계속 흘러가게끔 하는 것이었다. 그렇게 한다면 실제로 그랬던 것처럼, 의식이 두려움을 이길 것이기 때문이었다.

그리고 나는 해나를 믿었고 일단 문제 해결의 방향만 제시하면 그녀에게 문제를 해결하는 데 필요한 수완이 있을 것이라고 믿었다. 하지만 내가 그저 그 파티에서 더 높은 의식 수준을 보이라고만 했다면 해나는 (그녀 아닌 누구라도) 이 조언을 행동으로 옮기는 방법을 생각해낼 수 없었을 것이다. 그래서 구체적인 과제를 주면서, 연극 용어를 빌려 표현하자면 연기할 수 있는 것을 주면서 의식을 끌어올리게 하고 자신의 능력을 알아볼 수 있도록 자극하고자 했다.

나중에 해나는 이렇게 말했다. "내가 발견한 것은 나에게 정신력이 있고 그걸 사용하면서 짜릿함을 느낀 것이었어요."

이 발견은 해나의 여정의 끝이 아니라 시작이었으며, 자신의 잠재력을 인정하고 강화하는 여정에서 더 많은 것을 배우는 추진력이 되었다. 흔히 작은 첫걸음이 비약적 성장을 향한 도약의 출발점이 된다.

비슷한 문제를 겪는 내담자들에게 모두 이런 전략을 쓴다는 뜻은 아니다. 이 사례에서 나는 해나를 꽤 잘 이해하고 있었다. 치료의 후속 조치로 해나의 새로운 시작을 공고히 한 후 그 경험을 확장하고 증폭시킬 필요가 있었다는 말을 덧붙이고 싶다.

아무도 자기 자신에게 깨어 있기, 생각하기, 문제 해결하기, 가치 있는 정신 활동을 즐기라고 강요할 수 없다는 것은 두말할 필요가 없다. 정서는 명령의 대상이 아니다. 하지만 나는 30년 넘게 심리 치료를 하는 동안 내담자들이 좀 더 의식하며 사는 법을 배우면 자신이 느끼는 즐거움을 표현하는 것을 많이 보았다. 그들은 단지 삶이 더 잘 풀리거나 인간관계가 더 만족스러워지거나 더 성공적인 경력을 쌓았다는 것만이 아니라 의식의 집중 그 자체를 더 즐기게 되었다고 말했다. 생각하기가 고통을 연상시키는 것이 아니고 진짜로 생각을 하는 사람들이 있기 때문에 나는 이 점을 강조한다. 의식하기가 성가신 의무인 사람들은 의식하며 살기가 어떤 의미인지를 아직 배우지 못한 것이다.

인생의 중요한 상황에서 의식하기에 저항감을 느끼는 사람들을 심리 치료 중에 (그리고 다른 모든 곳에서) 만나는 것은 드물지 않다. 어쩌면 그들은 불행한 결혼 생활을 들여다보기를 두려워할 수도 있고 거짓된 삶을 확인하고 싶지 않을 수도 있다. 직장에서 하급자들을 어떻게 대하는지 보고 싶지 않을 수도 있다. 아무것도 할 일이 없고 외로울 때마다 마음속에서 피어오르는 불안한 공허감을 들여다보고 싶지 않을 수도 있다. 겉으로 보이는 자기 이미지와 다르게 느껴지는 자신의 온전한 모습 그대로를 보고 싶지 않을 수도 있다. 그래서 의식하기를 두려워하고 고요함을 두려워하고 자신의 내면을 관찰하기를 두려워하고 자신과 맞대면하기를 두려워한다. 그런 사람들은 의식하기를 기쁨의 원천이 아니라 자신의 머리를 겨누고 있는 권총이라고 느낀다. 왜냐하면 자신의 의식이 아니라 자신의 가짜 이미지나 자기 마음에 드는 환상을 '자기'와 동일시하기 때문이다.

그런 사람들은 진짜 '나'—내면 가장 깊은 곳에 있는 자신의 정체성—는 자신이 맡은 사회적 역할이나 자신의 신념이나 감정, 또는 자신이 애착을 느끼는 대상이나 자신의 방어 심리, 소유물과 전혀 관계가 없다는 점을 결코 알지 못한다. '나'는 자신의 선택에 따라 더 환하게 밝히거나 흐릿하게 만들 수 있는 내면의 탐조등이라는 사실을 그들은 결코 알지 못한다.

나의 정체성이 근본적으로 나의 인식 능력이고 인식 활동을 조절하는 힘이라는 것을 이해할 때, 우리는 삶의 여정에서 의식하며 사는 기쁨을 경험하게 된다. 이 기쁨은 조약돌에 빛나는 태양빛의 색

깔, 등산하며 맡는 맑은 공기의 냄새, 음악 소리, 사랑하는 이의 얼굴, 반복해서 읽는 아끼는 책, 자기 이해의 길을 따라 내딛는 걸음, 혹은 사업이나 수학 또는 철학의 어려운 문제에 도전하며 음미하는 기쁨에서 생생하게 느낄 수 있다.

이 상태에서 나는 곧 의식이고 의식은 곧 살아 있음이라는 것을 경험한다.

선택과 행동에 기꺼이 책임지기

어느 날 저녁 강의를 끝내고 사람들과 커피를 마시며 담소를 나누었다. 그중 한 남자가 이런 이야기를 했다.

어느 날 그는 자동차에 생긴 문제를 해결하려고 몇 시간 동안 끙끙거렸다. 그러다 다섯 살 된 아이가 간단히 할 수 있을 거라 생각한 어떤 일을 도와 달라고 아들에게 부탁했다. 하지만 그는 자신이 요구하는 바를 분명히 설명하지 않았다. 게다가 그 일을 아이가 실제로 해낼 수 있는지 없는지 제대로 따져보지도 않았다. 아들이 그 일을 해내지 못하자 남자는 버럭 소리를 질렀다. "뭐 하나 제대로 하는 게 없어!" 아이가 자동차 쪽으로 가면서 중얼거리는 말을 들은 그는 섬뜩해졌다. "뭐 하나 제대로 하는 게 없어. 뭐 하나 제대로 하는 게 없어." 그는 수리 도구를 내려놓고 아이를 안아 올렸다. 그리고 아빠가 화가 나고 짜증이 나 있어서 그랬던 것뿐이라고, 진심으로 한 말이 아니었다고 용서를 구했다.

그 남자가 나에게 슬픈 표정으로 말을 덧붙였다. "입 밖으로 나오는 말을 의식하지 않을 때 우리가 함부로 내뱉을 수 있는 말들……. 이것이 오늘밤 의식하며 사는 것에 대한 선생님의 강의가 저에게 강한 충격을 준 이유였어요."

아이를 의식하며 양육하고 싶다면 우리가 아이들에게 하는 말을 아이들이 나중에 혼자서 되새길 수 있다는 것을 명심하면서 아이에게 하는 말을 의식해야만 한다. 실제로 그런 일은 자주 있다. 아이에게 어리석다고 칠칠맞다고 겁쟁이라고 혹은 형편없는 애라고 말하기 전에 스스로 물어봐야 한다. '정말로 내가 지금 쓰려는 단어로 아이가 자기 자신에 대해 생각하기를 원하는가? 아이가 건강하게 발달하는 데 도움이 되는가? 아이는 그저 재미로 이 단어를 사용하면서 자기 경멸을 배울 수도 있지 않을까?'

의식하면서 살고 싶다면 입 밖으로 나오는 말을 의식해야(책임감을 느껴야) 한다.

그리고 물론 이 원리는 아이와의 관계뿐 아니라 다른 관계에도 똑같이 적용된다. 서로 사랑하지만 말싸움을 하다가 심한 말(나중에 후회하고, 사과하고, 했던 말 때문에 수치심을 느끼기까지 하는 말)을 하는 부부는 흔히 있다. 우리는 말이 상처를 입힐 수 있다는 것을 안다. 말다툼이 해결된 것처럼 보이고 나서 한참 후에, 우리를 학대하고 상처준 말들을 기억해낸다. 그리고 그런 말들은 가끔 우리의 영혼 속에서 오랫동안 곪아터진다. 더 심각한 것은 우리에게 상처 준 말들을 믿게 될 수 있고 ('비열하고' '형편없고' '어리석고' '겁쟁이'라고 믿게 되고) 그런 사람처럼 행동하게 될 수 있다는 것이다. 내면화된 모욕은 자기 충족적 예언을 만들어내는 힘이 있다.

그래서 인간관계에서 이 점을 항상 인식하는 것은 수준 높게 의식한다는 표지이다. '나는 내 말에 기꺼이 책임을 지는가? 내가 유발할 수 있는 반응을 의도하고 있는가?' (부주의하게 다른 사람을 모욕하지 않는 사람이라는 신사에 대한 오래된 정의를 생각해보라.)

이런 꼼꼼함은 '나는 나의 선택과 행동을 의식하고 기꺼이 책임을 지는가?'라는 의식하기의 하위 범주일 뿐이다.

자랑스럽지 않거나 나중에 부끄러워할 행동을 하고 있을 때 책임을 피하는 한 가지 방법은 행동하는 그 순간에 이 행동을 하고 있는 사람이 바로 나 자신이라는 인식을 잊어버리는 것이다.

배우자를 구타하는 자신을 '발견한다'. 낯선 사람과 함께 침대에 있는 자신을 '발견한다'. 위스키 병을 비운 것을 '발견한다'. 약속을 깨뜨린 것을 '발견한다'. 중요한 데 쓰려고 저축해 온 돈을 쓸데없이 낭비한 것을 '발견한다'. 남을 배려하지 않고 잔인하게 대해 왔음을 '발견한다'. 실수를 고치려는 노력을 하지 않았음을 '발견한다'.

그리고 너무나 자주, 의식하지 않은 결과로 고통받을 때 우리는 "어떻게 하면 좀 더 의식할 수 있을까?"라고 묻지 않는다. 그 대신에 "왜 인생이 이렇게 고달플까? 왜 나한테는 늘 불행한 일만 일어날까?"라고 묻는다.

이런 곤경에 처해 있다는 것은 수치스러운 일이다. 스스로 품위를 떨어뜨리고 자신의 능력을 발휘하지 못하게 한다. 오늘날 모든 사람들이 자존감을 말한다. 그리고 많은 사람들이 자존감을 키우는 방법을 배우고 싶다고 말한다. 그렇다면 여기서부터 시작하자. 의식해서 선택하고 행동하는가, 그 선택과 행동에 기꺼이 책임을 지는가?

　최근 보스턴 여행을 다녀오는 길에 몇 년 동안 만나지 못했던 친구 엘레나와 함께 점심 식사를 했다. 엘레나는 작가, 경영 컨설턴트, 아내이자 네 아이의 엄마이다. 잠시 수다를 떨며 그간의 소식을 나누자 서먹한 느낌이 사라졌다. 엘레나의 안색이 좀 어두워 보여서 무슨 문제가 있는지 물었다.

　엘레나는 거의 십 년 동안 책을 쓰지 못해 미치게 글이 쓰고 싶어서 새 책을 구상 중이라고 대답했다. 글을 쓰려면 컨설팅 일이나 네 아이들에게 쓰는 시간을 쪼개야 하는 게 문제라는 말을 덧붙였다. 엘레나는 남편의 수입 외에 자신의 수입이 필요했다. 자신이 쓸 책이 얼마나 팔릴지 알 수 없어 컨설팅과 글쓰기 사이에서 갈등하고 있었다.

　그리고 요즘에는 아이들 양육비가 엄청나게 든다는 말을 이어 갔다. 네 아이는 사립학교에 다니고 있었다. 말의 행간은 이것이었다. '아이들을 사랑하지만 무척 부담이 된다'. 난 엘레나가 한때 상상했던 것과는 사뭇 다르게 흘러가는 자신의 인생을 바라보며 느끼는 고통을 얼핏 보았다.

　"말해봐." 나는 책망하는 기색 없이 부드럽게 물었다. "아이들을 낳기 전에, 네 아이를 갖겠다고 결정하기 전에 양육비가 얼마나 들지 그리고 네 인생이 어떻게 영향을 받을지 진지하게 계산해봤어?"

　"사실대로 말하면 한 번도 생각해보지 않았어." 엘레나는 슬픈 목소리로 대답했다.

엘레나는 똑똑한 여성이었다. 그렇다고 지능이 어떤 상황에서든 필요한 만큼 의식하는 것을 보장하지는 않는다. 하지만 앞으로는 자기 앞에 닥친 문제들을 좀 더 의식할 작정인 것처럼 보였으니 현실적으로 최선의 선택을 할 능력을 발휘할 것이라 생각하며 식사를 마쳤다.

많은 사람들이 거의 혹은 전혀 의식하지 않고서 자기 삶의 모습과 방향을 바꾸게 될 아주 중대한 결정을 하기 때문에 삶의 비극을 겪는다. 이것은 종종 사람들이 살아가면서 며칠 혹은 몇 년의 시간 동안 몽유병 환자로 지낸다는 뜻이다. 그들은 의식하지 않고 선택한다. 뒤따라올 결과를 계산하지 않고 저지른다. 합리적으로 생각하기보다는 충동이나 관례나 늘 해 왔던 방식에 더 지배를 받는다.

때때로 충동이 좋을 수도 있고 계산하지 않은 행동이 때로 긍정적인 결과를 낸다는 것도 부인하지 않겠다. 하지만 그것이 인생의 기본 전략이 되는 것은 위험하다. 기계적으로 사는 것 그리고 다른 사람들이 자신의 인생 대본을 쓰게 하는 것은 위험하다.

적절한 생각 없이 행동하는 사람들은 종종 인생이 악의로 가득 차 있는 게 문제라는 듯이 그들 앞에 닥친 불행에 깜짝 놀란다. "왜 하필 나지?" 그들은 의아해한다. "왜 너는 아닌데? 너 하는 거 보면 아니잖아." 이들은 인생은 본래 고통스러운 것이라 해석하면서 스스로 자신의 책임을 회피할 방법을 찾기 쉽다.

내가 엘레나의 이야기를 강의 중 언급했을 때 누군가 이렇게 말했다. "하지만 늘 결과를 생각해야 한다는 것은 너무 힘들어요. 물론 의식하는 것이 바람직하지요. 누가 여기에 토를 달겠어요? 하지만 힘들다는 것에는 다들 동의하지 않나요?"

내가 말했다. "지금 치르는 대가만큼 힘들지는 않지요."

늘 새로운 앎이 필요한 이유

우리는 이런저런 목표를 추구하면서 인생을 살아간다. 이 목표들은 단기 목표일 수도 있고 장기 목표일 수도 있다. 간단한 것일 수도 있고 복잡한 것일 수도 있다. 혹은 그 중간일 수도 있다. 예를 들어 우리의 목표에는 다음과 같은 것들이 있다. 식사 준비, 새 집을 사기 위한 돈 벌기, 양육 잘하기, 명상하는 법 배우기, 사업 확장, 학위 따기, 인물상 조각하기, 성공적으로 경력 쌓기, 미래의 도전에 대비한 기구 조직하기.

의식적으로 산다면 스스로 자신에게 이런 질문들을 한다. 내 목표가 이러이러한 것이라면 그것을 이루기 위해 무엇을 해야 하는가? 어떤 정보가 필요한가? 내가 궤도 안에 있는지 아닌지를 판단하는 기준은 무엇인가?

예를 들어 행복하고 바람직하게 성장하는 아이로 양육하고 싶다면 어떤 마음가짐을 지녀야 할까? 이 영역에 대해 내가 공부해야 할 것이 있을까? 내가 읽어야 할 이 분야의 책이 있을까? 다른 어떤 유용한 방법이 있을까? 잘해내려면 무엇을 알아야 하나? 나의 현실적인 한계는 어디까지인가? 어떤 점을 잘해내고 있고 어떤 점이 부족한가?

의식하며 사는 사람은 계속해서 목표에 맞는 정보를 얻으려 한다.

의식하지 않고 살면 새로운 지식이 필요 없다고 생각한다. 알아야 할 것은 이미 다 알고 있다고 생각하고 내가 모르는 것 때문에 곤란에 처하지 않을 거라고 여긴다. 그래서 이런 질문들이 필요하다. 정해진 진로를 수정하고 예상한 것을 교정하게 하는 정보에 계속 촉각을 세우고 있나? 더는 배워야 할 것이 없다고 전제하고 나아가고 있나? 도움이 될 수 있는 새로운 자료를 계속 찾고 있나? 아니면 그 정보가 드러나는데도 눈을 감고 있나? 의식하기는 효과적으로 대응하는 능력을 키워준다. 의식하기를 포기하면 실패하고 패배한다.

지난 20년 동안 많은 회사의 리더들이 낡은 비즈니스 방식이 더는 통하지 않는다는 증거를 무시하는 쪽으로 결정을 내린 결과로 시장 점유율을 잃거나 폐업을 했다. 고용인들이 급변하는 경제 환경에 계속 적응하려면 새로운 기술을 습득해야 한다는 증거를 무시하기로 해서 동료들에게 뒤처지거나 정체되는 것처럼 말이다. 한쪽 혹은 부부 둘 다 자신의 행동이 결혼 생활을 파괴하고 있다는 증거를 무시하기로 해서 가정이 파탄 나는 것처럼 말이다. 부모가 자녀 양육에서 중요한 것은 오로지 아이를 '사랑'하는 것이고 한 인간을 적절하게 성장시키는 데 별도의 지식이나 기술이 필요하지 않다고 믿는 바람에 아이가 자기 책임이나 자기 훈련을 배우지 못하고 자라는 것처럼 말이다.[1]

의식하지 않고 산다는 것을 보여주는 한 가지 분명한 기준은 "내 목표를 이루려면 무엇을 알아야(혹은 배워야) 하는가?"라는 질문에 무관심한 것이다. 이러한 무관심은 현실 감각이 없는 것과 관련이 있다. 현실감이 떨어질 때, 즉 사실이나 객관성을 거의 혹은 전혀 이

해하지 못할 때 목표는 적절한 행동이 아니라 소망으로 이루어진다
(고 생각한다).

의식하며 살기와 자존감은 서로 밀접한 관계이다. 의식적으로 사
는 것이 자존감을 강화하는 것처럼 자존감은 의식하며 살게 해준다.
우리가 자신의 정신을 믿는다면 대개 새로운 것을 배우는 어려움 때
문에 단념하지 않고 끈질기게 노력해서 이루어낸다. 그리고 이 성공
은 처음에 지녔던 자신의 정신에 대한 믿음을 강화한다. 새로운 것
을 배워야 하는 상황은 위협적이고 위압적으로 느껴질 수 있다.(사
람들은 대체로 변화와 새로움을 두려워한다.) 그래서 익숙한 것들에 집
착하는 경향이 있다. 하지만 우리가 잘 알고 친숙한 것들이 새로운
상황이 요구하는 바에 부적절하다면 그 상황에 대처할 수 없게 되
고, 그래서 이미 상처받은 자존감은 더 낮아지게 된다.

자기 충족적 예언이 긍정적일 때는 예언이 유리하게 작용하고 부
정적일 때는 불리하게 작용한다. 후자의 경우에 자기 파괴의 악순환
을 끊기는 어렵다.

심리 치료 중에 "내가 하는 일에 5%만 더 의식해서 행동한다면
_____"이라는 문장 줄기가 효과적으로 쓰이는 경우를 많이 본다.
내담자가 문장 완성 작업에서 더 많이 의식했을 때 따라오는 생산적
인 행동을 찾아냈을 때 나는 그런 행동을 실천하도록 이끌어준다.
그러면 의식이 확장되고 하는 일이 좀 더 만족스럽게 진행되고 자존
감이 올라가서 부정적인 악순환이 중단된다.

토니는 29살의 중개인이었다. 그는 캘리포니아 남부의 부동산 시

장이 급속히 식을 무렵 중개업을 시작했다. 그래서 돈을 벌기가 쉽지 않았다. 토니는 우선 자신감이 전혀 없고 곤경에 처하면 바로 패배감을 느끼는 사람이었다. 그는 당시 거의 희망을 잃고 있었다.

나는 토니에게 얼어붙은 부동산 시장 상황에서도 일을 잘해내는 동료가 있는지 물었다. 그가 미리엄이라는 나이 많은 여성이 여전히 높은 거래 실적을 올리고 있다고 대답했다. 다른 동료들은 모르는 것 같은 어떤 점을 미리엄이 알고 있는지 궁금하군, 하고 나는 중얼거렸다.

"내가 만일 내 일을 하면서 5%만 더 의식한다면, _____"이라는 문장 완성 연습을 하면서 토니가 채운 말꼬리 중 하나가 "나와 다르게 일하는 점이 어떤 건지 미리엄한테 배울 텐데"였다.

몇 주에 걸쳐 토니의 자기 개념, 수동성, 자신감 부족에 관한 치료 작업을 마친 후 미리엄에게 도움을 요청할 준비가 되었다.

다행히도 미리엄은 토니의 멘토가 돼주겠다고 했다. 미리엄은 새로운 물건을 확보하는 방법, 잠재 고객들에게 프리젠테이션하는 방법, 고객들이 자신의 물건을 가능한 한 순순히 구입하게 하는 방법에 대해 자세히 설명해주었다. 나는 미리엄에게 질문할 구체적인 목록을 가지고 토니와 작업을 했다. 미리엄은 고객과 만나기로 한 약속 장소에 그를 데리고 가서 자신의 업무 방식을 직접 보여주겠다고 했다. 나는 '미리엄의 판매 비결'이라고 제목을 쓴 쪽지에 그가 배운 모든 것을 적게 했다.

토니가 좀 더 유능한 세일즈맨이 되도록 도와주는 것이 당면 목표였지만 또 다른 목표도 있었다. 삶을 진보시키는 데 필요한 어떤 것이든 배울 수 있다는 것을 토니가 깨닫게 하는 것이었다. 다시 말해서, 나의 의도는 단지 지금 당장의 부동산 시장의 어려움뿐 아니라 그의 인생에서 벌어질 수 있는 어떤 어려움에도 좀 더 잘 대처할 수 있도록 자존감을 강화하는 것이었다.

나는 토니가 스스로 자신의 삶을 가로막고 있었다는 것을 알아차리기 원했기 때문에 "내가 나 자신을 좌절로 이끈 방식 중 하나는 ＿＿＿＿"이라는 문장 줄기를 주었다. 토니는 문장 줄기를 다음과 같이 정확하게 끝맺었다. "나는 그저 주저앉아 한탄했을 뿐이다. 내가 어리석고 쓸모없다고 자책했다. 공상을 너무 많이 했다. 일할 때 고객에게 농담을 하며 전문가답지 않게 처신했다. 신뢰할 수 없게 처신했다. 진지한 사람이라는 느낌을 주지 않았다. 가끔은 너무 필사적으로 행동했다."

그에게 도움이 되었던 또 다른 문장은 "내가 배우고 있는 것을 행동으로 옮길 때 어려운 점은 ＿＿＿＿"이었다. 토니는 문장 줄기를 다음과 같이 채워 넣었다. "변해야만 한다는 것이다. 세상에 부딪쳐야만 한다는 것이다. 실패의 위험을 감수해야 한다는 것이다. 아버지가 늘 내게 패배자라고 말한 것이다. 내 인생을 성공한 인생으로 보지 않는다는 것이다. 자기 연민의 감정을 내려놔야 한다는 것이다. 스스로 책임을 져야 하는 것이다. 더 많이 생각해야 하는 것이다. 나 아닌 다른 사람이 될지도 모른다는 것이다."

토니가 이전에 외부 장애물에만 집중했던 것과는 달리 우리의 작업은 내면의 장애물에 집중했다. 그래서 그가 자유로워지고 싶다면 처리해야 할 내면의 부정적 힘에 대해 좀 더 의식하게 되었다.(판매 훈련 프로그램이 원하는 결과를 내지 못하는 한 가지 이유는 자신감을 좀 먹는 자아 개념을 다루지 않기 때문이다.)

두려움과 부족한 자신감을 나와 함께 검토하면서 토니는 용기를 내어 미리엄에게 배운 전략을 실험했다. 그의 거래 실적은 조금씩 올랐다. 그리고 그때 예상치 못한 흥미로운 진전이 일어났다. 처음에 그가 '좀 더 재미있고 지적으로 자극을 주는' 돈 버는 방법을 찾아보고 싶다고 말했을 때, 나는 그게 일종의 새로운 자기 방해인가 하고 의심했다. 하지만 그것은 진정한 성장의 신호였다.

토니는 설명했다. "나는 어리석게도 부동산 중개업을 하는 데 그다지 똑똑할 필요는 없을 거라 생각해서 직업으로 삼아야겠다고 생각했어요. 이게 얼마나 틀린 생각이었는지 이해했어요. 그리고 더 중요한 건, 쉬워 보이는 일에 나의 역량을 제한할 필요가 없다는 걸 깨달았어요. 이젠 부동산 일이 아주 쉽다는 뜻은 아니에요. 하지만 내가 이것을 배울 수 있다면 좀 더 짜릿한 다른 것들도 배울 수 있을 거예요. 그게 어디까지일지 모르겠어요. 한계는 없어요. 다시 말해서 왜 나는 내 안의 잠재력을 발견해서는 안 되느냐, 하는 거죠."

의식하며 산다는 것은 목표를 이루는 데 필요한 것을 배우는 책임감을 지니는 것이고 그 목표와 관련해서 우리의 현재 위치가 어디인지 아는 것이다.

내 목표가 만족스러운 결혼 생활이라면 현재 결혼 생활의 상태는 어떠한가? 그 답을 알고 있는가? 배우자와 나는 같은 답변을 할까? 우리는 서로 행복한가? 좌절감이나 풀리지 않는 문제가 있는가? 그렇다면 나는 그 문제를 놓고 무엇을 하고 있는가?

내 목표가 사업을 시작해서 시장 점유율을 높이는 것이라면 그 목표를 이루기 위해 무엇을 하고 있는가? 1년 전보다 좀 더 그 목표에 다가갔는가? 지금 제 궤도에 있는지 혹은 궤도를 벗어나 있는지 알 수 있는 신호는 무엇인가? 성장을 측정하는 기준은 무엇인가?

내 목표가 예술가라는 직업으로 생계를 꾸리는 것이라면 이 열망을 이루는 과정에서 나는 지금 어디쯤 있는가? 1년 전보다 좀 더 가까워졌는가? 내년에는 좀 더 가까워질 거라고 예상하는 근거가 있는가? 어떤 기준으로 판단하는가?

당신의 중장기 목표에 대해 생각하라. 그 목표와 관련해 1년 전과 비교해서 지금 당신이 어디쯤에 있는지 자문하라. 발전하고 있는가? 판단의 기준이 되는 지표는 무엇인가?

어느 내담자가 말했다. "저는 10년 동안 엔지니어링 매뉴얼에 관한 글을 그만 쓰고 소설을 쓰고 싶다는 꿈을 꿔 왔어요. 그런데 그 10년 동안 '언젠가'라고 중얼거리는 것 말고 소설 쓰기와 관련된 일은 거의 하지 않았어요. 그때 선생님이 만일 제 꿈을 의식적인 목표로 바꾼다면 무엇을 할 거냐고 물었죠. 그 질문은 깊이 잠들어 있는 나에게 누군가 소방 호스로 찬 물을 쏟아붓는 것 같았어요. 순간적인 깨달음을 주었지요. 이것은 최신 보고서예요. 이미 쓴 소설의 첫 부분 세 장(章)에다 30쪽으로 정리한 플롯이에요. 그리고 지금은 출판을 도와줄 저작권 대리인을 찾고 있어요. 하지만 우울한 생각이 들 때도 있어요. 제가 가늠할 수 없을 정도로 훨씬 더 오래 답보 상태에 머물렀을 수도 있다는 생각 말이죠. 의식하라! 이게 첫째 계명이 되어야 하죠."

의식하며 산다는 것은 자신이 공언한 가치관, 목표, 목적과 일상에서 자신의 행동이 부합하는지 스스로 주의를 기울이며 사는 것이다. 가끔 우리가 우선순위라고 말하는 것과 실제로 시간과 에너지를 투자하는 것 사이에는 괴리가 있다. 자신이 덜 중요하다고 말하는 것에 거의 모든 관심을 쏟고, 가장 가치 있다고 공언하는 것에 가장 적게 주의를 기울이고 있을 수도 있다. 사업체에서 경영진이 조직의 목표에 가장 효과적으로 기여할 업무를 희생하면서 덜 생산적인 업무에 시간과 에너지를 투자하는 경우 바로 이런 실책을 저지르는 것이다. 사생활에서도 마찬가지이다. 예를 들어 이 세상 어느 누구보다도 가장 사랑한다고 공언하는 가족과 함께할 시간과 가족에 대한 관심을 많은 부분 다른 것들에 뺏기는 경우가 바로 그런 실책이다. 의식하며 산다면 목표와 관련된 행동을 점검해서 어느 부분이 일치하고 어느 부분이 일치하지 않는지를 알려고 한다. 만일 일치하지 않으면 우리의 행동이나 목표를 다시 생각해봐야 한다는 것을 안다.

이런 경우에 나는 무조건 행동을 수정해야 한다고 생각하지 않는다. 대개 우리는 행동을 바꾸려 하지만 그것을 이미 정해진 결론으로 받아들여서는 안 된다. 왜냐하면 행동이 때때로 의식보다 더 뛰어난 잠재의식의 지혜를 보여주기도 하기 때문이다. 우리는 진정 가치 있다고 여기거나 진짜로 흥미를 느끼지 않는 목표를 택할 수 있다. 자꾸 다른 방향으로 끌리는 이유가 이 때문이다. 전에 내가 어떤 주제로 책을 쓰기로 하고 계약서에 서명한 적이 있다. 하지만 그 책을 쓰면서 그 당시 내가 정말로 다루어야 하는 주제는 다른 것이었다는 점을 분명히 알게 될 때까지 계속 그 다른 주제에 마음이 쏠리는 것을 발견했다. 그래서 더 중요한 주제를 위해 계약을 수정했다. 당초 목표를 변경했다. 그리고 《자존감의 여섯 기둥》을 썼다. 목표와 행동의 불일치가 그 상황에서 좀 더 의식해야 한다고 깨우쳐주는 신호였다. 그렇다고 그것이 새로운 생각의 결과가 무엇이 될 것인지까지 알려주는 것은 아니다.

의식하면서 가치와 목표를 추구하면 우리는 행동뿐만 아니라 그 결과에도 주의를 기울인다. 우리의 행동은 우리가 기대하는 결과를 만들어내고 있는가? 기계적으로 행동한다면 이 사실을 잊어버리고 목적지에 더 가까이 다가가지 못한 채 살아가기 쉽다.

그래서 필요할 경우 목적지로 가는 경로를 바꾸거나 조정할 수 있도록 주변의 피드백이 필요하다. 이런 피드백을 기꺼이 수용하는 것이 의식하며 사는(주의를 집중하는) 방법 중 하나이다. 결과에 주의를 집중한다는 원칙은 내가 심리치료사로서 성장하는 데 크게 도움이 되었다. 나는 대개 내담자의 문제를 들으면 내담자와 함께 그 문제를 해결하는 과정을 찾아낼 수 있다고 믿는다. 하지만 최선을 다했는데도 그 문제가 끝내 해결되지 않는다고 가정해보자. 그러면 나는 치료법을 발견하지 못했거나 고려하지 못한 점이 있다는 것, 그래서 나의 치료법이 효과적이지 않다는 것을 알게 된다. 치료에 성공하려면 어떻게 해야 할지를 파악하려 하면서 문제를 새롭게 이해하거나 새로운 치료 전략을 생각해내거나 혹은 둘 다 이해하게 될 수 있다. 치료 방법이 통하지 않는다는 것을 알아차리는 것은 많은 치료사들에게 새로운 치료 방법을 발견하게 하는 로켓 발사대와 같다. (치료사가 의식하고 있는 경우에) 통하지 않는 방법을 고집하면서 내담자가 다루기 힘든 사람이라 치료가 안 된다고 내담자를 낮해서는 안 된다. 이런 식으로는 배우는 게 없기 때문이다.

통하지 않는 방법은 아무리 반복해도 효과가 없다. 비즈니스의 홍보가 기대에 한참 못 미친다면 홍보의 내용이나 홍보하고 있는 매체나 시장 평가, 혹은 상품 자체를 재고하는 일이 필요할 수 있다. 의례적으로 똑같은 홍보를 계속해서는 안 된다. 아이의 행동이 바람직하지 않을 때 부모가 잔소리를 하거나 협박을 해서 아이의 행동이 달라지지 않는다면, 해결책은 더 오래 잔소리를 하거나 더 큰 소리로 협박하는 것이 아니다. 더 나은 결과를 만들어내는 대안을 찾는 것이다. 그러려면 그 상황에 맞는 더 높은 수준의 의식이 필요하다. 만일 당신이 청원된 문제를 해결하지 못할 뿐 아니라 그 문제를 더 악화시키는 계획을 지지하는 국회의원이라면 더 많은 돈을 쓰거나 더 많은 법안을 통과시키는 것이 해결책이 아니다. 해결책은 전제를 재검토하는 것이다. 하지만 사람들은 계획 실행에 드는 돈이 공적 재원에서 지출될 때 그 결과에 주의를 기울이거나 추정치를 힘들여 재고하려 하지 않는다. 책임질 일이 거의 없을 때 대개 의식 수준을 높일 필요가 없다고 느끼는 것이다.

주어진 지위, 역할, 관행, 신념에 감정적으로 휘말리면 바람직하지 못한 결과(우리의 의도와 반대일 수도 있는 결과)로 이어질 것이라는 증거가 있는데도 그것을 의심하고 재고하는 것이 어려울 수 있다. 대개 실패를 합리화하거나 무고한 관계자들을 희생양으로 삼거나 자신의 계획이 작동되도록 더 많은 예산이나 더 큰 권한을 요구하는 쪽을 택한다. 자신의 생각이나 행동이 실제로 만들어낸 결과를 확인하는 것이 자존감(때때로 자존감뿐만 아니라 기득권)을 손상시킨다고 느낄 수도 있다.

하지만 우리가 '옳은' 것이 아니라 합리적인 것(의식하는 것) 그리고 자아 통합을 자존감의 기반으로 삼을 만큼 현명하다면, 실수를 인정하고 바로잡는 것이 우리를 심연으로 떨어뜨리는 것이 아니라 정신을 고양하고 자부심을 느끼게 한다는 것을 알게 된다.

이것은 의식하며 살기의 또 다른 측면으로 우리를 이끌어준다. 즉, 회피 충동을 알아차리고 그 충동에 지배받기보다 조절하겠다는 결심을 하게 한다.

어떻게 회피 충동을 다스릴 것인가?

두렵고 고통스러운 것으로부터 물러서려는 충동은 본질적으로 정상적인 반응이다. 우리 모두는 이런 충동이 있다. 하지만 잘 발달된 현실 감각을 갖추고 있다면 (그리고 자기 훈련의 능력이 있다면) 자기 훈련을 두려워하고 힘들어하는 것이 위험하다는 것을 인식하게 된다. 우리는 가끔 두려워하는 일을 하고 고통스러운 것을 대면할 필요가 있다. 그렇게 하지 않으면 우리가 원하지 않는 결과가 일어나곤 하니까. 이 점을 이해하면 때때로 우리가 할 수 있는 일은 심호흡을 하고 전진하는 것뿐임을 알게 된다.

나는 앞서 우리가 대개 직시하기를 원하지 않는 많은 문제들을 예로 들었다. 그래서 예는 더 필요하지 않다. 여기서 확실히 하고 싶은 것은 의식하기를 한번 실천하면 들여다봐야 할 것을 피하게 만드는 감정을 다루는 법을 배우게 된다는 것이다. 우리는 감정에 굴복하지 않고 감정을 관찰할 수 있다. 우리는 충동이 아니라 합리적 판단에 따라 결정하고 행동할 수 있다. 이것은 쉬운 일은 아니기에 연습을 거쳐 배울 수 있다. 첫 단계는 이런 가능성이 있다는 것을 이해하는 것이다. 그 다음은 목표에 도달하는 것을 단지 소망이나 욕망이나 '의도'가 아니라 의식적인 목표로 만드는 것이다.

나는 부모를 향한 분노, 배우자의 고통을 보며 느끼는 만족감, 어릴 적 급우들에게 무력하게 당했던 굴욕감을 대면하려 할 때 느껴지는 엄청난 두려움을 인식할 수 있다. 나는 이런 것을 의식하고 싶지 않은 강한 충동을 느낄 수 있다. 하지만 여전히 들여다봐야 할 필요가 있는 대상으로 다시 조심스럽게 나의 정신을 이끌어 갈 수 있다. 나는 내가 이해해야 하는 대상에 나의 정신이 머무르도록 의지력을 발휘할 수 있다. 그리하여 계속 의식하기를 선택할 수 있다. 회피 충동에 지배받는 것이 아니라 그 충동을 지배할 수 있다. 나는 당장의 안락함보다 성장하는 것을 더 가치 있게 여길 수 있다.

많은 사람들이 생각은 선택의 여지 없이 저절로 일어난다고 생각한다. 그들은 두려움이나 고통을 느끼면 그걸로 끝이라고 생각한다. 불편한 느낌을 멈춤 신호로 해석한다. 거기에 의문을 품거나 도전할 마음이 들지 않는다. 멈출 필요가 없다는 것, 두려움이나 고통을 느끼면서도 전진할 수 있다는 사실을 알면 그런 사람들은 깜짝 놀랄 것이다.

항상 완벽하게 의식하기를 실천하는 사람은 없다. 가끔씩 우리는 무의식의 유혹에 진다. 자존감을 높이려면 항상 완벽하게 의식하겠다는 것이 아니라 가능한 한 의식하겠다고 진심으로 다짐하는 것이 필요하다. 그러려면 자기 훈련과 자기 책임이 필요하다.

이 맥락에서 유용한 간단한 문장 완성 연습(최소한 일 주일 동안 매일 하는)이 있다. 그것은 "나의 두려움(불안, 고통, 슬픔, 분노, 이 상황, 이 문제 등등)을 5%만 더 의식한다면, _____"이라는 줄기에 6개에서 10개 정도 꼬리를 달아서 문장을 완성하는 것이다. 두려운 문제를 맞닥뜨려 의식하면서 그 두려움을 드러내면 대개 차츰 불편한 느낌이 줄어들고 결국엔 해결되거나 치유되어야 할 것이 무엇인지 좀 더 분명하게 이해하게 된다.

사실 "만일 X를 5% 더 의식한다면, _____"(여기서 X는 문젯거리이다)으로 문장 완성 연습을 하면서 의식하기를 회피해 왔던 거의 모든 문제를 새로운 각도에서 볼 수 있다.

다음과 같이 해볼 수 있다.

나의 감정을 5%만 더 의식한다면, _____
나의 욕구를 5%만 더 의식한다면, _____
나의 가장 깊은 갈망을 5%만 더 의식한다면, _____
나의 가장 깊은 좌절감을 5%만 더 의식한다면, _____
나의 불안을 5%만 더 의식한다면, _____
나의 우울을 5%만 더 의식한다면, _____
어머니(아버지)와의 관계를 5%만 더 의식한다면, _____

배우자(혹은 아이, 상사, 부하 직원, 동료, 친구)를 5%만 더 의식한다면,

_____

자기 주장에 대한 두려움을 5%만 더 의식한다면, _____
나의 수동성을 5%만 더 의식한다면, _____
나의 게으름을 5%만 더 의식한다면, _____

낯설고 예상치 못했던 생각이 떠오르더라도 가능한 한 빨리 그리고 자유롭게 문장을 끝맺는다. 이 작업은 우리의 정신을 자극해 새로운 이해와 새로운 통합을 향해 나아가게 하고, 그리하여 궁극적으로는 새로운 행동을 낳는 정신으로 변화하도록 이끈다.

앞에서 언급했듯이 효과적으로 이 작업을 수행하려면 검열하거나 머뭇거리거나 혹은 '심오하거나' '의미 있게' 쓰려고 애쓰지 않고 어떤 말꼬리이건 가능한 한 즉흥적으로 완성해야 한다. 죽 써 가다가 막히면 지어내라. 어떤 것이든 자유롭게 쓰면 조만간 중요한 것을 자유롭게 쓰게 된다. 나는 이 방법이 심리 치료에서 아주 유용하다는 것을 발견했다. 누구든 스스로 이 방법을 배우고 실험해볼 수 있다.[2]

어떻게 '자기 인식'을 높일 것인가?

자기 인식이라는 주제는 우리가 논의하는 모든 쟁점에서 계속 거론될 것이다. 회피 충동을 인식하고 그것에 지배당하지 않는 법을 아는 것도 자기 인식이다. 성장과 야망을 꺾고 우리가 원치 않는 자리에서 꼼짝 못하게 습관적으로 우리 자신을 방해하는 것을 인식하

는 것도 또 다른 자기 인식이다. 대인관계에 관한 작업을 할 때 나는 자주 내담자들에게 여러 문장 줄기를 준다. "내가 사람들로부터 얻기를 원하는데 얻지 못하는 것은 _____", "사람들이 내가 원하는 것을 주기 어렵게 만드는 나의 행동은 _____", "나 스스로를 좌절하게 만드는 것은 _____", "만일 내가 지금 말하고 있는 것 중 어떤 것 하나라도 진실이라면 _____" 따위의 문장 줄기를 주고 의식하기 연습을 시킨다. 전형적으로 보이는 말꼬리는 다음과 같다.

내가 사람들에게서 얻기를 원하지만 얻어내는 방법을 모르는 것은 _____

존경

내 기분에 관심을 보이는 것.

도움

내 욕구에 흥미를 보이는 것.

우정

좋은 대화

사랑

친절

협동

나와 시간을 보내는 데 흥미를 보이는 것.

사람들이 내가 원하는 것을 주기 어렵게 만드는 나의 행동은 _____

아무것도 원하지 않는 것처럼 행동하는 것.

원하는 것을 말하지 않는 것.

무관심한 것처럼 행동하는 것.

움츠러드는 것.

나 혼자 스스로 충분하다는 느낌을 발산하는 것.

차갑고 거리감이 있는 것.

주고 또 주고 또 주며 누구도 넘어올 수 없는 '퍼주기'라는 벽을 만드는 것.

곁을 안 주는 것.

나를 스스로 좌절하게 만드는 것은 _____

사람들이 나를 거부하기 전에 내가 먼저 거부하는 것.

혼란스럽고 내용이 뒤죽박죽인 메시지를 보내는 것.

상처받지 않을까 하는 두려움에 굴복하는 것.

아무래도 상관없다는 듯이 행동하는 것.

사람들에게 기회를 주지 않는 것.

사람들이 내게 뭘 주려고 할 때 그것이 옳지 않다는 뜻을 전달하는 것.

손을 내밀지 않고는 그저 내 자신을 한심해하는 것.

내가 지금 말하고 있는 것 중 어떤 것이라도 사실이라면 _____

나는 좀 더 열려 있어야 한다.

나 자신을 세상 밖에 내놓아야 한다.

사람들에게 기회를 줘야 한다.

사람들이 나의 존재를 알아볼 수 있게 해야 한다.

나의 욕구와 욕망을 더는 숨겨서는 안 된다.

기꺼이 요청해야 한다.

인간관계에서 좀 더 인정을 베풀어야 한다.

나의 취약함을 드러내고 그것을 부끄러워하지 않아야 한다.

스스로 자신에게 이익이 안 되는 행동을 하고 있다는 것을 인식할 때 다르게 행동할 수 있는 선택지가 생긴다. 우리는 그 선택지를 선택할 수도 있고 선택하지 않을 수도 있다. 어쨌든 우리의 정신 과정, 그리고 어떤 맥락에서 보이는 우리의 특징적인 행동이 부적절하거나 역효과가 난다는 사실에 직면했을 때 우리가 어떻게 행동하는지를 관찰하는 것은 또 다른 자기 인식이다. 그 사실을 살펴보는가, 아니면 눈길을 돌리는가? 더 나은 대안을 찾는가, 아니면 이미 잘못됐다고 확인한 것들을 기계적으로 반복하는가?

이런 문제들에 관해서는 자기 인식, 그리고 자기 인식과 의식적으로 살기의 관계라는 주제로 머리말에서 아주 짧막하게 언급했다. 그리고 4장과 5장에서 다시 논할 것이다. 자기 인식이 자신의 정신 과정, 가치관, 정서, 행동을 의식함을 포함하는 것이고 자기 소외(이런 문제로부터 자신을 소외시켜 이런 문제들을 의식하지 않는 것)가 고통과 무기력의 주된 원인이라는 것을 확인하게 될 것이다.

지금은 먼저 의식적인 삶이 어떤 것인지에 대한 기초 복습을 끝내겠다.

의식하는 삶2:
목표 의식

*The
Art of Living
Consciously*

우리 모두에게 의식하며 살기라는 문제가 생기는 두 가지 큰 영역은 인간관계와 직장 생활이다. 우리는 다른 사람들과 교류하고 주어진 상황에 대처하면서 더 많이 의식하거나 더 적게 의식한다. 일상의 업무를 처리하면서 집중할 수도 있고 최소한의 의식이나 생각으로 처리할 수도 있다. 둘 중에 선택을 한다. 그리고 그 선택에 대한 책임은 우리에게 있다.

우리는 진공 속에서 살거나 일하지 않는다. 우리는 물리적·사회적 공간 속에 존재하며 한 문화에 속한 한 구성원이다. 우리의 환경을 구성하는 더 큰 세계의 영향을 어느 정도 인식할 수도 있다. 어떤 사람들은 자신에게 미치는 영향을 전혀 감지하지 못하지만 어떤 사람들은 예민하게 감지한다. 이렇게 우리는 우리가 살고 있고 행동하고 있는 더 큰 맥락을 더 많이 의식할 수도 있고 더 적게 의식할 수도 있다.

우리는 누구나 특정한 사상과 가치관의 영향을 받으며 살아간다. 다만 자신이 어떤 사상이나 가치관의 영향을 받고 있는지 분명하게 의식하는 사람과 그렇지 못한 사람으로 나뉠 뿐이다. 남성과 여성의 차이, 인생에서 가장 중요한 것, 서로 관계 맺는 방식, 선과 악, 옳고 그름, 일과 사랑과 섹스의 의미, 정의의 본질, 개인이 사회와 정부와 맺는 관계 등등에 관해 우리는 모두 어떤 전제(드러난 것이 아니라면 묵시적인)를 지니고 있다. 어떤 사람들은 자신의 신념을 분명히 밝히라는 말을 들을 때 난감해한다. 그런 사람들은 대개 자신의 철학을 분명하게 인식한 적이 없다. 잠재의식 수준에서 인식할 뿐이다. 그래서 현실 감각이 부족한지를 확인하거나 수정하는 것이 어렵다. 그런 사람들은 애초에 자신의 생각이 아니었을 수도 있는 낡은 생각을 고수한다.

이것이 이번 장에서 다루게 될 주제이다.

사랑에도 의식하기가 필요하다

우리가 다른 사람들에게 보이는 의식 수준은 대체로 그 관계의 성질에 달렸다. 우리는 대개 주문을 받는 웨이터에게는 같이 식사하고 있는 사람에게 보이는 만큼의 관심을 두지 않는다. 다른 사람과 어울리고 싶은 상태이거나 웨이터의 어떤 점이 우리의 관심을 끄는 경우가 아니면 매너에 벗어나지 않는 정도로만 의식한다(우리가 무례하다고 말하는 어떤 사람들은 최소한의 기본조차 의식하지 않는다). 그 관계가 우리에게 중요할수록 더 높은 수준으로 의식하고 더 깊이 있게 파악하려 하는 게 합리적이다. 그래서 만일 우리가 의식해서 사랑한다면(맹목적으로 빠져 있는 것과는 반대로) 다른 어떤 사람보다도 그 사람을 더 분명히 이해한다.

우리는 친밀감의 정도에 따라서 교류 중에 보이는 의식하기를 통해 상대방을 존중하는 마음을 표현한다. 즉, 상대가 이해받았다고 느끼도록 보고 듣고 반응하는 것을 통해서 존중의 뜻을 전한다. 반대로 상대를 의식하지 않는 모습을 보임으로써 그를 존중하지 않는다는 뜻을 전달한다. 상대가 누구인지, 그리고 상대가 생각하고 느끼는 것에 내가 관심을 둘 가치가 없다는 것을 암시하는 것이다. 지위는 높지만 자존감이 낮은 사람들이 후자의 신호로 다른 사람들을 무시하면서 자신의 힘을 과시하려 하는 것은 드물지 않다. 의식하기는 인간관계에서 정중함의 시작이다.

나의 또 다른 책에서 다른 사람들이 자신을 알아주고 적절하게 반응해주기를 바라는 인간의 욕구를 의미하는 심리적 가시성(psychological visibility)의 욕구에 대해서 자세히 썼다.[1] 우리는 존재감을 느끼고 타인에게 이해받고 우리가 지닌 자기 개념과 일치되게 인정받고 싶은 뿌리 깊은 욕구가 있다. 이 욕구 때문에 우리의 '자기(self)'와 자기 표현을 객관적으로 함으로써 자기 확인을 할 수 있게 된다.

이 욕구는 우리의 본성에 내재해 있다. 그리고 이 욕구가 좌절되었을 때 행복감과 성장에 전반적으로 부정적인 영향을 받을 수 있다. 아이들이 독자적인 인간이 아니라 짜증나는 사물이나 사랑스러운 장난감 취급을 받을 때 아이들은 자신이 존재감이 없다고 느끼고 자존감에 상처를 받는다. 만일 어떤 남성이 아내에게 한 인간이 아니라 성공의 척도[2]나 돈 버는 기계로 비춰진다고 느끼면(혹은 아내가 남편에게 한 인간이 아니라 섹스 대상이나 트로피로 느껴진다면), 존재감을 느낄 수 없게 되고 그 관계는 곤경에 처한다. "나를 대할 때 나를 '봐'주세요."라는 소리 없는 외침은 "나를 대할 때 의식해주세요."라는 뜻이다.(그리고 "의식해주세요."라는 말은 "적절하게 의식해주세요."라는 뜻이다.)

높은 의식 수준에서 어떤 사람과 교류하면 한편으로는 상대의 말뿐만 아니라 낯빛과 말과 행동 속에 숨겨진 미묘한 정서적 의미까지 의식하게 된다. 말의 문자적 의미보다 더 많은 정보를 파악하는 것이다. 또 한편으로는 우리의 말과 정서적인 속뜻과 우리가 보내는 복잡한 신호를 (최소한 어느 정도까지) 의식한다. 상대방이 우리가 말로 표현하는 것에 대해서만 반응하거나 받아들인다고 생각한다면 순진한 생각이다. 의식하고 행동한다면 소통의 복잡성을 인식한다. 그리고 우리가 인식하는 정도에 따라 우리의 반응도 달라진다.

모든 교류가 이 정도로 높은 수준의 의식을 요구하는 것은 아니다. 이미 언급한 대로 어느 정도 의식하는 것이 적절한지는 맥락이 결정한다. 하지만 생각해보자. 낭만적 사랑에서 의식적으로 사랑한다는 것은 무슨 의미인가?

다른 사람을 사랑한다는 것은 한 인격체로서 그 사람을 알고 사랑한다는 뜻이다. 이 말은 우리가 사랑하는 대상을 진심으로 바라보고 이해한다는 것을 전제로 한 말이다. 보는 것이나 아는 것 없는 '사랑'은 그 자체로 모순이 되는 말이다. 내가 너를 보지도 않고 누구인지도 모르고 알고 싶은 욕망도 없다면 '너를 사랑해'라는 말이 무슨 의미겠는가? 그것은 단지 "너라는 사람의 실체를 가지고 내 주의를 흩뜨리지 말아줘. 나는 너에 관한 꿈을 꾸며 살아."라는 의미일 뿐이다.

많은 사람들이 상대의 실체가 아닌 환상과 연애를 하거나 결혼을 한다. 그러고는 자신의 환상과 다르다고 분개한다. 그리고 '낭만적인 사랑은 이제 그만'이라면서 쓸쓸하게 그 관계를 끝낸다. 그런 이들은 상대방을 자신의 파트너로 선택한 정신 과정을 검토하지 않는다. 그 대신에 의식하며 살지 않으면 사랑을 완성할 수 없게 하는 우주의 법칙에 화를 낸다.

우리가 어떤 사람과 사랑에 빠지는 이유는 사실 복잡하다. 그 모든 이유를 쉽게 인식할 수 있는 것은 아니다. 연인들의 기쁨 중 하나는 자신의 반쪽 안에서 자신을 고무하고 짜릿하게 하는 특질을 점점 더 많이 확인하는 것이다. 이런 과정은 몇 년이고 계속될 수 있고 기쁨과 친밀함을 키우는 원천이 될 수 있다.

우리는 이런 점들에 대해 관계 초기부터 생각해볼 수 있다. 이 사람의 어떤 점이 나를 자극하고 매혹하는가? 어떤 요인이 심리적이거나 영적이고, 어떤 요인이 육체적인가? 이 사람이 발산하는 어떤 점을 좋아하는가? 성격의 어떤 점을 높이 평가하는가? 어떤 의심이나 불안감이 있는가? 그렇다면 어떤 점을 염려하고 어떻게 그것을 확인할 수 있는가? (마음에 들지 않는 점이 있다면) 무엇을 싫어하는가? 그것은 나의 가치관에서 따져볼 때 얼마나 중요한 문제인가? 어떤 공통점이 있는 것 같은가? 그리고 왜 그렇게 생각하는가? 어떤 점에서 양립할 수 없는가? 그리고 왜 그렇게 생각하는가?

우리는 사랑과 매력을 고취하는 모든 요소들을 (결코) 다 열거할 수 없다. 그렇다고 해서 가능한 한 서로를 많이 알려는 노력을 멈춰서는 안 된다. 왜냐하면 이런 노력을 함으로써 관계가 근본적으로 단단하고 건강해지고 사랑과 친밀감도 깊어지기 때문이다.

연인들과 작업을 하면서 서로 마주보고 앉아 번갈아 가며 상대방에게 완성된 문장을 말하게 하는 경우가 종종 있다. 예를 들어 이런 문장 줄기를 준다. "내가 당신에게 고마워하는 것은 _____", "나에 대해서 알아주었으면 하는 것은 _____"이다. 이러한 작업은 서로의 존재감을 느끼게 해준다.

자신이 아내에게 투명 인간 같다고 느끼는 한 남성이 어느 날 아내에게 물었다. "당신은 나의 어떤 점을 사랑하는 거야?" 아내는 말문이 막혔다. 실제의 남편이 아니라 아주 주관적인 관념 속의 그(자신이 필요로 하는 남자)를 사랑하고 있다는 것이 분명했다. 현실 속 남자가 그녀의 사랑에 이의를 제기했을 때 아내는 당황해서 할 말을 잃었다. 아내는 자신의 방식으로 그를 사랑했을 수도 있다. 하지만 남편이 자신의 존재감을 느끼고 이해받는다고 느끼게 해주는 사랑이나 의식하는 사랑은 아니었다.

자신을 이성적으로 인식하지 못한다면 나의 방식으로 상대방을 의식할 수 없다. 우리는 상대가 나에게 영향을 주는 것을 관찰함으로써 상대를 알게 된다. 상대가 어떤 사람인지를 발견하는 방법 중 하나는 상호 작용 속에서 내가 나를 발견하는 방식과 같다. 내가 나 자신의 가치를 모른다면 상대의 가치를 꼭 집어 말하는 것도 쉽지 않을 것이다. 우리가 우리 자신에게 낯선 존재라면 다른 사람들도 우리에게 낯선 존재이게 마련이다.

우리의 지각을 왜곡할 수 있는 개인적 요인을 알아차리는 것도 자기 인식이다. 외로움이나 욕구는 이성적인 사람의 사고를 충분히 왜곡할 수 있다. 만일 최소한 자신의 상태를 인식하기라도 한다면 부질없는 희망을 품고 현실을 보는 사고방식 때문에 생길 수 있는 해로운 인간관계를 막을 수 있다. 끔찍한 연애로 인해 심하게 상처를 입은 어떤 여성이 말했다. "잭과 헤어지고 지금 내가 얼마나 마음이 약해져 있는지 알아요. 어쩌면 그 사람이 내게 잘해줬기(진심으로 친절했기) 때문에, 사실은 그를 사랑하지 않는데도 사랑한다고 생각했을 수 있어요."

어떤 심리학자는 발끈하며 나의 이런 생각을 일축했다. "낭만적 사랑에는 맹목성이 필요해요. 열정은 상대를 자세히 들여다보면 사라지죠."라고 주장했다.

"당신을 정말로 이해한 사람은 절대로 당신을 사랑할 수 없었다는 뜻인가요? 그럴 수도 있겠지요. 하지만 왜 그런 주장을 모든 사람들에게 적용하려 하나요?" 하고 나는 반박했다.

반대로 행복한 결혼 생활을 하던 어떤 여성은 이렇게 말한 적이 있다. "우리가 장점이건 단점이건 보이는 모든 것을 기꺼이 보고, 그러고 나서도 여전히 열정적으로 사랑한다면 그것이 성숙하고 낭만적인 사랑이라 할 수 있겠죠."[3]

우리는 스스로 인식을 하건 못 하건 어떤 욕망과 기대를 품고 연애를 시작한다. 나의 욕망과 기대가 무엇인지 아는가? 상대방은 무엇을 원하고 무엇을 기대하는지 아는가? 내가 받고 싶은 것(혹은 그에 상당한 것)을 상대에게도 주려는 책임감을 느끼는가? 의식하며 사랑한다면 긍정적인 대답을 할 수 있을 것이다.

하지만 많은 사람들이 의식하며 사랑하지 않는다. 사람들은 흔히 자신에게 어떤 문제가 생기면 언제든 상대방이 해결해줘야 하고 자신이 하는 말에 상대방이 진심으로 흥미를 느끼고 전적으로 자신에게 집중해주고 공감해주기를 자신이 바란다는 사실은 잘 알고 있다. 하지만 상대방도 자신에게 똑같은 것을 원한다는 것은 알아차리지 못하고 상대방이 원하는 것을 자신이 해주지 않는다는 사실도 감지하지 못한다. 그들의 심리는 본질적으로 불평등한 부모-자녀 관계(한쪽은 거의 받기만 하고 다른 쪽은 거의 주기만 하는 관계)의 방식 이상으로 발달하지 못했다.

우리는 모두 관계 속에서 무엇을 주고받는지 알아야 할 책임이 있다. 그 교환의 질에 대해 나와 상대방이 서로 어떻게 느끼는지 알아야 한다. 자신이 받는 것보다 주는 것이 훨씬 더 많다고 느낄 때 문제가 생길 가능성이 높다. (연구에 따르면 외도를 하게 되는 경우도 이 경우가 가장 많다. 더 많이 준다고 여기는 쪽이 '불륜을 저지를 자격이 있다'고 느낀다. 서로 공평하게 기여한다고 느낄 때 외도 문제가 상대적으로 적게 일어난다.) 이 교환에 대해서 상대방이 어떻게 느끼는가를 알아내는 가장 간단한 방법은 물어보는 것이다. 그리고 자신의 행동을 합리화하는 것이 아니라 상대의 말을 들으면서 알게 되는 것에 관심을 보이고 방어하지 않고 경청하는 것이다.

우리는 모두 인간관계에서 장단점을 함께 보인다. 자신의 장단점을 알고 있는가? 관계에서 상대방이 가치 있다고 여길 만한 어떤 장점이 있는가? 나의 어떤 단점이 상대방을 힘들게 할 수 있는가?

부부 관계의 문제를 놓고 부부와 상담할 때 나는 종종 결혼 생활을 어렵게 할 수 있는 것이 무엇인지 각자에게 묻는다. 만일 그들이 이 문제를 파악하고 있다면 질문을 이해하지 못하거나 질문에 대한 답을 모르겠다고 하는 경우보다 희망이 있다. 어떤 아내가 이렇게 대답했다. "결혼 생활을 유지하는 데 어려운 점이요? 글쎄요. 나는 요리도 잘하고 남편의 잠자리 요청을 거절한 적도 없고 파티의 안주인 노릇도 완벽해요. 사람들이 매력적이라고들 하지요. 그런데 남편은 무얼 원하는 걸까요? 남편은 늘 인생엔 일하고 즐기는 것 이상의 뭔가가 있다고 해요. 그게 뭘까요? 그게 뭔지 나한테 말해줬음 좋겠어요. 어떤 사람들은 도대체 만족을 몰라요. 남편이 자신의 삶이 꽤 행복하다고 생각하게끔 선생님이 도와줄 수 있다면 좋을 텐데요." 어떤 남편은 이렇게 말한 적이 있다. "나는 아주 합리적이고 공정한 사람이에요. 이게 내 결점이 아닐까 싶어요. 아내가 때때로 이런 성격을 위협적으로 받아들이는 것 같거든요." 이 남편의 경우처럼 어떤 사람들은 때때로 양심적으로 자신의 결점을 들추어내는 척하면서 사실은 음흉하게 자기 칭찬을 한다.

종종 나는 부부에게 서로를 마주보게 하고 문장 완성 기법을 실시한다. 문장 줄기는 이렇다. "내가 힘든 경우는 _____", "때때로 내가 좌절감이 드는 경우는 _____", "가끔 내가 당신을 화나게 하는 경우는 _____", "가끔 내가 당신에게 상처를 주는 경우는 _____", "당신이 내게 원하지만 항상 얻지는 못하는 것은

_____."

문장 완성 기법으로 서로 생각을 주고받을 때, 사람들은 자신들이 잠재의식의 수준에서 얼마나 알고 있는지를 깨닫게 된다. 그리고 일단 문장 완성 기법을 열심히 활용해보면 얼마나 많이 의식하고 얼마나 분명히 표현할 수 있는지 놀라워한다.

앞서 든 예는 부정적인 상황을 다루는 문장 줄기들이다. 이런 긍정적인 문장 줄기들로 의식하기를 연습할 수도 있다. "우리가 서로에 대해 즐기는 점은 _____", "우리의 공통점은 _____", "당신이 _____ 할 때 고마워.", "당신이 _____할 때 내가 특별히 사랑받는다고 느껴.", "당신이 _____할 때 가장 잘 통한다고 느껴."

가끔 (자주는 아니고) 이런 문장 완성 기법이 긍정적인 말을 해줄 게 전혀 혹은 거의 없고, 두 사람의 관계가 근본적으로 무의미하다는 사실을 서로의 면전에서 확인할 뿐 효과가 없는 경우도 있다. 이런 사실을 부정하기보다 받아들인다면 각자의 길을 가기로 결정하더라도 이 또한 의식하기가 거둔 성과이다.

하지만 문장 완성 기법을 활용할 때 나타나는 훨씬 더 흔한 반응은 처음에 서로 사랑에 빠지게 된 지점으로 두 사람이 다시 연결된다는 것이다. 사랑을 계속 살아 있게 하는 것은 의식하기이다. 사랑을 지루함과 정서적 무감각으로 변하게 하는 것은 무의식이다.

오랫동안 여전히 깊이 사랑하는 사람들의 말을 들어보면 자신의 파트너를 충분히 의식하며 사랑한다는 것을 알 수 있다. 그들은 자신의 파트너를 당연하게 여기지 않는다. 처음 사랑을 불러일으킨 가치나 특질을 여전히 의식하고 일상의 교류와 상호작용 속에서 그것을 언급한다. 늘 그것을 보고 감사하는 능력을 유지한다. 그들의 사랑은 '정신적으로 능동적이다'.

정신적으로 수동적이면 어떤 짜릿한 느낌도, 어떤 낭만적 사랑도, 어떤 열정도 지속될 수 없다.

만일 정신적 수동성이 정상이고 능동적으로 의식하는 것이 비정상이라고 생각한다면 지속적인 사랑이라는 관념은 단지 환상 속에만 있고 권태는 인간의 태생적 조건이라고 느낄 수 있다.

의식하면서 사랑한다는 것은 상대방에 대한 반응이 지속적인 선택의 과정이라는 것을 아는 것이다. 상대방이 어떤 희망 사항이나 욕구를 표현할 때 내가 어떻게 반응하는지를 의식하고 내가 그 반응을 선택하고 있다는 것을 의식한다. 그리고 상대방이 어떤 욕구나 욕망을 표현할 때 그것에 대해 무엇을 하기로 선택하건 의식적으로 한다. 어떻게 행동할지 결정을 내리는 데 그 순간의 기분에 좌우되지 않는다. 의식하며 사랑하기는 때때로 어떤 것을 하고 싶은 기분이 아닐 때에도 그것을 하는 것이다. 사랑뿐만 아니라 나에게 가치 있는 모든 일들에도 의식하기가 필요하다. (내가 컴퓨터 앞에 앉을 때 매일같이 일할 '기분'인가? 분명 아니다. 하지만 컴퓨터 앞에 앉는다. 그리고 이것을 자기 희생이라고 여기지 않는다.) 가끔 아무리 노력해도 상대방이 원하는 것을 해줄 수 없을 때가 있다. 그렇다고 이것이 상대방의 희망 사항을 존중하지 않는다는 것은 아니다. 내가 해줄 수 없는 상황에서도 마음 쓰고 있다는 것은 전달할 수 있다.

낭만적 사랑에 쏟는 의식 수준은 사람마다 큰 차이가 있다. 어떤 (소수의) 사람들은 높은 의식 수준으로 사랑한다. 하지만 더 많은 사람들이 자기 삶에서 가장 중요한 인간관계가 자신에게 필요하고 가치가 있다는 것을 거의 의식하지 못하고 살아간다. 그들에게 가정 (그들이 가정이라고 느끼는 곳)은 직장 생활에서 받는 의식하기의 부담에서 벗어나 휴식을 취하는 곳이다.

의식하며 산다는 것은 우리의 관계를 끝없이 '분석'한다는 의미가 아니다. 대개 이런 '분석'은 더 많이 의식하는 것과 거의 관계가 없다. 분석이 아니라 보고 듣는 것에 집중하는 것이 의식하기이다. 주의를 기울이고, 반응을 보이고, 상대방의 감정과 자신의 감정을 알아차리고, 상대방과 어떻게 상호작용하는지를 인식하고, 따뜻한 배려의 말을 표현하는지 감지하고, 그 관계가 매일 새롭게 창조되는지를 인식하는 것이 의식하기이다.

가장 중요하게 인식해야 하는 것은 갈등을 다루는 방법이다. 갈등이 생겼을 때 누가 무엇을 하는가? 상대를 이해하면서 해결책을 찾는 데 집중하는가? 상대를 비난하면서(혹은 방어하면서) 상대의 잘못을 찾는 데 집중하는가? 서로의 다른 점을 긍정적으로 보는가, 적대적으로 보는가, 아니면 두려워하는가? 우선순위가 관계를 보호하는 것인가, 자기 정당화인가? 사이가 서먹해졌을 때 누가 먼저 그걸 극복하려고 화해의 손을 내미는가? 그동안에 상대방은 무엇을 하고 있는가?

이런 것들을 관찰한 결과가 마음에 들지 않는다면 다른 방식으로 행동할 수 있다. 하지만 우리가 어떻게 행동하고 있는지를 의식하기 전까지는 새로운 선택지를 생각해낼 수 없다. 모든 해악의 뿌리가 현실을 무시하는 행위라면 모든 미덕의 뿌리는 현실을 존중하는 것이다.

얼마나 의식하면서 이 글을 읽고 있는가? 이 글이 의미하는 바를 당신의 삶에 적용하면서 생각해보고 있는가? 혹은 이 글이 모두 딴 세상의 일처럼(나와는 상관없는 것처럼) 추상적으로 읽히는가?

다시 여기서 자존감과 의식하며 살기의 상호 관계를 확인할 수 있다. 자존감이 높을수록 의식하며 (그리고 호의적으로) 인간관계를 맺을 가능성이 높다. 의식하며 (그리고 호의적으로) 살수록 자존감을 더 키울 수 있다. 물론 그 반대도 마찬가지다. 인간관계가 개인의 성장의 도구가 될 수 있는 이유가 여기에 있다. 어려움에 대처하는 법을 배우면서 사람은 진화한다.

아이의 자존감을 키우는 양육

나는 《자존감의 여섯 기둥》에서 효과적인 양육의 여러 모습에 관해 논했다. 그리고 앞에서 아이에게 말로 전달하는 메시지를 의식하는 것이 얼마나 중요한지 언급했다. 여기에 좀 더 추가해서 논의해보겠다.

의식적인 양육은 먼저 아이를 낳기로 선택하면서 생기는 책임에 따라 생각하는 것이다. 보육은 기초적 양육일 뿐이다. 아이가 독립적인 어른으로 살아갈 수 있도록 준비시키는 것은 더 어려운 임무이다.

아이에게 적절한 교육을 시키는 것은 이 임무의 한 부분일 뿐이다.(교육을 통해 아이는 경쟁적인 생존의 장에서 생계를 해결하는 지식과 기술을 획득할 수 있다.) 아이에게 자신의 삶을 책임지는 것의 중요성(독립의 가치)을 이해시키는 것이 부모의 역할이다.

불행하게도 부모들은 종종 성취 목표에 대해 딸들보다 아들들에게 훨씬 더 많이 강조하면서 아들과 딸에게 전혀 다른 신호를 보내기도 한다. 부모들은 자문할 필요가 있다. 내 딸이 의존성을 자연스러운 상태로 여기기를 원하는가? 자신이 경제적으로 무능하다고 느끼며 불행한 결혼의 감옥 속에서 살기를 원하는가? 아니면, 자기 확신을 품고 유능하게 삶을 대면하기를 원하는가?

실제로 이 질문들은 부모들이 점검해야 할, 의식하며 양육하기에 관한 더 많은 질문을 끌어낸다.

기본적으로 나는 자녀에게 무엇이 필요하다고 생각하는가? 아이가 높은 자존감을 갖기를 원하는가? 그렇다면 그것을 위해 무엇을 해줄 수 있는가? 그리고 나는 그 일을 하고 있는가? 아니면 나는 아이가 부정적인 자기 개념을 지니기를 원하는가, 그리고 그 개념이 아이의 행동에 어떤 영향을 끼칠 것이라고 생각하는가? 나는 아이가 비판적이고 독립적으로 사고하기를 원하는가, 아니면 생각은 남들에게 맡기고 그들이 무엇을 결정하건 그 결정을 따르는 데 만족하는가? 전자를 원한다면 어떻게 비판적이고 독립적으로 생각하도록 격려하고 있는가? (아이들과 함께 TV를 보면서 프로그램이나 광고 속의 논리적 오류, 잘못된 암시, 가치관에 관련된 숨은 메시지를 어떻게 찾아내는지를 가르치는 부모들이 있다. 그들은 자녀들이 무엇을 의식하며 보고 들어야 하는지를 검토하게 한다. "저 얘기는 거짓과 폭력으로 자신이 원하는 바를 얻는 것이 '멋지고' 존경스럽기까지 하다는 거네. 네 의견은 어때?"
"이 쇼는 마약에 취해 자동차를 운전하는 것이 재미있고 신나는 일이라는
듯이 말하고 있구나. 넌 어떻게 생각하니?" "저 제품의 광고가 말이 된다고
생각하니?" "저 정치인이 하는 말 이해되니? 지난주에 저 사람이 했던 인터
뷰 내용과 일관성이 있는 것 같니, 모순이 되는 것 같니?")

아이가 다른 사람들을 정직하고 공정하고 호의적으로 대하기를
원하는가? 어떻게 그것을 가르칠 수 있는가? 아니면 아이가 정직이
나 공정함과는 상관없이 순간의 이익을 추구하기를 원하는가? 그렇
다면 왜 그러는가?

아이가 적절하게 자기 주장을 하고 다른 사람들과 상호작용을 하
면서 그들의 정당한 이익을 존중하기를 원하는가? 그것을 어떻게
가르칠 것인가? 아니면 자기보다 남들을 중요하게 여기면서 자기를
희생하고 부정하기를 원하는가? 왜 이것을 선택하는가? 아이가 항
상 다른 사람의 욕구를 가장 중요하게 다루어야 하느냐고 묻는다면
어떻게 대답할 것인가?

아이가 자기 자신을 받아들이고(자기 수용, 즉 '나'를 소중히 여기고
존중하며 자신의 감정을 받아들이는 것, 자기 행동의 내적 동기를 이해하는
것), 타인에게 공감할 때와 마찬가지로 자기 자신을 공감 어린 관심
으로 대하기를 바라는가? 아니면 자기 비판과 자기 비난을 일삼기
를 원하는가? 왜 그러는가? 그리고 내가 원하는 결과를 얻도록 아
이를 어떻게 격려할 수 있을까? 아이가 내면화하기를 바라는 자기
수용과 자기 공감의 태도를 아이에게 어떻게 가르칠 것인가?

아이가 합리적인 가치관을 갖추기를 원하는가? 그렇다면 어떤 것

이 합리적인 가치관이라고 생각하는가? 왜 그렇게 생각하는가? 그것을 어떻게 가르칠 것인가? 가르치고 싶은 점에서 본보기가 되고 있는가? 도덕적 행위의 모범이 된다고 보는가? 아니라면 내가 가르치는 것과 모순된 내 행동을 아이가 본다면 어떤 결론을 내릴 거라고 생각하는가? 그것을 원하는가? 아니라면 나는 어떻게 행동해야 하는가?

부모들은 자신이 원하는 것을 종종 혼동한다. 예를 들어 자신의 아이가 다른 사람들의 견해를 고려할 때는 독립적으로 생각하기를 원하면서 부모 자신의 생각은 무조건 신뢰하며 받아들이기를 원할 수도 있다. 어머니는 딸이 행복한 결혼 생활을 하기를 원하지만 자신보다 훨씬 더 행복한 결혼 생활은 아니었으면 하고 바랄 수도 있다. 아버지는 아들이 자신의 일을 잘해내기를 원하지만 자신보다 훨씬 더 많은 돈을 버는 것을 원하지 않을 수도 있다. 그래서 의식하며 양육하기 위해서는 자신의 욕망을 검토하고 자신이 그 욕망들 사이의 갈등을 투명하고 솔직하게 풀려고 하는지 의식해야 한다. 아니면 최소한 모순된 신호를 보내지 않도록 최선을 다해야 한다.

대부분의 부모들은 아이를 양육하면서 경제적 책임은 의식하지만 (혹은 결국 그 문제에 직면하게 되지만) 지적인 영역에서도 그만큼의 책임이 요구된다는 것을 의식하는 경우는 드물다. 깊이 생각할 필요가 있다는 느낌이 들 때 그 상황을 회피하며 그 생각을 떨쳐버리고 자녀 스스로 무엇을 해야 할지 저절로 알게 될 거라고 말하는 경향이 있다. 어쩌면 수백만 년 동안 사람들은 별 생각 없이 아이들을 양육해 왔다고 해야 할지도 모른다. 충분히 맞는 말이다. 그래 왔다. 하지만 그렇기 때문에 더 나은 양육 방법이 절실하게 필요해졌다. 의식하지 않고 양육한 결과, 고통스런 대가를 치러 왔다.

의식하며 양육하기의 첫 단계는 앞에 제시한 질문들에 대답하는 것(이것도 항상 쉽지만은 않을 것이다)이 아니라 그런 의문들을 품는 것이다. 그리고 이 점이 중요하다는 것을 잊지 않는 것이다.

직장 생활에서 의식하기

내담자와 직장 문제로 상담을 하거나 기업체의 경영진과 기업의 조직 문제로 상담할 때, 나는 종종 그들에게 "일하면서 5%만 더 의식한다면, _____"이라는 문장 줄기에 말이나 글로 꼬리를 달아 문장을 완성하게 하면서 시작한다. 이 방법을 쓰면 즉시 세 가지가 확실해진다.

첫째, 일을 하면서 의식하는 정도에 관한 선택권을 우리가 쥐고 있다는 것.

둘째, 우리가 해 왔던 것보다 더 의식적으로 일할 수 있다는 것.

셋째, 만일 우리가 5% 더 의식한다면 우리의 행동이 변하고 결과가 향상되리라는 것.

예를 들어 내담자들은 다음과 같은 꼬리를 달았다.

나의 일을 5%만 더 의식한다면, _____

덜 꾸물거릴 텐데.

우선순위를 더 생각할 텐데.

일을 더 많이 해낼 텐데.

쓸데없는 잡담으로 시간을 낭비하지 않을 텐데.

가장 중요한 일에 계속 집중할 텐데.

해야 할 일이 무엇인지 파악하는 것이 덜 혼란스러울 텐데.

덜 힘들면서 더 좋은 결과를 낼 텐데.

제 시간에 일을 끝낼 텐데.

주변에서 무슨 일이 벌어지고 있는지 더 잘 알게 되어서 소외감을 덜
느낄 텐데.

내게 주어진 것보다 더 많이 할 수 있는 방법들을 찾을 텐데.

내 사업에 관해서 더 많이 배울 텐데.

더 많이 성장할 텐데.

덜 초조할 텐데.

더 많은 에너지를 지닐 텐데.

일이 좀 더 재미있을 텐데. .

전화를 걸어야 할 때 미루지 않을 텐데.

상사에게 좀 더 솔직할 텐데.

좀 더 많은 성과를 낼 텐데.

이렇게 문장 줄기 완성법을 실천하면 좀 더 (혹은 좀 덜) 의식하면
서 사는 것의 의미를 어떤 강의에서 얻은 정보라기보다 내면에서 생
성된 지식, 즉 스스로 발견한 것으로 경험할 수 있다. 그래서 개별적

이고 직접적으로 인식하게 된다.

평범한 사무실에 들어가보면 사람들이 실제로 각기 다른 수준으로 일하고 있다는 것을 어렵지 않게 확인할 수 있다. 높은 의식 수준으로 일하는 사람도 있고 보통 수준에서 일하는 듯한 사람도 있고 (어떤 수준의 의식이건) 의식하는 것 자체를 부담스러워하는 듯 보이는 사람도 있다. 대략 말하자면, 어떤 사람들은 자신의 자리를 지키는 것도 어려운데 다른 어떤 사람들은 한 조직 내에서 빠르게 승진을 하는지는 수수께끼가 아니다. 어떤 사람은 자신의 일에서 배울 수 있는 모든 것을 배우려고 한다. 업무 처리를 더 효율적이고 더 생산적으로 할 방법을 찾는다. 성장과 발전을 위해 새로운 도전을 하고 책임을 맡으려 한다. 또 어떤 사람은 직업을 문자 그대로 일자리로만 보고 그 너머로 시야를 넓히려 하지 않는다. 이런 사람은 시키는 일만 한다. 자기 업무의 거시적 맥락을 보고 싶은 호기심이나 배우려는 열망이 거의 혹은 전혀 없고 연공서열에 따른 승진이나 성과급만 원한다. 또 어떤 사람은 직장은 제도적으로 당연히 자신에게 제공돼야 하는 것이고 조금이라도 신경 써야 할 일이 생기면 초과근무라고 여긴다.

현대의 정보 경제가 피고용인들에게 과거보다 훨씬 더 높은 수준의 지식, 교육, 기술을 요구하고 있다는 것은 대체로 인정한다. 하지만 훨씬 더 높은 수준의 자존감, 자기 책임, 의식하기도 함께 요구하고 있다는 것을 이해하는 사람은 많지 않다. 오늘날의 조직들은 점점 더 많은 문제를 '상사'에게 보고하지 않고 스스로 해결할 수 있도록, 기꺼이 생각하고 생각할 능력이 있고 스스로 주도적으로 행동하고 독립적인 판단을 하고 책임감을 느끼는 사람들을 필요로 한다.

과거에는 자신의 기술, 개인 사업, 전문 직업에서 기초적인 능력 정도만 훈련받으면 배운 지식을 적용하면서 은퇴할 때까지 나머지 시간을 보냈다. 지금은 이렇게 노력하지 않아도 되는 분야는 거의 없다. 오늘날 인간 지식의 총량이 기하급수로 늘어난다고 보면 지식의 유통기한은 매우 짧다. 과거에 배운 것으로는 미래의 요구를 충족할 수 없다. 평생 학습을 하지 않고서는 경제 활동에 적응해 나갈 수가 없다. 그래야만 괜찮은 직업을 가질 수 있다. 의식적으로 일하려 한다면 아무도 '충분히' 생각했거나 '충분히' 배웠다고 말할 수가 없다.

인생은 항상 성장을 의미했다. 하지만 오늘날만큼 절대적인 적은 없었다. 전진하지 않는 것은 후퇴하는 것이다. 의식을 확장하지 않는 것은 축소하는 것이다. 미래에도 안정적인 직장을 가질 수 있는 이들은 오늘의 도전적인 상황을 처리하면서 내일의 난제에 대처하려고 공부하는 사람들이다. 위기에 대처하려고 배우는 것이 아니라 배움이 바로 삶이라고 생각하는 사람들이다.

개인에게 적용되는 원칙은 기업에도 똑같이 적용된다. 오늘날 우리는 비즈니스 조직이 '학습하는 조직'이 되어야 한다는 말을 많이 듣는다. 어떤 기업도 충분히 학습했다거나 충분히 혁신했다고 생각할 여유가 없다. 무한 경쟁의 글로벌 경제에서는 끊임없는 혁신이 생존에 절대적이다. 조직이란 공통의 목표를 향해 일하는 개인들의 집단일 뿐이다. 그 조직의 경제적 성과는 궁극적으로 그 조직의 고용인들이 얼마나 의식하고 얼마나 꼼꼼하고 얼마나 자기 책임에 철저한가에 달려 있다. 그리고 그 조직의 내부 문화가 면밀하게 의식하고 자기 책임을 얼마나 격려하는지, 그리고 그것에 대해 얼마나 보상을 하는지에 달려 있다.

학교 교육의 역할이 젊은이들을 그들이 편입될 세계의 요구에 맞게 준비시키는 것이라면 어떻게 생각하고 어떻게 배우고 어떻게 책임감 있게 행동하는지를 반드시 가르쳐야 한다. 그리고 이것이 결과적으로 아이들이 자존감을 키우는 방법이고 동시에 능력을 기르는 방법이다. 자존감은 아이들이 자신이 얼마나 특별한지에 대한 노래를 부르게 하거나 "나는 독특해."라고 자랑스럽게 선언하는 배지를 달게 함으로써 길러지는 것이 아니다.

과거와 다르게 의식적으로 행동하는 것이 더 필요해진 이유는 대기업에서 좋은 일자리를 갖고 자신의 일을 잘 해낸다고 해서 그 직업이 보장되지 않는다는 사실 때문이다. 수많은 새로운 기술이 오랜 직업을 대체했다. 또 다른 경우, 구조 조정이나 조직 축소(때때로 관리 차원에서 경제적으로 필요하고 현명하게 이루어진 결정들, 아니면 괜한 공황 상태에서 비즈니스에 좋은 결과를 내지 못하게 만든 결정들) 때문에 일자리가 사라졌다. 어느 쪽이건 "네가 만일 회사에 충성하면 회사는 너를 충실히 돌봐줄 것이다."라는 환상은 깨졌다. 피고용인들이 이 점에 대해 예상했던 대로, 고용 시장에서 자신의 지식, 기술, 능력만이 안정적인 직장을 보장한다는 것이 분명해졌다.

사람들은 수십 년 동안 한 회사에서 일할 때 대개 개인적이거나 독립적으로 자신의 경력을 생각하지 않았다. 승진 코스는 회사가 정했다. 지금은 상황이 아주 다르다. 한 조직체 내에서조차 점점 더 많은 사람들이 사실상 자신의 사업 아이템을 개발하라는 주문을 받고, 자신만의 틈새 분야를 만들어내고, 자신의 미래를 계획하고, 자신의 야망과 이익의 다음 단계에 적응하는 데 필요한 훈련을 찾는다. 기본적으로 어떤 특정 조직이 아니라 자신의 전문 직업, 개인 사업, 혹은 기술에 충실하면서 직장을 자주 옮긴다. 자신의 가장 중요한 자산인 지식과 능력으로 몇 년 동안 직장을 여러 번 바꾸는 것은 흔한 일이다.

이런 모든 변화 속에서 과거보다 더 높은 수준의 자립심과 자기 책임감이 필요해졌다. 그리고 더 능동적이고 높은 수준의 의식하기가 필요하다. 작가 조지 해리스(T. George Harris)의 말로 표현하자면, 우리 시대는 "의식적인 행동의 시대"이다.[4]

이 사실을 충분히 이해하고 자신의 삶에 대해 깊이 생각하는 것이 바로 수준 높은 의식의 실천이다.

나는 기업체들의 요청으로 다양한 방법으로 성과를 올릴 수 있는 많은 문장 완성 프로그램을 고안했다. 뒤에 이런 종류의 의식 확장 프로그램을 다시 만들어 내놓는다. 이것은 내가 이제껏 개발한 것들 중 가장 훌륭한 결과물이다.

어떻게 업무 성과를 끌어올릴 것인가?

문장 완성 작업은 자기 이해, 자존감, 사적인 혹은 업무상의 유능함을 기르는 데 믿을 수 없을 만큼 간단하지만 독보적으로 강력한 도구이다. 이 작업은 우리가 평소에 스스로 느끼는 것보다 더 대처 능력이 있고 평소 행동에서 보여지는 것보다 더 잠재력이 있다는 전제에서 출발한다. 문장 완성은 이런 인식하지 못한 자원을 끄집어내서 활성화하는 도구이다. 높은 수준으로 의식하면 우리는 대개 변화된 심리 상태를 표출하는 행동을 하고 싶은 욕구가 생긴다.

문장 완성 프로그램은 여러 분야에서 쓰일 수 있는데 여기서는 직장에서 효율성을 높이는 데 초점을 맞추고 있다. 이것은 어떤 사람에게는 업무 동기를 좀 더 키우는 것을 의미하고 또 어떤 사람에게는 좀 더 혁신적이고 창의적이 되는 것을 뜻할 것이다. 또 다른 누군가에게는 새로운 판매 기록을 세우는 일일 것이다. 또 어떤 사람에게는 승진에 대한 야망을 불사르는 일일 것이고 또 다른 사람에게는 그저 돈을 더 많이 버는 일일 것이다. 혹은 앞서 말한 모든 것을 아우르는 일일 것이다.

이 과정의 핵심은 불완전한 문장인 문장 줄기에 각기 다른 말꼬리를 계속 덧붙이는 것이다. 한 가지 조건은 그저 문법적으로 틀리지만 않게 문장을 완성하고 완성된 문장 내용은 각기 달라야 한다는 것이다. 노트에 적어도 좋고 컴퓨터에 입력해도 좋다.

가능한 한 빠르게 문장을 완성하라. '생각(예행 연습, 계산, 검열)'하려고 멈추지 말라. 어떤 말꼬리가 특별히 심오할까, 적절할까, 의미 있을까 걱정하지 말라. 작성한 것은 나중에 깊이 생각하라. 쓰기 전까지는 생각하지 말라. 당신의 머릿속에서 나오는 것이 당신을 놀라게 하라. 말꼬리에 더 진전이 없으면 그냥 지어내라.

각각의 줄기에 최소한 여섯 개의 말꼬리를 달자. 많을수록 좋다. 한 문장 줄기로 여러 말꼬리를 완성하는 데 10분을 넘기지 않는 게 좋다. 더 많이 걸린다면 너무 많이 '생각하는' 것이다.

일 주일 동안 매일, 월요일부터 금요일까지 완성할 네 가지 기본 줄기가 있다. 이건 모든 사람들이 하는 것이다. 세일즈나 마케팅 혹은 능력 있는 팀원이 되고 싶은 사람들을 위한 문장 줄기가 추가적으로(선택 사항으로) 두 개씩 더 있다.

매일 아침 하루를 시작하면서 각각의 줄기에 최소한 여섯 개의 말꼬리를 만들어라. 매일 반복되는 말꼬리도 있을 것이다. 상관없다. 다만 그날 하루치의 문장 줄기에 다는 말꼬리는 각기 다르게 하라.

1주차

내 생활 수준에 내가 전적으로 책임감을 느낀다면, _____

내 선택과 행동에 내가 온전히 책임감을 느낀다면, _____

직장에서 높은 의식 수준을 보인다면, _____

내 직장 생활의 태도를 점검해본다면, _____

세일즈와 마케팅을 하는 사람들을 위한 것:

고객을 나의 파트너로 생각한다면, _____

팀으로 일하는 사람들을 위한 것:

모든 팀원들을 나의 동업자로 생각한다면, _____

그리고 나서 하루의 일과가 끝나고 저녁 식사를 하기 전에 다음 문장 줄기를 완성하라.

오늘 내가 알아차린 것을 되돌아볼 때, _____

2주차

내가 시간을 어떻게 보내는지를 살펴본다면, _____

직장에서 보이는 의식 수준을 반성한다면, _____

우선순위를 어떻게 정하는지 생각해본다면, _____

시간을 어떻게 투자하는지 생각해본다면, _____

세일즈와 마케팅:

고객들이 평생 고객으로 유지되기를 원한다면, _____

팀원:

유능한 팀원으로 인정받기를 원한다면, _____

저녁:

오늘 알아차린 것을 되돌아볼 때, _____

3주차

좀 더 많은 돈을 버는 데 전념한다면, _____

나의 모든 지식을 활용하면서 열심히 일한다면, _____

내 생활 수준에 책임감을 느낀다는 것이 무엇을 의미하는지를 숙고
한다면, _____

세일즈와 마케팅:

완전히 새로운 방식으로 업무에 임한다면, _____할 수도 있다.

팀원:

완전히 새로운 방식으로 업무에 임한다면, _____할 수도 있다.

저녁:

오늘 알아차린 것을 되돌아볼 때, _____

4주차

나의 모든 지식을 활용한다는 것이 무엇을 의미하는지 숙고한다면,

_____

내 선택과 행동에 충분히 책임을 진다면, _____

사람들을 대하면서 충분히 책임을 진다면, _____

세일즈와 마케팅:

고객들이 우리 회사를 신뢰하며 충성 고객이 되기를 원한다면,

_____

팀원:

내가 우리 팀에 영향력이 있다는 것을 확신한다면, _____

저녁:

오늘 알아차린 것을 되돌아볼 때, _____

5주차

내 선택과 행동에 책임을 진다는 것이 무슨 의미인지를 숙고한다면,

_____

사람들을 대하면서 책임을 진다는 것이 무슨 의미인지를 숙고한다면, _____

대인 불안에 대해 더 높은 수준으로 의식한다면, _____

오늘 직장에서 충분하게 주의 집중을 유지하면 어떨지 생각해본다면, _____

세일즈와 마케팅:

두려움 없이 일을 한다면, _____

팀원:

모든 팀원이 합심해서 일하기를 원한다면, _____

저녁:

오늘 알아차린 것에 대해 되돌아본다면, _____

6주차

내 생활 수준을 높이는 데 전념한다면, _____

높은 수준의 성공을 하는 데 전념한다면, _____

직장에서 좀 더 혁신적이고 싶다면, _____

직장에서 새로운 돌파구를 원한다면, _____

세일즈와 마케팅:

10%만 더 성과를 내고 싶다면, _____

팀원:

팀 활동에 10%만 더 기여하고 싶다면, _____

저녁:

오늘 알아차린 것을 되돌아볼 때, _____

7주차

좀 더 성공하겠다는 목표에 계속 집중하려면, _____

경청하기를 창조적 활동으로 보려면, _____

좀 더 높은 수준으로 목적 의식을 품고 일상의 활동을 한다면, _____

창조성의 수준을 올리고 싶다면, _____

세일즈와 마케팅:

새로운 판매 기법은 ＿＿＿＿를 포함할지도 모른다.

팀원:

우리가 ＿＿＿＿한다면 우리 팀의 성과가 좀 더 좋을 수도 있다.

저녁:

오늘 알아차린 것을 되돌아볼 때, ＿＿＿＿

8주차

사람들이 내가 경청하는 태도에 어떤 영향을 받는지를 알아챈다면, ＿＿＿＿

나의 일상 활동에서 좀 더 책임감을 느낀다면, ＿＿＿＿

사람들을 좀 더 호의적으로 대한다면, ＿＿＿＿

믿을 수 있는 사람으로 인식되고 싶다면, ＿＿＿＿

세일즈와 마케팅:

더 나은 성과에 대해 두려운 점은, ＿＿＿＿

팀원:

팀원들이 나에게 인정받고 존경받는다고 느끼기를 원한다면, ＿＿＿＿

저녁:

오늘 알아차린 것을 되돌아볼 때, ＿＿＿＿

9주차

나와 대화하고 있는 사람이 누구든 그에게 집중한다면, ＿＿＿＿

내가 하고 있는 일이 무엇이든 거기에 집중한다면, ＿＿＿＿

내가 품은 직업상 목표에 계속 집중한다면, ＿＿＿＿

남들에게 도움이 될 기회를 찾아본다면, _____

세일즈와 마케팅:

내가 이해하고 있는 것들을 행동으로 옮기고 싶다면, _____

팀원:

내가 이해하고 있는 것들을 행동으로 옮기고 싶다면, _____

저녁:

오늘 알아차린 것을 되돌아볼 때, _____

10주차

다른 사람들을 대할 때 나 자신을 존중한다면, _____

다른 사람들을 존중하며 대한다면, _____

사람들을 대할 때 어떤 경우든 나 자신이 좀 더 통합된 상태라면,

_____

자아 통합의 본보기가 되겠다고 생각한다면, _____

세일즈와 마케팅:

판매 실적을 올리는 방법은, _____

팀원:

팀원들이 나를 신뢰하기를 원한다면, _____

저녁:

오늘 알아차린 것을 되돌아볼 때, _____

11주차

삶의 목표가 반드시 성공하는 것이라고 생각한다면, _____

더 큰 성공을 향해 집중해서 전념한다면, ＿＿

성공이 나에게 자연스럽고 당연한 일이라는 생각이 든다면, ＿＿＿

심호흡을 하고 내 안의 잠재력을 느껴본다면＿＿＿

세일즈와 마케팅:

판매 실적을 올리려고 전력투구한다면, ＿＿＿

팀원:

팀원으로서 더 많이 기여하려고 노력한다면, ＿＿＿

저녁:

나는 ＿＿＿을 의식해 가고 있다.

12주차

오늘 직장에서 최선을 다하기로 선택한다면, ＿＿＿

오늘 대하는 누구에게든 좀 더 호의를 베푼다면, ＿＿＿

내 꿈이 실현되기를 원할 때 필요한 것은 ＿＿＿

내가 원한다고 말하는 삶을 진짜로 원한다면, ＿＿＿

세일즈와 마케팅:

고객들이 우리 회사에 애정을 품기를 원한다면, ＿＿＿

팀원:

우리 팀이 나를 우수 팀원으로 여기기를 원한다면, ＿＿＿

저녁:

나는 ＿＿＿를 점점 더 의식하고 있다.

13주차

내가 충분히 끌어내지 못한 내 안의 잠재력을 깨우고 싶다면, _____

오늘 사람들을 대하는 방식에 좀 더 주의를 기울인다면, _____

오늘 좀 더 분명한 목표를 품고 일한다면, _____

오늘 좀 더 열심히 일한다면, _____

세일즈와 마케팅:

사람들과 좀 더 호의적으로 상호 작용한다면, _____

팀원:

좀 더 호의적으로 팀원들을 대한다면, _____

저녁:

나는 점점 _____을 의식하고 있다.

14주차

내가 하는 일이 우리 회사의 성공과 실패를 결정할 것처럼 일한다면,

_____

일을 하면서 좀 더 많은 즐거움을 얻고 싶다면 나는 _____할 것이다.

내 일에 좀 더 자부심을 느끼고 싶다면 나는 _____할 것이다

좀 더 자기 책임감을 지니고 일하고 싶다면 나는 _____할 것이다.

세일즈와 마케팅:

기꺼이 좀 더 열심히 일하겠다고 생각한다면, _____

팀원:

뛰어난 팀원이 되고 싶다면, _____

저녁:

나는 점점 _____을 의식하고 있다.

15주차

내 일을 자기 계발의 기회로 생각한다면, _____

좀 더 높은 수준의 자존감을 품고 일을 한다면, _____

사람들이 나를 대할 때 좀 더 편안하고 유쾌하기를 바란다면, _____

세일즈와 마케팅:

내 일에 좀 더 창의성을 발휘하고 싶다면, _____

팀원:

팀에 좀 더 기여하고 싶다면, _____

저녁:

지금 쓰고 있는 것들 중 어느 하나라도 사실이라면, _____하다면 도움이 될지도 모른다.

16주차

오늘 일을 하면서 좀 더 의식한다면, _____

오늘 사람들을 좀 더 관대하게 대한다면, _____

오늘 좀 더 책임감 있게 일한다면, _____

오늘 내가 좀 더 통합된 상태로 일을 한다면, _____

세일즈와 마케팅:

오늘 의뢰인들이나 고객들을 좀 더 의식한다면, _____

팀원:

팀 내의 상호 작용을 좀 더 의식한다면, _____

저녁:

지금 쓰고 있는 것이 어느 것 하나라도 사실이라면, ＿＿＿＿하면 도움이 될지도 모른다.

17주차

오늘 좀 더 목적 의식을 품고 일한다면, ＿＿＿＿

오늘 좀 더 자기 주장을 하면서 일한다면, ＿＿＿＿

오늘 기록적인 성과를 내고 싶다면, ＿＿＿＿

오늘 좀 더 즐겁게 일하고 싶다면, ＿＿＿＿

세일즈와 마케팅:

오늘 좀 더 신나게 일하고 싶다면, ＿＿＿＿

팀원:

우리 팀에 좀 더 즐거움을 주고 싶다면, ＿＿＿＿

저녁:

지금 쓴 것들 중 어느 것 하나라도 사실이라면, ＿＿＿＿하면 도움이 될지도 모른다.

18주차

오늘 새롭게 창의적으로 시도하고 싶다면, ＿＿＿＿

오늘 머리를 써서 통쾌하게 문제를 해결해보고 싶다면, ＿＿＿＿

일을 하면서 좀 더 즐거움을 느끼고 싶다면, ＿＿＿＿

내 일에 좀 더 자부심을 느끼고 싶다면, ＿＿＿＿

세일즈와 마케팅:

나의 가능성을 점점 확장한다면, _____

팀원:

나의 잠재력을 점점 더 많이 인정한다면, _____

저녁:

지금 쓴 것들 중 어느 것 하나라도 사실이라면, _____하면 도움이 될 지도 모른다.

19주차

내 욕망을 이루는 데 충분한 책임감을 느낀다면, _____

일하면서 가장 자부심을 느낄 때는 _____

일할 때 나의 모든 지식을 쏟아붓는다면, _____

내 목표와 열망을 존중한다면, _____

세일즈와 마케팅:

높은 성취 동기를 품고 일하고 싶다면, _____

팀원:

활기찬 팀을 만드는 데 도움이 되고 싶다면, _____

저녁:

작성한 것 중 어느 하나라도 사실이라면, _____하면 도움이 될지도 모른다.

20주차

내가 성공한다는 것을 자연스럽고 당연하다고 받아들인다면, _____

나의 자기 개념이 나의 가능성을 좀 더 크게 본다면, _____

내가 성취할 수 있는 어떤 것이건 내가 그것을 가질 자격이 있다면,

_____

좀 더 높은 성과에 점점 더 편안함을 느끼게 된다면, _____

세일즈와 마케팅:

스스로 훨씬 더 높은 실적을 낼 수 있는 사람으로 볼 수 있다면,

_____

팀원:

우리 팀이 나에게 원하는 것 중 한 가지는 _____

저녁:

작성한 것 중 하나라도 사실이라면, _____하면 도움이 될지도 모른다.

나를 둘러싼 상황 이해하기

우리는 진공 속에서 살지 않는다. 이웃, 사회, 국가, 세계 속에서 살아간다. 물리적 환경, 사회적 환경, 문화적·지적 환경, 정치적 환경 속에서 산다. 거리에서 살고 행성에서 산다. 우리가 감지할 수 있는 것보다 더 많은 힘들(물질적이고 영적인 힘들)이 우리에게 영향을 끼친다. 우리는 우리가 의식할 수 있는 것보다 더 다양하게 주변 세계의 영향을 받는다. 하지만 어떤 사람이 얼마나 의식하며 살고 있는지를 가늠하는 척도는, 그 사람이 자신이 처한 상황에서 무엇이 중요한 문제인지, 그리고 그 문제가 자신에게 어떤 영향을 끼치는지 얼마나 잘 아느냐 하는 것이다.

우리는 우리의 삶에 다가와 때때로 영향을 끼치는 수많은 요인들

에 대해 어느 정도 심사숙고하는가?

언젠가 아주 독실한 기독교인에게 슬쩍 이런 얘기를 꺼낸 적이 있다. 부모로부터 자신의 종교가 유일한 참된 종교라고 배우고 그대로 받아들인 그가 인도에서 태어났다면 힌두교에 대해서도 똑같은 방식으로 느낄 수 있지 않았겠느냐고. 내 요점은 가족이라는 환경이 반드시 우리의 신앙을 결정한다(혹은 결정하지 않는다)는 것이 아니라, 만일 어떤 환경에서 부모의 권위 때문에 무비판적으로 부모의 신앙을 통째로 받아들였다면 다른 환경에서 다른 신앙을 받아들일 수도 있다는 것이었다. "그런 건 상상도 할 수 없어요." 하고 그가 대답했다. "당치 않아요. 말도 안 돼요."

인식하건 인식하지 못하건, 우리 모두는 물리적, 문화적, 사회적, 경제적, 정치적으로 우리가 사는 세계로부터 영향을 받는다. 물리적 환경은 우리의 건강에 영향을 끼친다. 문화적 환경은 우리가 보고 듣고 읽으면서 얻는(혹은 얻을 수 없는) 즐거움, 태도, 가치관에 영향을 끼친다. 사회적 환경은 우리 삶의 평화 혹은 삶의 혼돈에 영향을 준다. 경제적 요인은 우리의 생활 수준에 영향을 준다. 정치적 요인은 우리가 누릴 수 있는 자유의 정도와 우리 자신의 삶을 스스로 통제할 수 있는 정도에 영향을 준다.

이를테면 우리가 '영적인 환경'이라고 이름 붙일 수 있는 환경을 생각해보자. 20세기는 인류가 서로에게 자행한 폭력과 파괴의 측면에서 일찍이 유례가 없는 공포의 시대였다. 20세기에 인류가 야기한 고통의 총량은 한 번에 가늠이 안 될 정도이다. 명확히 단정하거나 증명하기는 어렵지만 나는 오래전부터 이 공포가 인류의 영적 측면에 영향을 주었다고 느껴 왔다. 우리가 숨 쉬는 공기 자체가 무수한 사람들의 고통스런 절규로 가득하고 우리 귀에는 아무것도 들리지 않지만 우리 몸의 세포가 그들의 비명을 듣고 있는 듯이 독극물에 중독되어 있다고 표현하는 것이 지나치지 않은 듯하다. 이 모든 힘들을 의식하지 못하는 것, 우리가 진공 속에서 산다고 상상하는 것은 말 그대로 몽유병자로 사는 것이다.

어떤 사람이 이런 영역에서 더 의식하며 살 수 있을까? 어떤 것을 생각해야 할지에 관해 호기심을 품고 깊이 생각하고 인식하려고 노력하는 사람들이다. 의식하면서 살고 싶다면 이 점이 우리가 성찰해야 할 문제들이다. 이런 성찰은 의식하며 존재하는 데 필수적이다.

예를 들어 아침 뉴스를 듣거나 신문을 보면서 당신의 영혼이 어떤 영향을 받는지 의식해보라. 영화나 TV에서 묘사하는 사람들, 행위, 사건들이 당신의 영혼에 미치는 충격을 관찰해보라. 삶에 대해 어떤 느낌을 받는가? 인간에 대해 어떤 느낌이 드는가? 느끼는 바가 있다면, 당신이 보고 듣는 것으로부터 어떤 결론을 끌어내는가?

좀 더 차원이 높은 의식으로 들어가는 것을 생각하면 많은 사람들이 바로 신비주의, 종교, 초자연적인 것을 떠올린다. 나는 그렇지 않다. 우리의 소망, 두려움, 선입견으로 왜곡되지 않은 바로 지금 여기에(대개는 우리가 당면한 문제에) 훨씬 더 깊이 집중하는 것을 연상한다. 지금까지 논의한 모든 것들은 이 말이 무슨 의미인지를 말해준다.

내 생각의 뿌리 의식하기

우리 모두는 각자의 삶을 통해 깨달은 철학을 자기 안에 간직하고 있다.(드러내지 않는다면 말이다.) 즉 우리는 인간의 본성, 남녀 관계, 남녀의 차이와 성차에 따른 쟁점, 심리와 동기, 윤리와 책임, 예술과 오락, 정치와 경제 같은 폭넓은 사안에 관해 추정하거나 확신하는 것을 기초로 삼아 살아간다. 하지만 항상 자신의 신념을 의식하는 것은 아니다. 이를테면 삼투 현상처럼 다른 사람들의 신념을 그대로 흡수하는지, 생각하지 않고 느낌으로만 신념이 생기는지, 이성적 사고 과정을 거쳐 신념을 품게 되는지, 혹은 이성적인 것과 비이성적인 것이 뒤섞여 형성되는지 의식하지 못할 수 있다.

사람들은 대체로 어떻게 그런 결론을 내리게 되었는지, 무엇을 인지하고 무엇을 경험하고 어떻게 추론해서 그 신념을 지니게 되었는지 같은 자신의 신념에 관한 질문에 거의 답변하지 못한다.

열여섯 살 때 어느 친척이 나에게 어떤 직업을 가질 생각이냐고 물었다. 나는 심리학에 관련된 일이라고 대답했다. 1946년이었고 내가 살던 세상에서 그 분야가 어떤 것인지 아는 사람은 거의 없었다. 그 친척이 보인 반응을 이해하려면 내가 겨울이 꽤 추운 토론토에 살고 있었다는 것을 먼저 언급해야 한다. 그 친척은 일고의 가치도 없다는 듯이 말했다. "말도 안 돼. 심리학은 돈이 안 돼. 남자의 직업은 남부럽잖은 생활을 할 수 있을 만큼 돈을 벌 수 있는 것이어야 해. 그래서 아내에게 모피 코트도 사주고 겨울이면 플로리다에도 데려갈 수 있어야 해."(내 기억으로는 딱 이렇게 말했다.) 그때 나는 증명할 필요도 없다는 듯한 그녀의 태도에 매료되어 되물었다. "왜요?"
"오 제발, 어리석은 소리 그만해."

몇 년 전 디너 파티에서 있었던 일이다. 토론이 정치로 옮겨 갔다. 대부분의 사람들이 민주당원인 것처럼 보였는데 내 옆에 앉은 여성은 공화당원이었다.(나는 어느 쪽도 아니었다. 나는 고전적 의미의 자유주의자이다.) 파티 중에 공화당원 여성이 어느 성공한 사업가의 말에 이렇게 되받아쳤다. "글쎄요, 양심이나 도덕성이 있는 사람들은 대기업의 최고 경영자가 되지 못한다는 것을 알잖아요. 그 사람들은 다 사기꾼들이에요." 너무도 당연한 말이어서 토를 달 필요가 없다는 듯이 아무도 그녀의 말에 이의를 제기하지 않았다. 놀랍게도 공화당원들은 비즈니스 업계의 옹호자들로 추정되어 왔다.(사실은 아니다. 예를 들어, 1996년 공화당 대선 후보 경쟁자들 대부분이 부와 '대기업'에 공세를 폈던 것을 보라. 그들은 그저 부자라는 이유만으로 어쩐지 도덕적으로 의심스럽다는 식의 분위기를 풍겼다.) 그 여성의 단정이 터무니없어서 나는 그녀의 말을 받아쳤다. "아주 대단한 관찰이군요. 대기업의 최고 경영자들을 개인적으로 얼마나 많이 아시죠? 사뭇 진지하게 비난하시네요. 한 사람도 아니고 한 집단 전체를 싸잡아서요. 무슨 근거로 그리 말씀하시죠? 어떻게 그런 신념을 갖게 됐나요?" 그 순간 내가 마치 사교상의 결례를 범한 것처럼 분위기가 얼어붙었다. 그녀가 대답도 못하고 분개해서 나를 노려보자 파티를 연 주최자가 밝은 얼굴로 침묵을 깨뜨렸다. "이래서 사람들이 파티에서 토론해서는 안 되는 두 가지 주제가 있다고 말하는군요. 종교와 정치 말예요."

의식하며 산다는 것의 한 가지 특징은 자신이 지닌 신념의 근거를 이해하려 하는 것이다. 그리고 그 정확한 이유가 무엇인지 질문을 받을 때 분개하거나 방어적으로 행동하지 않는 것이다.

때때로 정확한 이유를 댈 수 없을 경우, 의식하는 (그리고 지적으로 정직한) 사람들은 그 사실을 인정하고 책임을 진다. 화를 내며 반격하거나 얕보듯이 대꾸하지 않고 없던 일로 만들지 않는다.

무의식적으로 행동하는 사람들의 특징은 모든 주제에 대해 자신의 '직감'이나 '본능'만 있으면 다 된다는 듯이 정보, 지식, 연구, 심사숙고 없이 자신이 모든 주제에 의견을 피력할 자격이 된다고 느끼는 것이다. 이런 경향이 두드러진 세 영역이 종교, 정치, 인간의 심리 분야이다.

자율성을 키우려고 분투하는 어린 시절에 지적으로 더 적극적인 아이들은 끊임없이 '왜?'라고 묻는다. 어른들이 왜 그렇게 단정적으로 주장하는지 알고 싶어 하고 근거를 요구한다. 그러다 너무 많이 실망해서, 질문에 대한 답이 아닌 말을 듣는 데 지쳐서 끈기 있게 질문하는 열정을 잃기도 한다. 때로 사람들의 신념은(우리 자신의 것까지 포함해서) 더 단순화할 수 없는 사실, 더는 어떤 의문도 허용되지 않는 원론의 지위를 얻기도 한다. 지적 열정이 지적 무기력으로 바뀔 수도 있다. 철학적 사고를 경멸할 수도 있다. 이것이 지혜라고 (혹은 '더 높은 차원의 의식'이라고까지) 말하면서 무의식이라는 마취제에 굴복할 수도 있다. 성인이 된 후에는 끔찍할 정도로 의식하지 않는 상태를 정상이라고 여기게 될 수도 있다.

정치 분야에서 예를 든다면, 우리는 별다른 죄의식 없이 수천 명의 젊은이들을 죽음으로 내몰고 재산을 몰수하고 혁신의 노력을 억압하고 능력과 성공을 처벌하고 야망을 부수고 자기 책임 의식을 꺾고 의존성을 키우고 가족을 파괴하고 범죄를 폭증하게 하는 정책을 입안하는 정치가들에게 표를 던질 수 있다.

정치적 쟁점을 이해하는 데 참고할 만한 자신의 지적 프레임이 없다면 우리는 어떻게 지지할 후보와 공약을 현명하게 결정할 수 있을까? 만일 그 쟁점들이 감정적 표현 이상이 필요한 중대한 사안이라면 정부의 역할에 대한 정의, 국가와 개인의 관계, 인간은 그 자체로 목적인가 아니면 다른 어떤 목적을 위해 쓰이는 수단으로 취급되어도 좋은가에 관한 질문, 정의의 의미, 그 외의 많은 도덕적 쟁점에 대한 좀 더 분명한 확신이 정치적 판단에 선행되어야 한다. 그리고 이 모든 견해들은 "내 견해를 뒷받침하는 근거는 무엇인가?"라는 다음 단계의 질문으로 이어진다.("느낌으로 알아."는 답이 아니다.) 여기에서 가장 중요한 것은 정치라는 장에서 의식하며 행동한다는 것이 무엇을 의미하는가이다. 이를테면 의식하며 투표를 하거나 의식하며 법률을 제정하는 것이 무엇을 의미하는가?

의식하며 살려고 노력하지만 판단 착오를 할 수 있는가? 물론이다. 우리는 무오류의 존재가 아니다. 하지만 늘 의식하기를 선택하고 자신의 판단이 옳았음을 확인해주거나 철회하게 하는 증거를 찾으려고 하면(계속해서 생각을 하고, 현실을 확인하고, 방어적으로 행동하지 않는다면) 조만간 자신의 실수를 알아차리게 된다. 반대로 의식해서 검증하지 않고 확신에 빠지면 우리는 현실과 단절된다.

우리 모두는 가끔 경험에 근거해서 틀렸거나 비합리적인 결론을 내린다. 여러 가지를 경험하면서 우리의 행복에 해로운 가치관을 형성하기도 한다. 성장하는 동안 부정직과 위선을 많이 경험한 젊은이는 "이게 세상사의 이치야. 적응해야 해."라고 결론을 내리고 정직과 진실의 가치를 평가 절하할 수도 있다. 물론 이런 실수를 저지르는 것은 (크게 보면 문제되지 않을 수 있지만) 의식하며 사는 것이 아니다. 이런 실수를 하지 않는 방법은 엄밀하게 생각하는 것이다.

우리는 다들 주변의 세계(가족, 동료, 문화)로부터 가치관을 흡수한다. 이런 가치관들이 반드시 합리적이거나 우리에게 이롭기만 한 것은 아니다. 사실은 종종 합리적이지도 않고 이롭지도 않다. 남성은 자신의 개인적 가치를 자신의 수입과 동일시하는 가치관을 받아들일 수 있다. 여성은 자신의 가치를 결혼 상대자의 사회·경제적 지위와 동일시하는 관점을 흡수할 수 있다. 우리는 생각하는 존재로 살려고 노력하는 만큼 이런 실수를 더 적게 저지른다. 생각하지 않는 순응주의자로 살려고 하면 자신을 보호할 수 없다. 주변 환경의 처분만 기다리게 된다.

이런 이유 때문에 단순히 감정적으로 아이들을 사랑하는 게 아니라 지혜롭게 사랑하는 부모들은 아이들에게 독립적이고 비판적인 사고를 격려한다. 제대로 검토하지 않은 생각은 고집할 가치가 없다고 아이들에게 가르친다.

그 누구도 자신에게 영향을 끼친 모든 생각을 점검할 수는 없다고 반박할 수 있다. 이 말은 사실이지만 지금 논하고 있는 사안에서는 그렇지 않다. 항상 완벽하게 이성적일 수 있는 사람은 아무도 없다. 그렇다고 이성적이고자 노력하는 것이 쓸모없다는 뜻은 아니다.

어느 누구도 항상 절대적으로 정의로울 수는 없지만, 우리의 자아가 통합되어 있다면 어떤 것이 정의로운 것인지를 아는 만큼 정의롭고자 노력할 것이다. 어느 누구도 늘 친절할 수는 없지만 (어떤 경우에는 진정한 친절이 무엇인지 확신하는 것조차 어렵지만) 여전히 우리는 우리의 평균치를 올리려고 노력한다.

의식적으로 산다는 것은 삶의 다양한 영역에서 깨어 있으려 하고 의식하는 대로 행동하려는 것을 의미한다. 그렇게 하면 항상 인생에서 성공할 것이라는 말은 아니다. 의식하기는 삶의 방향 설정이고 수련이고 영적 헌신이다. 우리의 지향점이고 그렇게 살겠다고 약속하는 삶의 여정이다.

의식은 현실에 성공적으로 적응하기 위한 기초 도구이다. 어떤 상황에서든 더 많이 의식할수록 더 많은 가능성을 인지하기 마련이다. 그래서 더 많은 선택지를 갖게 되고 더 유능해진다. 어떤 상황에서든 더 적게 의식할수록 가능성은 더 적어진다. 그 결과 더 융통성이 없어지고 더 기계적으로 반응하게 되며 효과적으로 대처하는 능력이 떨어진다. 의식하기만큼 실용적인 것은 없다.

나의 내면 세계
의식하기

The
Art of Living
Consciously

"바로 지금 어떤 느낌이 드나요?" 나는 50살의 약사인 오드리에게 물었다.

"정말로 모르겠어요."

"뺨에 눈물이 흐르고 있다는 것을 느낄 수 있나요?"

오드리는 잠시 곰곰이 생각했다. 그러고는 말했다. "예, 느낄 수 있는 것 같아요."

"당신이 지금 울고 있다는 걸 인식하나요?"

"예, 그러고 있는 것 같아요."

"왜 우시나요?"

"정말로 모르겠어요."

"그럼, 이렇게 물어볼게요. 만일 당신의 눈에 영혼과 감정이 있다면 당신의 눈은 지금 무엇을 느낄 수 있을까요?"

"슬픔이요, 뼛속까지 스미는 슬픔. 비통함."이라고 오드리는 주저하지 않고 대답했다.

"그 깊은 슬픔과 비탄을 느끼는 사람이 바로 당신일 수도 있다는 생각이 드시나요?"

"아아, 맞아요. 맞아요. 맞아요." 오드리는 다시 울기 시작했다. "나는 정말로 불행해요."

어떤 독자들은 이 이야기가 이해가 되지 않을 수 있겠지만 심리치료사들은 다들 이해할 것이다. 심리치료사들은 극단적인 비(非)자기 인식의 사례를 자주 다룬다. 사람들은 감정이 마음의 평화를 위협할 때 고통으로부터 자신을 보호하려고 감정을 부정하고 억누른다. 즉 그 감정이 의식 없는 상태를 유발한다. 오드리의 경우가 그랬다.

나는 오드리가 두려워하는 감정에 접근할 수 있는 안전한 통로를 확보해 주려고 오드리 자신이 아니라 그녀의 눈이 그 감정을 느끼고 있다고 하면서 경험으로부터 스스로를 분리하게끔 했다. 그 순간 부정의 막이 벗겨지고 자신이 불행하다는 분명한 사실을 인식하고 인정할 수 있었다. 물론 그 막을 벗겨내는 과정은 이 이야기에서 묘사한 것보다 훨씬 더 어려울 수 있다. 또는 반대로 아주 간단할 수도 있다. (바로 인정하는 것이 준비돼 있지 않은 감정을 확인할 수 있도록 나는 가끔 내담자들에게 묻는다. "당신의 심장—가슴, 배, 다리 혹은 무엇이든—이 지금 느끼는 감정은 무엇입니까?" 그러면 그들은 대개 사실대로 말한다.)

부정한다는 것은 자신의 감정으로 인정하지 않는다는 것이다. 우리는 자신의 몸, 욕구와 욕망, 기분과 정서, 행동과 반응, 사상과 가치관, 혹은 능력과 잠재력으로부터 소외될 수 있다. 여러 측면에서 자신에게 낯선 사람이 될 수 있다. 자기 행동의 근본 원인을 인식하지 못한 채 행동할 수 있다. 왜 두려워하는지 모르고 두려워할 수 있고 무엇을 갈망하는지 모르면서 갈망할 수 있다. 이것도 자기 소외와 자기 부정의 한 양상이다.

그 결과 자기감(sense of self)이 근본적으로 제한을 받는다. 자기 내면의 신호를 읽지 못하게 돼 점점 다른 사람들의 신호에 의존하게 된다. 무엇을 생각할지, 어떻게 살아야 할지, (감정이 있다면) 어떤 감정을 언제 표현해야 할지, 옳고 그른 것이 무엇인지 등등에 대해 다른 사람들이 말해줘야 할 수도 있다.

외부 세계나 내면 세계에 부적절하게 반응하거나 살면서 좌절할 때 우리는 고통이라는 대가를 치른다. 어떤 때는 고통보다 더 심각한 대가를 치르기도 한다. 이를테면 일 중독인 세일즈맨이 심장 발작을 일으키기 직전에 "무슨 스트레스가 있다고 말하는 거야?"라고 물을 때처럼.

자신을 돌아보고 점검하지 않는 사람은 의식적으로 살고 있다고 말할 수 없다. 자기 인식을 해야 할 몇 가지 핵심 분야를 살펴보자.

몸이 말해주는 것들

수백 년 동안 서구 문화는 자기 몸으로부터 소외를 부추기는 경향이 있었다. 전통적인 종교의 관점에서 육체는 우리를 더 고귀한 본성과 분리하는 죄의 근원으로 여겨졌다. 혹은 청교도 노동 윤리의 관점에서는 해야 할 의무만 있고 고통이나 피로감에 대해 배려받을 권리는 거의 없는 하인이나 기계로 여겨졌다. 전통적인 의학의 관점에서는 그 몸에 깃들여 사는 사람은 알아야 할 것들에 관해서 아무

것도 모르고 특별한 전문가들만이 이해할 수 있는 비밀스러운 신비
체로 여겨졌다.[1] (여러 연구 결과들이 의사들이 환자의 말을 경청하지 않
으려 하는 경향 때문에 발생하는 수많은 실수를 폭로한다.)

유아의 발달 단계에서 몸을 자기 것으로 인식하고 몸이 어디에서
끝나고 외부 세계가 어디에서 시작되는지를 이해하는 것은 중요한
단계이다. '자기(self)'라는 좀 더 복잡한 개념을 갖게 되면서 사람이
몸 이상이라는 사실을 이해하는 것은 그 다음 단계이다. 하지만 일
단 이것이 가능하게 되면 새로운 위험(바로 몸과 의식이 분리되는 위
험)이 함께 따라온다.

어린아이가 삶에서 경험하는 많은 요인들이 이런 분리를 가속화
할 수 있다. 예를 들어 엄마가 아이를 씻기거나 아이의 몸을 만지면
서 혐오감을 표현하면 아이는 엄마가 짜증을 내고 자신을 혐오하는
이유가 자신의 몸 때문이라고 생각할 수 있다. 혹은 자신의 몸을 고
통과 배신감의 근원으로 보고 몸이 아프거나 몸을 혐오하기 시작할
수 있다. 특히나 죽음을 부자연스럽게 보거나 인생의 실패쯤으로 여
긴다면(그리고 그렇게 여길 때), 사랑하는 사람이 병이 들거나 죽는 것
을 보고서 몸을 배신자로 여길 수도 있다. 사춘기 때 몸을 성적 갈
망을 느끼게 하는 죄의 소굴로 보고 몸을 죄의식의 근원으로 여길
수도 있다. 몸을 두들겨서 모양을 바꿀 수 있는 물체나 통제하고 조
작할 대상으로 보는 체육 교사들 때문에 청소년의 정신과 육체의 분
리가 악화될 수 있다. 몸이 보내는 고통의 신호를 무시하거나 그 신
호에 무감각해지게끔 배울 수도 있다. 프로와 아마추어를 불문하고
운동 선수와 무용수들이 겪는 수많은 불필요한 사고와 부상은 '몸

을 적대적으로 보고' 부적절한 훈련을 하기 때문이라는 증거가 많이 있다. 그리고 강도 높은 작업 환경에도 몸을 적대적으로 보는 관점이 널리 퍼져 있다. 이런 관점의 다음 단계는 바로 의식으로부터 몸을 차단하는 것이다.

다행히도 이런 경향은 변하고 있는 듯하다. 오늘날 점점 더 많은 사람들이 몸과 몸이 보내는 신호를 존중하는 법을 배우고 몸을 돌보고 건강을 유지하려 노력하고 육체의 영역을 더 많이 의식하고 있다. 하지만 가장 바람직한 신체 의식(body consciousness)이라는 점에서는 가야 할 길이 아직 멀다. 육체를 학대하고 몸이 보내는 메시지를 의식하지 않는 것은 여전히 보편적이다.

우리 몸 전체를 뇌의 일부라고 볼 수 있게 하는 어떤 감각이 있다. 그 감각은 정보를 받아들여 처리하고 의식이 알아차리지 못하는 충격과 트라우마를 저장하고 우리의 정서와 생각에 영향을 끼친다. 독감처럼 사소한 것이 어떻게 우리의 기분과 정서에 영향을 끼치는지를 보라. 오랫동안 잊고 있었던 어린 시절 트라우마(잠재의식뿐만 아니라 몸 자체에 각인되어 남아 있는 육체적 학대나 성적 학대의 트라우마)가 성인이 되어 육체적 친밀감을 거부하게 할 수 있다. 다시 말해, 몸이 수십 년 동안 간직해 온 불능화 공포(disabling fear)를 겪을 수 있다.

기분과 정서의 영역을 검토하면서 몸(그리고 뇌의 일부로서 몸)에 관해 좀 더 이야기해보겠다. 여기서는 몸을 좀 더 잘 의식할 수 있게 하는 문장 완성 작업의 몇 가지 예를 들어보겠다. 내가 치료 중에 사용하는 미완성 문장들과 전형적인 말꼬리들이다.

내가 내 몸을 5%만 더 의식한다면, ＿＿＿＿＿

언제 피곤한지 알 텐데.

나를 좀 더 잘 돌볼 텐데.

이렇게 자주 아프지 않을 텐데.

어떤 음식들이 내 몸에 좋지 않은지 알아차릴 텐데.

얼마나 많은 고통을 그저 견디고 살았는지 직시할 텐데.

좀 더 그 순간에 머물러 살 텐데.

그렇게 급히 서두르지 않을 텐데.

언제 상처 입거나 화가 나는지 좀 더 빨리 알아차릴 텐데.

그렇게 많은 감정들을 숨기지 않을 텐데.

성적 욕구를 좀 더 많이 느낄 텐데.

좀 더 원할 텐데.

좀 더 살아 있다고 느낄 텐데.

지금 여기에 좀 더 머무를 텐데.

얼마나 많은 정보가 내게 유용한지 확인하게 될 텐데.

내 몸을 좀 더 잘 알 텐데.

내 몸의 신호를 좀 더 잘 이해할 텐데.

내 욕망을 존중하는 용기

내담자들의 욕구와 욕망에 관해 이야기를 나누며 심리 치료를 할 때, 나는 그들이 얼마나 주저하고 거북해하고 무력해하는지 자주 본다. 내담자들은 대체로 분명하고 솔직하게 말하지 않는다. 자신의 깊은 욕망과 욕구가 무엇인지 알아차리거나 말로 표현하지 못하게 하는 내적 금지령에 맞서 싸우고 있는 것처럼 보인다. 하지만 인식하지 못하는데 어떻게 효율적으로 행동하거나 살아갈 수 있겠는가?

내담자들의 이런 태도에는 몇 가지 이유가 있다. 하나는 아이였을 때 이런 메시지들을 받은 것이다. "애야, 잘 들어. 새겨들어. 인생의 주인공은 네가 아니야. 인생에선 네가 필요하거나 원하거나 느끼는 것을 얻을 수 없어. 남들이 필요하거나 원하는 것을 해주는 것이 인생이야. 너는 별로 중요하지 않아." 다른 하나는 아이의 욕구와 욕망이 너무나 자주 무시당할 때 고통을 견딜 수 없어서 자신을 보호하기 위한 생존 전략으로 무의식이라는 피난처를 찾아 자신의 욕구와 욕망을 누르고 의식하지 못하게 묻어버린 것이다. 그리고 또 다른 이유로는 이런저런 트라우마 때문에 삶을 아주 무섭고 위험한 것이라고 느껴 모든 자기 주장을 억누르게 된 경우가 있다. (표현하기는커녕) 단순히 알고 있다고 말하는 것조차 안 된다. 또 다른 이유는 자신의 자기 개념과 충돌하는 욕구를 느낄 때 그 욕구를 부인하는 것이다. 이를테면 스스로 남자답고 자율적이라고 생각하는 것과 충돌하기 때문에 인정할 수 없는 육체적인 보살핌, 즉 그저 안아주고 쓰다듬어주었으면 하는 다 큰 남자의 욕구는 무의식으로 '해결된다'.

중요한 욕구나 욕망은 종종 이런저런 방식으로 해결되지 않은 채 묻힌다. 그것들이 사라지지 않는다는 뜻이다. 단지 우리가 인식하지 못한 채 우리의 기분이나 행동에 영향을 끼친다. 예를 들어, 신체적

보살핌에 대한 부인된 욕구는 강박적이고 난잡한 성행위로 나타날 수도 있다. 왜냐하면 그것이 그가 용인하는 유일한 신체 접촉의 형태이기 때문이다. 혹은 아이의 생득권인 이해받고 존재감을 드러내고 싶은 욕구는 성인기에 자신의 자존감에 굴욕적이고 불쾌감을 주는 방식으로 '남들을 만족시키고' '인기 있는' 사람이 되는 데 집착하는 모습으로 나타날 수도 있다.

이런 이유들 때문에 나는 자주 이런 문장 줄기들을 가지고 작업을 한다. "나의 가장 깊은 욕구를 5%만 더 의식한다면, ＿＿＿", "누군가 나에게 나의 욕구와 욕망이 중요하다고 가르쳤다면, ＿＿＿", "내 욕망과 욕구를 존중한다면, ＿＿＿" 내담자들은 이 문장 줄기에 대개 다음과 같이 말꼬리를 완성한다.

나의 가장 깊은 욕구를 5%만 더 의식한다면, ＿＿＿

그 욕구가 무엇인지 알 텐데.

엄마가 허용하지 않을 텐데.

나 자신을 더 많이 아낄 수 있을 텐데.

내 욕망을 존중해본 적이 없다.

그렇게 혼란스럽지 않을 텐데.

내가 무엇을 원하는지 생각하지 않는 사람들에게 그렇게 화가 나지 않을 텐데.

내가 얼마나 외로운지 직시해야 할 거야.

나의 영혼의 갈망에 대해 알게 될 거야.

나의 가장 깊은 갈망을 5%만 더 의식한다면, _____

내가 하고 있는 일이 충분하지 않다는 것을 알 텐데.

내 갈망을 추구하기 두려워서 얼마나 많은 것들을 인생에서 놓쳤는지 확인해야 할 거야.

다시 피아노를 시작할 텐데.

학교에 다시 돌아갈 거야.

글쓰기를 시작할 거야.

나의 배우자나 연인이 독서에 흥미가 있건 없건 더 많은 책을 읽을 텐데.

지금 하는 일을 그만두고 내 사업을 시작할 텐데.

내 삶이 얼마나 1차원적인지 알 텐데.

누군가 내 욕구와 욕망이 중요하다고 나에게 가르쳐줬더라면, _____

그것은 내 어린 시절이 아니고 다른 누군가의 어린 시절일 거야.

내 인생이 달라질 텐데.

심리 치료를 받고 있지 않을 텐데.

의미 있는 삶을 살 텐데.

어떤 것을 얻으려고 투쟁했을 텐데.

죄의식 없이, 내가 사랑하지 않는 남자와 살지 않았을 텐데.

그 욕망을 중요하게 다룰 텐데.

내 인생이 의무나 책임만은 아닐 텐데.

희생의 아름다움을 말하는 사람들을 믿지 않았을 텐데.

진실로 내게 중요한 것에 대해 더 많이 생각했을 텐데.

내 욕구와 욕망을 존중한다면, _____
그것은 날 두렵게 해.
엄마는 심장마비에 걸릴 거야.
아무도 날 좋아하지 않을 거야.
친구가 한 명도 없을 거야.
나를 존중할 텐데.
용기가 필요할 거야.
사람들이 나더러 이기적이라고 말할 거야.
사람들이 어떻게 생각하든 신경 쓰지 않을 거야.
자존감 있는 사람이 될 텐데.

심리 치료 중 흔히 보게 되는 이 말꼬리들의 의미는 분명하다. 심층 '해석'이 따로 필요 없다. 잠시 상담실에서 이런 말꼬리들을 듣고 있다고 상상해보라. 어떤 결론이 떠오르겠는가? 아마도 자신의 진짜 욕망을 존중하는 것은 방종이 아니라 용기 있는 행동이라고 볼 수 있지 않을까?

내담자들을 상담하면서 "우리는 흔히 이기적으로 산다. 자기를 희생하기는 어렵다."는 말이 얼마나 틀린 말인지를 자주 확인한다. 욕구와 욕망을 적절하게 존중하는 것, 자신의 가장 깊은 갈망과 싸우는 것, 그 갈망을 진지하게 여기는 것은 많은 사람들에게 엄청나게 어려운 일이다. 자신의 욕구를 묻어 두는 것, 그것을 인식하는 능력마저 포기하는 것(문자 그대로 자기 희생을 하는 것)이 종종 훨씬 더 쉽다. 사람들은 책임을 회피하려고(혹은 '소속감'을 얻으려고) 매일 자신의 영혼 한 조각을 줘버린다. 그들은 이런 식의 자기 포기와 자기 희생의 전문가들이다. 그러고는 누구한테 혹은 무엇에 반항하는지도 모른 채 분통을 터뜨리며 반항하듯이, 똑똑하고 품위 있는 이기주의자가 아니라 옹졸하고 못난 이기주의자가 된다. (때때로 이 비극은 도덕주의자들이 이들의 고통을 치료해준다면서 똑똑한 자기 존중을 배우라고 하는 것이 아니라 타인에게 봉사하기 위해 자신을 버려야 한다고 말할 때 더 복잡해진다. 이때 자기self를 가둔 관은 완전히 봉인된다.)

자신의 욕구와 욕망과 단절되어 있으면 우리는 무장 해제되고 방향키 없는 인생을 살게 된다. 우리의 무의식은 우리 자신에게, 그리고 종종 남들에게 위험하다. 우리는 우리 행동의 뿌리를 모른다. 우리는 우리가 이해하지 못하는 힘에 휘둘린다.

내 안의 슬픔과 고통 대면하기

우리는 자아(ego)나 자기감(sense of self)을 갖고 태어나지 않는다. 이 둘은 시간이 흐르면서 생겨나고 진화한다. 이 과정에서 필수적인 것이 '분리'(우리가 어디서 끝나고 세계가 어디서 시작하는지를 알고 그 경계를 파악하는 것)의 발견이다. 이 발견은 성장의 여러 양상 중에서 정서적 삶을 펼치는 데 필요하다.

심리적 정체성에서 아직 초기 발달 단계에 있는 유아는 어떤 기분이나 정서가 자신의 것이라고 파악할 수 있기 전(자기와 다른 사람들을 아직 충분히 구별하기 전)에 그 기분이나 정서를 경험한다. '이 감정과 정서는 나의 것'(바로 내가 이것을 느끼고 있다)이라는 점을 분명히 구별해서 알 수 있을 때, 자아(selfhood)를 충분히 경험할 수 있는 중요한 출발점이 된다.

이 단계가 '정서적 자기(emotional self)'를 형성하는 단계이다. 이 단계는 유아가 세계와 분리된 실재로서 자신의 몸을 구별할 줄 알게 되는 단계 다음에 온다. 모든 후속 발달의 기초인 '신체적 자기(body self)'의 형성 시기 다음이다.[2]

하지만 각 발달 단계에는 새로운 능력과 새로운 위험이 따른다.(예를 들어 추론하는 능력은 합리화하는 능력을 가능하게 한다.) 일단 아이가 정서를 자신의 것으로 인식하는 법을 배우면 위협적으로 느껴지는 정서를 막고 부정하고 억압할 수 있는 위험이 같이 생긴다. "이것은 나야(혹은 내 거야)."라고 말할 수 있는 능력은 "이것은 내(혹은 나의 것)가 아니야."라고 말할 수 있는 능력을 동반한다. 마음의 평정을 지키고 삶을 견뎌내려고 공포, 분노, 고통, 성적인 느낌 따위를 의식 밖으로 던져버릴 수 있다. 정서적 자기 소외의 가능성은 이렇게 열린다.

이 맥락에서 정서는 어떤 생각이나 지각에 대한 심리생리학적 반응이다. 정서는 정신적인 사건이자 신체적인 사건이다. 정서는 우리가 반응하는 생각과 지각에 대한 평가(대개는 잠재의식적으로)를 보여준다. 즉 자신에 관한 생각이나 지각이 이로운지 해로운지에 대한 평가를 반영한다. '나를 위한 것이냐, 나에게 적대적인 것이냐', '나에게 이로운 것이냐, 해로운 것이냐', '계속할 것이냐, 회피할 것이나'를 기준으로 평가한다.

정서는 일단 일어나면 그 자체의 자연스러운 흐름을 따르는 경향이 있다. 다른 정서로 대체되기 위해 경험되고, 행동으로 표현되고, 그리고 배출된다. 이것이 정상적인 진행이다. 이 과정이 부정이나 억압으로 막혀 그 정서를 의식하지 못하거나 억눌린다 할지라도 해소되지 않은 긴장은 우리 몸 안에 억압된 상태 그대로 남아 있게 된다.

물론 모든 정서가 행동으로 표출되어야 하는 것은 아니다. 정서는 본질적으로 특정한 행동을 자극하는—행동으로 표현되지 않는다면—충동적 힘이 있다. 하지만 정서와 행동은 다른 범주에 속한다. 이런 자극에 맹목적이고 무비판적으로 복종해야 하는 것은 아니다. 성적인 욕구가 성적인 행위로 바뀌어야 하는 것은 아니다. 어떤 사람을 확 치고 싶다는 충동이 들 때 실제로 주먹을 날려야 하는 것은 아니다.

하지만 피상적이고 순간적인 정서가 아닌 경우에는 우리의 행복을 위해서 그 정서를 느끼고 인정하는 것이 필요하다. 때로는 그것을 점검하고 숙고해야 한다.

어떤 상황에서 우리의 가치관이나 가치 판단이 옳건 그르건, 기분에 따라 행동하는 것이 적절하건 적절하지 않건, 기분에 따른 행동이 가능하건 가능하지 않건, 정서는 그 순간의 현실이 우리에게 부여하는 의미를 보여준다. 그래서 정서는 진지하게 고려해야 할 필요가 있다. 어떤 정서를 느끼거나 인정하기를 거부한다고 그 정서가 사라지는 것은 아니다. 그것은 자신의 일부를 부정하는 것일 뿐이다.

정서는 우리의 추상적인 가치관이나 신념뿐만 아니라 그 순간의 구체적인 심리적·신체적 상태로도 결정된다. 예를 들어 우리가 건강하고 생기 있고 유능하다고 느낄 때 나쁜 소식을 들으면 싫기는 하지만 그래도 활기차고 낙관적일 수 있다. 하지만 심약하고 지쳐 있고 안절부절못하는 날에 같은 소식을 들으면 공황이나 우울에 빠질 수 있다. 어느 경우이건 정서는 단지 그 순간의 상황이 우리에게 무엇을 의미하는지를 알려준다. 자신이 무엇을 느끼고 있는지를 모르면 사람들이나 사건들이 우리에게 어떤 의미인지 파악하지 못하게 된다. 그리고 이것은 우리 자신의 중요한 맥락으로부터 단절되는 것을 의미한다. 이렇게 단절되는 것이 무의식 상태이다.

이런 무의식은 우리의 시스템에서 어떻게 작동하는가? 심리적으로 불안하게 하는 정서로부터 순간적으로 정신의 초점을 바꾸는 과정은 어느 정도 자동적인 반응이다. 이 무의식은 두 가지 신체 반응으로 나타난다. 하나는 산소 흡입을 줄이면서 호흡을 제한하는 것이다. 이를테면 갑자기 놀라거나 겁을 먹으면 우리는 대개 숨을 혁 들이쉬고 얼어붙는다(숨쉬기를 멈춘다). 자신이 싸우는 구체적 정서가 무엇인지에 따라 들숨을 막거나 날숨을 막는다. 화를 억누를 때는 날숨을 막는 경향이 있다. 모든 부모들은 아이가 숨을 참으면서 울음을 참는 경우를 본 적이 있다. 이런 반응은 본인이 인지하지 못할 정도로 자동적으로 일어날 수 있다. 두 번째 방법은, 정서를 충분히 느끼고 표현할 때 사용하는 근육을 수축시키는 것이다. 이를테면 끓어오르는 화를 억누르는 사람들은 대개 주먹을 휘두르며 육체적으로 화를 맘껏 풀어놓을 때 쓰는 팔뚝을 수축시킨다. 감정을 억누르며 반복적으로 긴장하는 근육은 만성적으로 위축된다. 그렇게 우리는 위축된 근육 구조를 갖게 된다. 이것이 빌헬름 라이히(Wilhelm Reich)가 주장한 신체의 '갑옷'이다.

요즈음에는 편안한 호흡으로 신체 구조를 자유롭게 해서 다시 깊이 있는 감정을 느낄 수 있게 하는 다양한 신체 요법이 소개되고 있다. 대부분 라이히의 기법에 뿌리를 둔 것이다.[3] 여기서 분명히 이해해야 할 점이 이 기법이 의식을 자유롭게 하는 방법이기도 하다는 것이다. 우리가 정서를 억압할 때는 어떤 사건의 영향을 받는 영역에 중요한 의미—그 사건이 갖는 중요한 의미—도 억압한다. 그래서 생각하는 능력도 방해를 받는다. 생각과 정서가 본질적으로 대립한다는 관념과 달리, 왜곡하지 않고 깊게 느낄 수 있으면 좀 더 명쾌하게 생각할 수 있게 된다. 느낌과 생각 두 방향으로 정보를 받아들이기 때문이다.

부모들이 아이에게 어떤 정서는 '수용'할 수 없다는 뜻을 전할 때, 부모는 아이에게 부모의 사랑과 인정을 얻는 대가로 무의식을 가르치는 것이다. 어린아이가 넘어져서 다쳤는데 아버지가 엄격하게 타이른다. "남자는 울지 않아." 그 아이는 처음엔 아프다는 것을 '드러내지' 않는 법을 배우고 나중에 그 억압이 깊어지면 아프다고 '깨닫지' 못하는 법을 배운다. 어린 여자아이가 오빠나 다른 가족에게 화를 내는데 어머니가 이렇게 타이른다. "그런 감정은 아주 나쁜 거야. 실제로 너는 그렇게 느끼지 않아." 아이의 화를 느끼는 능력은 소멸하는 것이 아니라 단지 의식 아래 묻힌다. 나중에 얼핏 보아 이해할 수 없는 상황에서 그 화가 파괴적으로 폭발한다. 아이가 신나서 문을 박차고 들어오는데 부모가 짜증스럽게 말한다. "뭐가 잘못된 거니? 왜 그렇게 호들갑이야? 제정신이니?" 아이는 차츰 어른이 된다는 것은 흥분을 표현하는 능력을 포기하는 것과 같다는 비극적인 관념을 흡수한다. 그리고 그것은 아이에게 절대적인 생각으로 자리 잡는다.

정서적으로 메마르고 감정 표현을 꺼리는 부모들(자기 내면의 삶으로부터 소외된 부모들)이 자녀를 이렇게 양육하는 경향이 있다. 반드시 그런 것은 아니지만 대개 그렇다. 이런 경향은 부모와 나누는 직접적인 소통뿐만 아니라 부모가 보이는 행동을 통해서도 획득된다. 그들은 어떤 것이 '적당하고', '적절하고', '사회적으로 수용 가능한지', 그리고 어떤 것이 그렇지 않은지를 아이에게 행동으로 암시한다. 그리고 아이는 이런 메시지를 아주 쉽게 내면화한다.

만일 부모가 '악한 생각'이나 '악한 정서' 같은 관념을 받아들이고 그러한 믿음을 아이에게 불어넣으면 아이는 '옳은' 생각과 감정을 기준으로 삼아 자신의 자존감을 형성한다. 이것은 '적합하지' 않은 것을 검열하도록(무의식이라는 방패로 자신을 보호하도록) 행동의 동기와 정서적 삶의 측면에서 공포를 불러일으키는 확실한 공식이다.

아주 많은 아이들이 어린 시절에 두려움과 고통을 경험한다. 아이들은 접촉하고, 안기고, 보살핌을 받고 싶은 아이의 욕구에 반응하지 않는 부모를 만날 수 있다. 아이에게(혹은 서로에게) 끊임없이 소리치고, 통제하려고 일부러 공포감이나 죄의식을 불러일으키고, 과잉 보호와 냉담함 사이를 널뛰고, 거짓말이나 조롱으로 아이를 복종시키고, 양육에 소홀하거나 무관심하고, 끊임없이 비판하거나 꾸짖고, 당황스럽게 하거나 모순되는 명령으로 누르고, 아이의 인지 단계보다 높은 지식이나 욕구나 흥미를 기대하고, 물리적 폭력으로 복종시키고, 성적으로 학대하고, 자기 주장을 하려는 노력을 꺾어버리는 부모 밑에서 자랄 수도 있다. 이런 경우에 아이는 두려움, 고통, 분노를 느끼며 자신이 무능하다고 생각할 수 있다. 그래서 생존하고 살아갈 수 있도록 아이는 정신적 무감각을 익힌다. 자기 내면의 상태를 차단하지 않고 접촉하는 것, 즉 의식하기는 견딜 수 없고 위험하다고 느낀다.

그 대신 이 정서들은 근육의 긴장과 생리적 긴장이 쌓은 벽에 가로막혀 몸 안쪽에서 얼어붙는다. 그리고 어떤 정서가 무감각의 평정을 위협할 때마다 이런 식으로 반응하는 습관이 형성된다.

여기 어린 시절 고통의 억압에 관한 흔한 사례를 제시하겠다. 극적일 것도 없는 단순한 사례이다.

몇 년 전 어느 날 저녁, 나는 여러 심리학자와 정신과 의사들과 함께 있었다. 그 자리에서 나는 그때까지 확실하다고 여긴 어떤 생각을 얘기했다. 대면하지 않으면 내면에 여전히 살아 남아 문제를 일으키는 어릴 적의 해소되지 못한 고통을 많은 '정상적인' 사람들이 지니고 있다는 생각이었다. 이언이라는 젊은 정신과 의사가 어릴 적 경험의 영향력을 너무 과장한다면서 내 말에 반기를 들었다.

나는 그에게 나와 함께 어떤 '실험'을 해볼 수 있겠느냐고 물었다. 이언은 웃으면서 기꺼이 그렇게 하겠노라고 하면서 하지만 자기는 남달리 행복한 어린 시절을 보냈기 때문에 그렇게 좋은 실험 대상은

되지 못할 거라고 말했다. 좀 소심한 태도를 빼면 그는 솔직하고 거리낌 없고 분명 똑똑해 보였다. 그는 자신이 무슨 말을 해야 흥미로울지 모르겠다는 듯이 조심스럽게 말했다. 나는 실험을 진행하고 싶다고 했다. 그도 동의했다.

나는 고통스럽거나 트라우마라고도 할 수 있는 어린 시절의 경험을 끄집어내는 데 유용한 기법을 개발했는데 그 시범을 보이겠다고 말했다.

나는 이언에게 안락의자에 편안히 누워 손을 허리 옆에 두고 눈을 감으라고 했다. "자, 이제 이런 상황을 상상해보세요. 당신은 지금 현재의 나이에 병원 침상에 누워서 죽어 가고 있습니다. 신체적 고통을 느끼지는 않지만 몇 시간 후에 당신의 삶이 끝난다는 사실을 알고 있습니다. 자, 침대 옆에 서 있는 어머니를 올려다보고 있는 자신의 모습을 상상해보세요. 어머니의 얼굴을 올려다보세요." 그가 실감나게 느낄 수 있도록 충분한 시간을 주려고 나는 잠시 말을 멈췄다. "그리고 당신이 말하지 못했던 것이 있다는 걸 느껴보세요. 어머니에게 말한 적이 없는 모든 것, 표현한 적이 없는 모든 생각과 감정을 느껴보세요. 당신이 어머니에게 하고 싶은 말을 한 번이라도 할 수 있다면 지금이 바로 그때입니다. 어머니가 당신의 말을 한 번이라도 경청한 적이 있다면 지금이 바로 그때입니다. 잃을 것은 아무것도 없습니다. 어머니의 어린아이인 것처럼 말해보세요."

내가 말을 하고 있는 동안 이언은 주먹을 꽉 쥐었다. 피가 얼굴로 몰렸다. 사람들은 눈물을 억누르려 애쓰는 그의 눈과 긴장된 이마 근육을 볼 수 있었다. 그가 입을 열었을 때 그의 목소리는 훨씬 더 어리고 좀 더 긴장해 있었다. 그리고 말을 하면서 그 목소리는 신음 소리로 변해 갔다. "내가 어머니에게 말하려고 했을 때 왜 한 번도 내 말을 진지하게 들어준 적이 없었나요? …… 왜 한 번도 여겨듣지 않았나요?"

치료 과정이 아니라 공적인 시범이었기 때문에 나는 거기에서 더 진행하지 않기로 했다. 그의 사생활을 건드리고 싶지 않았다. 만일 그 시범이 계속됐다면 그가 그 상황에서 탐험하고 싶어 하지 않은 주제로 들어가리라는 것을 알고 있었다. 잠시 후 그는 눈을 떠 고개를 흔들었다. 놀라고 멋쩍어했다. 내 주장이 옳다는 것을 눈빛으로 인정했다.

잠시 후 이언이 말했다. "내 안에 얼마나 많은 슬픔이 있는지 깜짝 놀랐어요. 너무나도 많은 고통, 내가 알아챈 적 없던 외로움과 소외감, 그렇게 많은 훈련을 받았는데도 알아채지 못한 감정들이 있다는 것이 놀랍군요. 지금 전반적인 내 인생이 전혀 달리 보여요 …… 어떤 식으로 설명해야 할지 모르겠습니다."

그는 왜 아버지가 아니라 어머니를 침대 옆에 있는 사람으로 선택했는지 알고 싶어 했다. 나는 아버지도 그 시범 장면에 불러올 생각이었다고 말했다. 우리가 했던 것은 그 시범의 시작일 뿐이었다. 나는 그에게 자신의 말투가 좀 소심하다는 것을 알고 있는지 물었다. 그가 그렇다고 대답하자, 그 소심한 태도가 혹시 어렸을 때 그가 한 말을 부모가 흘려들었던 것과 관련되어 있지 않겠느냐고 물었다. 몇 년 후에 다중인격 속의 인격체들과 작업하기 시작했을 때 이 시범을 보였다면 나는 그의 아이 자기(child-self, 여전히 자신의 정신 속에서

한 공간을 차지하고 있는 아이였던 시절의 그)가 그의 말투를 조종하고 있었다고 말했을 것이다. 이것에 대해서는 《자존감의 여섯 기둥》에서 기술했다.

이언이 자신의 어린 시절이 남달리 행복했다고 말했을 때 실제로 그는 그렇게 생각했다. 고통과 고통의 원인에 대한 기억은 오래전에 억압되었다. 하지만 그것은 정서적 장애뿐만 아니라 사고의 장애라는 후유증을 남겼다. 그가 자신의 과거를 현재와 연결하거나 자신의 과묵한 성격을 이해하려고 시도했을 수 있지만 왜곡된 판단 때문에 방해를 받았을 것이다. 성인이 된 후 자신이 겪는 인간관계의 문제점을 어느 정도 이해할 수 있는 기초가 없었을 것이다. 이 사례는 우리가 정서를 억누를 때 명료한 사고를 하기 어렵다는 것을 보여준다.

우리는 부정적인 감정만 억압하는 것이 아니다. 관성의 법칙처럼 점점 더 많은 정서적 삶의 부분을 억압하게 된다. 외과 수술을 준비하며 마취 상태에 들어가면 고통뿐만 아니라 기쁨을 느끼는 능력도 정지된다. '느끼는' 것이 차단되기 때문이다. 정서적 억압도 마취 상태와 같다.

당연한 말이지만, 이런 억압에도 정도의 차이가 있다. 어떤 사람들은 다른 사람들보다 그 정도가 더 심하다. 하지만 고통을 느끼는 능력을 축소하면 기쁨을 경험하는 능력도 축소된다는 것은 어느 경우에나 해당된다.

의식적으로 행동하는 것과 관련해, 정서를 경험하는 것과 단순히 그 정서가 어떤 정서인지를 구체적으로 말하는 것에는 중요한 차이가 있다. 이런 상황을 예로 들어보자. 직장에서 돌아왔는데 아내가 묻는다. "오늘 기분 어때요?" 나는 신경이 곤두서 심란하게 대답한다. "끔찍해." 그러자 아내가 "정말 그래 보여요." 하고 공감해준다. 그러자 나는 아내의 말에 마음이 열린다. 숨을 깊게 들이쉬고 긴장이 내 몸에서 흘러 나가기 시작한다. 완전히 달라진 말투로(그 기분과 더 싸우지 않고 인정하고 수용하는 말투로) 나를 괴롭히고 있는 것에 대해 진지하게 말하기 시작한다. "그래. 오늘 밤 기분이 안 좋아." '끔찍해.'라는 말로 묵살하거나 마지못해 인정하거나 뭉개지 않고 내 정서를 경험한다. 이것은 그 기분을 풀고 극복하기 위한 첫 번째 단계이다.

의식의 수준을 높이면서 마음이 치유되기 시작한다. 몸이 그런 것처럼 정신도 자기 치유의 힘이 있다. 하지만 이 치유의 힘이 작동하도록 허락해주어야 한다. 억압은 치유(여기에서는 통합을 의미한다)를 방해한다. 똑똑하면서 지적인 사람들이 개인적 문제에 직면했을 때 무력해지는 것은 자신의 감정을 부정하고 감정을 느끼고 받아들이기를 거부하면서 자신의 지성과 지식으로 문제를 해결할 수 없게 만들기 때문이다. 다시 말해서, 그 문제를 해결하는 데 필요한 새로운 통합을 성취할 수 없게 만들기 때문이다. 앞서 제시한 사례에서, 나는 내 기분을 인정하고 아내에게 성의 있게 대답하면서 나 자신의 더 깊은 내면으로 들어간다. 좀 더 분명하게 보고 좀 더 명쾌하게 생각한다. 더는 부정과 회피의 덫에 갇히지 않는다. 더는 현실과 다투지 않는다.

만일 정서가 깊이 억압되어 있다면 그 정서를 인정하고 경험하기 위해서 반드시 먼저 그 정서를 가로막고 있는 것이 제거되어야 한다. 위에서 언급한 신체 요법 외에 억압된 정서를 쉽게 풀어놓게 하는 여러 심리 치료법이 있다. 전문가가 지도하는 환상극, 심리극, 게슈탈트 기법, 일기 쓰기, 마음 교류 게임, 꿈 작업 따위가 널리 쓰이는 방법들인데, 상황에 따라 효과적인 방법을 골라서 쓴다. 이언의 사례에서 봤듯이 그와 작업할 때 나는 '가상 임종 연습' 기법을 사용했다. 그리고 경맥 에너지 이론에 근거를 둔 유기체의 에너지 시스템으로 작업하는 다양한 기법이 있다. 그 기법들은 치유를 용이하게 할 뿐만 아니라 억압으로부터 막힌 부분을 쉽게 풀어놓을 수 있게 한다. 그리고 나의 특별한 작업 기법인 문장 완성 과정이 있다.

많은 사람들에게 다음과 같은 일련의 문장 줄기들은 (그들이 완성하는 말꼬리로) 묻혀 있던 감정의 분출을 촉발하기에 충분하다.

어머니(아버지)는 늘 _____

어머니(아버지)에게 느낀 감정은 _____

어머니(아버지)에게 원했지만 얻지 못했던 것은 _____

어머니(아버지)는 나 자신에 대해 _____ 관점을 갖게 했다.

나는 _____ 때 상처받는다는 것을 기억할 수 있다.

나는 _____ 때 두려워한다는 것을 기억할 수 있다.

나는 _____ 때 화가 난다는 것을 기억할 수 있다.

나는 살아남기 위해 _____ 하도록 배웠다.

이 목록을 읽으면서 문장 완성 작업을 해본 적이 없는 독자는 말꼬리를 완성하는 것이 매우 어려울 것이라 여길 수도 있다. "기억하지 못한다면?"이라는 질문을 가끔 받는다. 기억할 필요는 없다. 단지 각 문장 줄기에 문법적으로 맞게 문장을 완성하면 된다. 말꼬리가 더 생각나지 않으면 지어내면 된다. 왜냐하면 자유롭게 지어내면 진실하고 의미 있는 말꼬리를 제시할 수 있는 물꼬가 터지기 때문이다. 나는 수천 명에게 이 기법을 가르쳤다. 어떤 사람들은 처음엔 이 작업을 할 수 없다고 생각했다. 하지만 시작하고 15분이 지나서도 여전히 그렇게 생각하는 사람은 아무도 없었다. 문장 완성 작업은 본질적으로 의식 깨우기 활동이다. 이런 이유로 삶의 여러 영역에서 의식을 확장하기 위한 아주 다양한 문장 줄기들을 긴 부록으로 제공했다.

깊은 억압을 다루는 전문적 문제가 아니라면, 정서적인 측면에서 한 번의 문장 완성 작업은 의식적으로 사는 어떤 일상적 행위보다도 가치 있고 기초적인 작업이다. 이것은 판단하지 않고 자기를 받아들이는 것과 관련된 지속적인 자기 관찰의 기술이자 연습이다. 이것은 그 순간의 자기 상태를 관찰하는 것이다. 현재의 상태 아닌 다른 어떤 것이어야 한다고 요구하지 않으며, 인식되는 것이 어떤 것이든 그대로 인식하는 것이다. 그 순간 의식하며 존재하는 것 외에는 아무것도 바라지 않으면서, 저항하거나 부인하거나 부정하거나 비난하지 않고 그저 관찰하고, 의식하고, 부드럽게 심호흡을 하는 것이다. 이 과정을 되풀이해서 연습하면 부정의 막을 벗겨내 잠수해 있는 정서를 풀어놓게 된다.

이 책을 쓰고 있던 어느 날의 일이다. 이상하게도 마음이 초조하고 어수선해졌다. 대개는 글쓰기를 즐기는데 글을 쓰려고 시도하는 것 자체가 힘들었다. 나는 컴퓨터 앞에서 일어나 작업실의 소파에 앉아 눈을 감고 내 몸 속을 떠다니고 있는 초조한 느낌에 집중했다. 그 느낌을 없애려고 하지 않았다. 판단하지 않고 관찰만 했다.

몇 분 후 그 초조함은 슬픔으로 바뀌었다. 그 슬픔에 저항하려는 근육의 긴장을 느꼈다. 좀 더 깊이 부드럽게 숨을 쉬면서 근육의 긴장을 풀고 슬픔을 있는 그대로 수용하면서 슬픔의 감정에 나를 맡겼다.

그러자 슬픔이 피로감으로 바뀌기 시작했다. 그리고 원기를 회복할 야외 활동이나 기분 전환을 할 시간도 없이 심리 치료, 강의, 세미나, 상담, 연구, 여행(그리고 책 쓰기)으로 이어지는 과도한 스케줄 때문에 얼마나 피곤한지를 알아차렸다. 그 피로감은 육체적인 것이 아니라 정신적인 것이었다. 나는 늘 적정 수면과 운동으로 나 자신을 보호하는 데 신경을 썼다. 단지 특별한 목표 때문에 일정 기간 동안 이 글을 쓰고 있다는 사실을 떠올렸다. 책을 쓰기로 한 것은 나의 선택이었다.

이 생각이 떠오르자 슬픔이 가라앉고 평온함이라는 새로운 느낌이 일었다. 이 변화를 관찰하며 다음에 어떤 감정이 일어날지 호기심을 품고 집중했다.

나는 계속해서 천천히 숨을 쉬었다. 에너지가 다시 솟기 시작하고 초조한 느낌은 다시 일어나지 않았다. 그리고 컴퓨터로 돌아가서 다시 글을 쓰고 싶은 생각이 들었다.

그리고 갑자기 이것이 내게 필요한 종류의 휴식이라는 것을 깨달았다. 절대로 방금 전의 그 시간보다 길지 않은 휴식. 휴가가 아니라 방금 몇 분 전과 같은 절대적 고요의 휴식 말이다. 그래서 내적으로 내 감정과 다투려 하지 않고 감정을 충분히 느끼면서 자연스럽게 방출되게 했다. 그리고 나는 자유로워져서 새로운 단계로 넘어갔다. 좀 더 조화되고 통합된 상태로 나아갔다.

종종 우리가 다루어야 할 정서는 이런 단순한 사례보다 훨씬 더 복잡하고 어렵다. 하지만 다음의 에피소드가 말해주듯이 원리는 똑같다.

클레어는 최근에 이혼한 39세의 외환 딜러였다. 그녀는 새로운 관계 때문에 힘들어했다. 만나는 횟수부터 식사할 레스토랑과 함께 볼 영화, 그리고 언제 누구와 어울릴 것인지의 문제까지 관계의 거의 모든 측면을 클레어가 지나치게 통제하려 한다는 점 때문에 연인 해리가 불만스러워한다는 것이 문제였다. 심리 치료 중에 클레어는 그런 충동을 제어하지 못한다는 것은 인식하겠는데 충동의 근원은 도무지 모르겠다고 했다.

나는 클레어에게 조용히 앉아서 조종하고 싶은 욕구를 거부하거나 비난하지 말고 그 욕구를 그저 경험해보라고 했다. "당신 몸의 어느 부분에서 그 욕구를 느끼는지 알아채보세요. 그리고 부인하거나 저항하거나 타박하지 말고 그것을 인정하고 충분히 받아들여보세요. 부드럽고 깊게 숨을 쉬면서 그냥 관찰하고 바라보며 할 수 있는 한 충분히 그리고 완벽히 그 욕구를 이해해보세요."

몇 분 후 클레어의 뺨에 눈물이 흐르기 시작했다. "난 너무 두려워요." 그녀가 속삭였다. "설명하지 마세요." 내가 말했다. "설명하지 마세요. 진행되고 있는 이 상황을 방해하지 말고 그 두려움을 수용하고 느껴보세요. 그 두려움 다음에 무엇이 오건 그 두려움이 끌고 오게 하세요." 클레어는 나중에 더 강렬해진 두려움과 무력감, 즉 보호 장치 없는 삶에 직면해서 어떤 위압적인 존재에게 무력하게 침범당하고 있다는 느낌이 들었다고 설명했다.

클레어는 조용히 앉아서 아무 말 없이 이 느낌과 생각을 관찰했다. 어릴 적 기억이 떠오르기 시작했다. 그녀의 선택을 무시하고 자신의 방식을 강요하며 소리 지르던 '아버지'에 대한 기억, 노크도 없이 자신의 방으로 들이닥치던 가족들에 대한 기억, 집을 방문한 사람이 클레어의 생각을 물었을 때 어머니가 대신 말해 주던 기억, 누구에게든 자신의 주장을 내세우기를 두려워했던 기억.

클레어는 '분석'하려 하지 않고 이런 기억과 느낌들을 바라보고 경험했다. 잠시 후, 어른으로서 자신이 그래도 되는 것 같은 방식으로(다른 사람과의 모든 관계에서 지나치게 통제하는 방식으로) 자신의 자주권을 위해 싸우는 것을 배워 왔고, 그래서 스스로는 자신이 부서지기 쉬운 크리스털로 만들어져 있다고 느끼지만 남들에게는 견고한 성채처럼 보였다는 것을 자연스럽게 깨달은 것 같았다.

클레어가 적절히 선을 긋고 지나치게 통제하고 싶은 충동이 사라지게끔 어떤 도움을 받았는지는 더 언급하지 않겠다. 여기서는 조용히 수용하면서 비판하지 않고 의식하는 것이 어떤 효과를 내는지에 대해서만 말하고 싶다.

정서를 수용하고 경험하는 것이 언제 역효과가 나는지를 보며 조치를 취할 필요는 없다. 하지만 정서를 존중하면 그 정서를 통해 중요한 정보를 얻을 수 있다. 그리고 정서를 의식하고 존중하면 대개 새로운 통합과 실질적인 치유가 일어난다. 심리치료사들이 자기 수용의 치유력을 그렇게 강조하는 것도 이 때문이다. 물론 자기 수용은 자기 인식을 전제로 한다. 정서를 의식하며 느끼기 전에는 그 정서를 '수용'할 수 없다. 의식적으로 정서를 느끼는 행위는 수용 과정의 핵심 요소이다.

택배 회사 매니저인 27세 마빈은 어떤 동료에 대한 악의적인 뒷담화에 낀 것에 죄의식을 느꼈다. "나답지 않은 행동이었어요. 이해할 수가 없어요." 그 사건을 자세히 전하면서 그는 분명 내가 그를 비난하거나 못마땅해할 거라고 예상하고 있었다. "어떤 이유 때문이었는지 궁금하군요." 내가 그에게 물었다. "그때 당신이 느꼈던 그 감정 상태로 돌아갈 수 있을까요? 그래서 그저 잠시 그 감정을 다시 느껴볼 수 있을까요? 어쩌면 그 느낌을 통해 그 이유를 알 수 있을 거예요."

마빈은 잠시 눈을 감고 조용히 앉아 그 기억 속의 정서로 더 깊이 들어가 내가 알려준 대로 그 정서들을 관찰했다. (나중에 그가 한 말에 따르면) 그가 받은 첫 번째 충격은 활기 넘치고 자기 주장이 강하고 자기 확신이 강한 그 동료에게 느끼는 분노였다. "나보다 훨씬 더 활기가 넘치고 자기 확신이 강해요." 마빈은 그 순간 그 분노에 대해 토론하고 '분석하려고' 멈추고 싶어 했다. 하지만 나는 그 느낌에 계속 머물러 있으라고 했다.

그 느낌을 계속 관찰했을 때 그 분노가 녹아 굴욕감과 절망감으로 바뀌기 시작하는 것을 알아챘다. 그리고 이 새로운 정서를 관찰하면서 자신은 늘 자기 주장을 두려워했다는 것, 그리고 자신이 용기가 없는 것에 대해 세상에 화가 나 있었다는 생각이 떠올랐다.

지나가는 구름처럼 이 새로운 화도 녹기 시작했다. 그리고 단지 스스로 그만하면 괜찮은 사람이라고 느끼지 못하는 두려움을 숨기려고 다른 사람들에게 쉽게 분노하는 성향(자존감을 지키기 위한 잘못된 노력)을 지니게 됐다는 것을 깨달았다.

그때 나는 자신의 낮은 자존감에 격분하지 말고 낮은 자존감에 대한 느낌을 그대로 느껴보라고 격려했다. 이것은 그에게 쉽지 않았다. 나는 다음 주에 올 때까지 해야 할 과제가 단지 자신의 불행한 느낌을 관찰하고 그 감정을 수용하는 것이라고 하면서 집으로 보냈다.

다음 주에 만났을 때 마빈이 말했다. "이번 주에 내 자존감이 좀 커졌다고 느끼는 게 이상하지 않아요?" 나는 대답했다. "전혀요. 우리가 현실과 동맹을 맺을 때 자존감은 더 강해져요. 현실을 부정하고 현실과 힘겨루기를 할 때 자존감은 더 약해지지요."

우리의 문제를 해결하는 데에는 단순히 우리의 생각과 정서를 들여다보는 것보다 훨씬 더 많은 것이 필요하다. 이 과정은 더 깊은 내면으로 내려가서 자기 기만의 표층을 벗겨내고 진짜로 검토해야 할 사안을 검토할 수 있도록 정신을 자유롭게 한다는 점에서 아주 가치 있는 작업이다.

몇 년 전에 치료한 당시 25세의 법률 비서였던 클라라가 생각난다. 그녀는 초조하고 우울해서 어느 날 저녁 집단 심리 치료에 참여했다. 클라라는 몇 주 전에 어떤 파티에서 만난 남자에게 강하게 끌리고 있었다. 그 남자도 분명 클라라의 감정에 긍정적인 반응을 보였다. 몇 번 만난 후에 그들은 섹스를 했다. 그 다음 날 아침, 과거에 대한 이런저런 질문에 대답하다 클라라는 결혼을 한 번 한 적이 있다고 말했다. 그녀는 사실 두 번 결혼했고 두 번 이혼했다. 사소한 거짓말이었지만 그녀는 자신의 거짓말에 매우 당황했다. 그리고 그렇게 어린 나이에 두 번이나 이혼했다는 것 때문에 그가 자신을 존중하지 않을 것 같아 순간적으로 저지른 일이라는 것을 깨달았다. 클라라는 사실을 고백하는 것이 너무 굴욕스러웠다. 그와 함께하는 시간이 이제껏 어떤 남자와 보낸 시간들보다 더 행복했다는 것이 문제를 더 어렵게 만들었다. 난생처음으로 그녀는 그가 자기에게 관심을 기울이고 자신의 진가를 알아본다고 느꼈다. 클라라는 어떻게 해야 할지 모르겠다고 했다.

그때, 그 그룹의 한 사람이 부정직의 죄에 대해 설교했다. 또 다른 사람은 조만간 그 남자가 진실을 알게 될 테니 나중에 더 곤란해지느니 지금 진실을 밝히는 게 나을 것이라는 경고를 하며 끼어들었다. 또 다른 사람은 상황이 꼭 그렇게 되리라는 보장은 없으니 그렇게 우울해할 것까지는 없다고 했다. 클라라는 다른 사람들의 말에 더 우울해지고 더 마음을 닫아걸고 점점 더 옴짝달싹못하게 되었다.

나는 클라라가 어떤 결정이 최선인지 알고 있다고 믿었다. 정직에 대해 설교하거나 그녀의 느낌을 무시하거나 죄의식을 키우는 것은 상황을 악화시킬 뿐 아무 도움이 되지 않는다고 생각했다.

그래서 나는 클라라에게 연인에게 사실대로 고백하는 장면을 상상해보라고 했다. 그 상황을 가능한 대로 생생하게 그려보면서 그 굴욕감을 경험하고 소리 내어 묘사하게 했다. 그동안 우리 모두는 조용히 기다렸다. 그녀는 눈을 감고 그 느낌 속으로 들어갔다. 의식하겠다는 것 외에는 어떤 열망이나 기대도 비운 채.

시간이 한참 지난 후, 클라라는 항상 자신이 거절당하는 것을 예상하고 있었다는 것, 그것이 중요한 인간관계의 기본 태도였다는 사실을 알아챘다고 말했다.

나는 예견된 거절에 대한 감정 속에 깊이 빠져들라고 했다. 그리고 말로 표현하라고 했다. 그녀는 그렇게 했다.

그러고 나서 나는 초점을 바꿔서 연인과 함께 느꼈던 행복한 기억 속으로 들어가라고 했다. 그 감정 속으로 점점 더 깊이 빠져들어 한 번 더 그녀가 의식한 모든 것을 소리 내어 묘사하라고 했다. 그녀는 그렇게 했다. 말로 표현하면서 그 두 사람의 관계는 그녀에게 정서적으로 점점 더 현실이 되었다. 방 안에 있는 모든 사람들에게 그녀의 몸이 이완되는 것이 보였다. 긴장이 풀어지고 얼굴 표정도 점점 밝아졌다. 숨 쉬는 것만 봐도 통합이 빠르게 이루어지고 있는 것이 분명했다.

클라라가 갑자기 눈을 뜨고 미소를 지었다. 그리고 말했다. "말도 안 돼요. 물론 나는 그에게 진실을 말할 거예요. 내가 도대체 그때 무슨 생각을 하고 있었는지 모르겠어요."

나는 클라라에게 그 감정을 자세히 설명해보라고 했다. 그녀의 첫 마디는 "행복해요."였다. 그리고 좀 더 섬세하게 표현을 했다. "자존 감이 좀 더 높아진 것 같아요. 진실을 말하기로 결정했기 때문만은 아니에요. 아까 20분 동안 나는 나 자신을 존중하며 대했어요. 진지 하게 내 감정을 느끼고, '있는 그대로' 내 감정을 대하고, 나 자신과 내 감정을 쓰레기처럼 털어내버리지 않았어요."

내가 클라라에게 활용한 기법은 감정의 흐름을 단순히 따라가게 하지 않고 내가 그 과정을 적극적으로 안내하며 어느 순간 그녀의 초점을 의도적으로 바꿨다는 점에서, 앞 사례의 클레어에게 적용한 기법을 약간 변형한 것이었다. 만일 정서를 부인하거나 부정하지 않 고 충분히 경험하려고 한다면 대개 이성이 마비되는 것이 아니라 좀 더 명료하게 의식하게 된다. 이것은 "명쾌하게 생각하려면 깊게 느 껴라."라는 말이 무슨 뜻인지를 설명해준다.

정서와 관련해 이러한 기술을 습득하는 것이 쉽지는 않다. 사실 모든 사람들이 처음에는 어려워한다. 내담자들은 자신들의 정서에 이러쿵저러쿵 의견을 말하고 '설명하고' 해명하면서 그 정서의 개인 사적 원인을 찾는다. 그리고 그 정서에 대해 자신을 비난하고 심지 어 조롱하기도 한다. 스스로 그 정서를 충분히 느낄 수 있도록 내버 려 두는 것이 무척 어렵다는 것을 알게 된다. 오랜 시간 동안 자신의 내적 세계로부터 자신을 방어하려고 세운 보호막을 넘어서야 한다.

자기 소외는 심리학적으로는 비정상 상태이지만 통계상으로는 정상이다.

자신이 싸우고 있는 정서가 불쾌하거나 고통스러울 때 사람들은 대개 그 정서에 저항하고 싶은 충동을 느끼고 경련 반응을 일으킨다. 그런데 이런 반응은 오히려 그 정서를 강화하는 경우가 많다. 운전 중에 차가 미끄러질 때 운전자는 미끄러지는 방향 반대쪽으로 핸들을 꺾고 싶은 충동에 저항해야 한다. 그리고 미끄러지는 쪽으로 핸들을 돌려서 제어력을 회복해야 한다. 이와 마찬가지로 불안의 정서에 치이는 사람도 그것을 해소하거나 뛰어넘으려고 그 정서에 '저항하는' 것이 아니라 그 정서와 '함께 가는' 기술을 배워야 한다.

어른이 되어 방어 의식을 극복할 때, 즉 수면 위로 올라온 우리의 감정이나 기억을 경험할 때 처음에는 흠칫 겁이 날 수 있다. 공포, 고통, 분노에 공격당하고 있다고 느낄 수 있다. 다시 덮어버리고 무의식으로 도망치고 싶은 유혹에 저항하면서 그 순간에 머물러 있으려면 용기와 훈련이 필요하다. 그 기억에 머물러 의식하면 배우고 성장할 기회를 얻는다. 처음이 어려울 뿐이다. 정서, 생각, 기억에 지배당하거나 파괴적인 행동으로 끌려가지 않으면서 판단하지 않고 관찰만 하는 힘이 있다는 것은 지혜로워지고 성숙했다는 의미이다.

분명 우리는 충동을 통제하는 법을 배워야 한다. 정서를 맹목적으로 따를 수는 없다. 언제 감정에 따라 행동하는 것이 적절한지를 이성적으로 판단할 필요가 있다. 하지만 동시에 이성과 정서를 서로 적대적인 것으로 보는 것은 잘못된 것임을 인식해야 한다. 이성과 정서의 갈등으로 보이는 것이 실제로는 두 가지 생각(혹은 두 쌍의 생각) 사이의 갈등일 수 있다. 두 가지 생각 중에서 하나의 생각이 의식되지 않고 단지 정서의 차원에서 나타난 것이다. 둘 중 어느 쪽이 옳은지는 알 수 없다. 정서는 가끔 대상을 왜곡해 지각하고 해석하기도 하지만, 더 깊고 정확하게 현실을 평가하기도 한다. 우리는 모두 가끔 우리의 감정과 반대되는 의식적 판단에 따라 행동하고 난 다음에 감정이 옳았다는 것을 확인한다. 또 우리는 모두 이와 정반대되는 경험을 하기도 한다. 우리는 무조건 정서를 따르지도 않고 무조건 무시하거나 억누르지도 않는다. 그 정서의 의미를 이해하려 하고 그것으로부터 뭔가를 배우려고 애쓴다. 생각과 느낌을 조화시키려 하고 '통합'하려 노력한다. 하지만 정서를 의식하는 능력이 없거나 자기 관찰을 존중하지 않으면 통합을 이룰 수가 없다.

나는 지금 나에게 지대한 영향을 끼친 26년 전의 일을 회상하고 있다. 지금만큼 정서를 존중하지 못했던 그때, 그 무렵 막 친구가 된 훌륭한 아동심리학자 하임 기너트와 산책을 하고 있었다. 우리는 생각과 정서의 관계에 대해 토론하고 있었다. 그가 인생에서 저지른 가장 큰 실수가 자신의 느낌을 무시했을 때 일어났다는 말을 했다. '합리적'이라고 여긴 것 때문에 정서를 무시한 적이 너무나 많았던 나도 그와 똑같았다는 것을 그 순간 갑자기 깨달았다는 사실이 나를 놀라게 했다. 이 새로운 깨달음 때문에 이성의 목소리를 무시하지는 않았지만 (어떤 것도 이성을 무시하게 할 수 없지만) 내가 '합리적'이라고 부르는 것에 대해 좀 더 신중해졌고 내 감정이 무엇을 말하고 있는지를 이해하는 데 좀 더 많은 노력을 기울이게 되었다.

하지만 이러한 통합의 과정을 적극적으로 방해하는 어떤 신념을 지니게 될 수도 있다. 더 의식적으로 살아가고 자신을 더 잘 알고 자기 인격 중에 단절되었던 부분들을 다시 통합하려고 노력하는 과정에서 많은 사람들이 다음과 같은 위협적인 생각에 방해를 받는다. 그것은 앞에서 언급했듯이 '사악한 생각'과 '사악한 정서'(그 생각을 하고 그 정서를 느끼는 것만으로도 이미 부도덕하다고 여겨지는 생각과 정서)가 있다는 신념이다.

욕구와 정서는 자연스럽게 일어나며 직접적으로 의지의 통제를 받지 않는다. 신념이 욕구와 정서를 통제할 수 없는 것처럼, 잠재의식적 평가의 결론인 욕구와 정서는 우리의 명령 대상이 아니다. 하지만 어떤 욕구나 정서가 일어나면 도덕적 비난을 받아야 한다는 생각 때문에 느끼는 죄의식과 고통은 엄청나다. "이러이러한 것을 느끼기 때문에 나는 형편없는 사람이야." "이러이러한 것을 느끼지 '않기' 때문에 지옥에 떨어질 거야."

자기 인식은 도덕적 판단을 내리지 않고 사실을 주목하는 것에 관심을 보이는 관찰자이자 비판하지 않는 관찰자로서 자신의 내면을 자유롭게 경험하는 것이다. 다시 말해서, 도덕성이나 도덕적 판단을 버리라는 것이 아니고 그 맥락에서 그것들이 오용되는 것을 알아차리라는 것이다. "내가 이러저러한 생각을 하거나 이러저러한 정서를 느낀다면 이게 나라는 사람에 관해 무엇을 암시하는 걸까?"라는 질문을 하며 자기 진단을 하는 것은 이미 내린 결론에 기대어 선택적으로 지각을 하며 자기 검열을 하는 것이다.

도덕성이란 특별히 집중해서 의식하는 것을 의미한다. 의식하기를 금지하는 것은 어떤 것이건 도덕적인 삶을 방해한다.

어떻게 내면의 성장을 이룰 것인가?

내가 개발한 문장 줄기들 중 가장 효과적인 하나가 "기꺼이 내가 보고 있는 것을 보고 내가 알고 있는 것을 정말로 이해한다면, _____"이다. 전형적인 말꼬리들은 다음과 같다.

지금 살고 있는 인생을 살지 않을 수 있을 텐데.

나에게 좀 더 유리하게 행동할 텐데.

그렇게 파괴적으로 살지 않을 거야.

선택하기 곤란한 것들을 직시해야 할 거야.

망설이지 않고 살 텐데.

해야 할 일을 직시할 텐데.

좀 더 온전하게 통합된 내가 될 텐데.

이 문장 줄기는 우리가 얼마나 자주 자신이 아는 것에 부합되게 행동하고 있는지를 알아차리는 데 유용하다. 가끔 우리는 끝이 좋지 않을 것이라는 점을 알면서도 아는 대로 행동하지 않는다.

"내 행동을 좀 더 의식한다면, _____"이라는 문장 줄기에는 대개 이런 말꼬리를 붙인다.

그렇게나 많은 실수를 하지 않을 텐데.

더 적게 노력하고 더 많은 걸 얻어낼 텐데.

어리석은 인간관계를 맺지 않을 텐데.

사람들에게 좀 더 친절할 텐데.

좀 더 사랑할 텐데.

그렇게 무모하지 않을 텐데.

내 아이의 말에 좀 더 귀를 기울일 텐데.

그렇게 방어적이지 않을 텐데.

내 인생이 좀 더 잘 풀릴 텐데.

하지만 가끔씩 부정적인 말꼬리가 달릴 때가 있다. 그리고 이 말꼬리들을 보면 왜 우리가 의식하기를 회피할 수도 있는지 알 수 있다.

난 좀 더 열심히 일해야 할 거야.

사람들이 나에게 좀 더 많이 기대할 거야.

얼마나 내 일을 싫어하는지 깨닫게 될 거야.

실수를 한다면 어떻게 될까?

몰랐다고 변명할 수 없을 거야.

빈둥거릴 수 없을 거야.

나는 남들의 실수를 지적할 거고 그들은 나한테 단단히 화가 날 거야.

사람들이 자신이 하고 있는 일을 그다지 의식하지 않고 행동하는 이유는 힘들게 의식하며 행동하는 것에 저항감을 느끼기 때문일 수 있다. 혹은 의식하게 되면 대상을 직시해야 할 수도 있다는 것이 두렵기 때문일 수 있다. 아니면 그저 의식하게 되면 자신의 행동 방식을 바꾸어야 하는데 이런 변화된 모습이 자신의 자기 개념과 충돌하기 때문일 수도 있다. "내가 좀 더 의식하고 행동한다면, _____"이라는 문장 줄기에 어떤 내담자는 이런 말꼬리를 달았다. "나 자신에 대해서 모를 것이다. 왜냐하면 그것은 내가 아닐 테니까."

그렇다 하더라도 사람들은 자신의 삶을 돌아보면서 의식적으로 살았던 시기를 후회하지 않는다. 사람들은 의식하며 살지 못했던 때를 후회한다. 예를 들면 다음과 같다.

"내가 술에 취했던 그날 밤 다른 사람에게 나를 집에 바래다 달라고 했으면 좋았을 텐데."

"내 아내가 내게 말하려고 할 때 귀 기울여 들었다면 좋았을 텐데."

"상사가 경고하려고 한 것을 경청했다면 좋았을 텐데."

"고객들의 말에 좀 더 주의를 기울이면 좋았을 텐데."

"내 몸이 보내는 비상 신호를 받아들이면 좋았을 텐데."

"그 복잡한 교통 상황 속에서 집중해서 운전을 했다면 좋았을 텐데."

다시 한번 앞에서 지적했던 점을 말하고 싶다. 의식의 수준이 각각의 상황에 적절한지 여부는 맥락이 결정한다. 행동을 마비시켜 스스로 자신의 발에 걸려 넘어지게 만드는 것 같은 류의 자의식을 옹호한다고 오해하지 않기를 바라기 때문에 이 점을 강조한다. 컴퓨터 작업을 하면서 손가락 하나하나의 동작에 신경을 쓴다면 오히려 효율적이지 못할 것이다. 어떤 것들은 분명 자동적으로 처리하는 것이 좋다. 하지만 의식하며 행동한다는 것은 어떤 것이 여기에 해당하는지를 아는 것이다. 즉 자동 반응이 적절한 때는 언제이고 위험한 때는 언제인지를 아는 것 말이다.

나는 자동적으로 타자를 칠 수 있다. 하지만 문법 구조처럼 내 머릿속에 내장된 자동적인 요소들이 있어도 (창조한다는 의미에서) 자동으로 글을 쓸 수는 없다. 자동으로 편집할 수도 없다. 새로운 각도로 의식해서 작업하는 것이 반드시 필요하다.

어떤 경우에도 '의식적으로 사는 것'과 '자기를 의식하며 사는 것'을 같은 의미로 보지 않기를 바란다. 자기를 의식하는 '자의식'은 당황스러움, 부적절한 자기 비판과 같은 뜻이다. 의식적으로 산다는 것은 집중해야 할 '필요'가 있는 것에 주의를 집중한다는 의미이다.

두렵거나 화가 나거나 상처받거나 비판받거나 자기 파괴적인 행동에 끌린다고 느낄 때, 종종 의식해야 하는데 의식하지 못한 채 행동하고 반응한다. 나는 나의 감정을 대체로 있는 그대로 수용하는가, 혹은 부정하거나 합리화하는가? 점점 더 의식하게 되는가, 점점 덜 의식하게 되는가? 이해하려고 하는가, 이해하지 않으려 하는가? 보려고 하는가, 보지 않으려 하는가?

유용하다고 확인된 문장 줄기들은 다음과 같다.

화가 날 때 나는 가끔 _____

두려울 때 나는 가끔 _____

상처받을 때 나는 가끔 _____

비판받을 때 나는 가끔 _____

나에게 나쁘거나 위험하다고 알고 있는 어떤 것을 하고 싶을 때 나는 가끔 _____

만일 일 주일 동안 매일 이 문장 줄기에 6개에서 10개의 말꼬리를 달고 자신이 쓴 것을 검토한다면 자신에 대해 유용한 것을 배울 것이다.

'화가 날 때 나는 가끔 _____'라는 문장 줄기에 이런 흔한 말꼬리를 달 수도 있다.

내가 의도하지 않은 말을 한다.

상대를 닦아세운다.

상처 줄 방법을 찾는다.

내 감정을 억누른다.

미소를 짓는다.

잔인한 농담을 한다.

비난할 대상을 찾는다.

무관심한 척한다.

'두려울 때 나는 가끔 _____'이라는 문장 줄기에는 이런 전형적인 말꼬리를 달 수도 있겠다.

그 두려움을 숨긴다.

움츠러든다.

파국을 상상하기 시작한다.

죽을 것 같다.

숨쉬기를 멈춘다.

내 안의 모든 것이 얼어붙는다.

'두려워 마.'라고 혼잣말을 한다.

신경질적으로 웃는다.

잠을 잔다.

한 잔 마신다.

남편이나 아이들에게 화가 난다.

계속해서 떠들어댄다.

쇼핑하러 간다.

앉아서 내가 생각해낼 수 있는 모든 끔찍한 것들을 상상한다.

'상처받을 때 나는 가끔 _____'이라는 문장 줄기에는 흔히 이런
말꼬리들이 달릴 수 있다.

뿌루퉁해진다.

모든 게 다 괜찮은 척한다.

자꾸 한숨을 쉰다.

아내가 "무슨 일 있어?"라고 묻기를 기다리고 "아니."라고 대답한다.

내 삶을 한탄한다.

누군가 뭔가를 해주기를 기대한다.

'불행은 내 운명이야.'라고 중얼거린다.

멍해진다.

일에 파묻힌다.

'상처받았다고 느끼는 건 어리석어.'라고 혼잣말을 한다.

'비판받고 있다고 느낄 때 나는 가끔 _____'이라는 문장 줄기에는 이런 전형적인 말꼬리를 붙일지도 모르겠다.

건성으로 듣는다.

화가 난다.

방어적으로 된다.

공격하려고 한다.

'또 일을 망쳤어.'라고 중얼거린다.

'아무도 날 좋아하지 않아.'라고 중얼거린다.

그들이 내가 형편없고 내가 하는 일은 도무지 쓸모가 없다고 말하는 게 아니라는 것을 알고 있지만 그렇게 말하고 있다고 생각한다.

그들이 비판하는 점에 동의하지 않는데도 사과를 한다.

그만 비판하기를 바란다.

'내게 해롭거나 위험한 일이라고 알고 있는 어떤 것을 하고 싶을 때 나는 가끔 _____'이라는 문장 줄기에 이런 전형적인 말꼬리를 달 수도 있다.

그 일을 저지른다.
괜찮을 거라고 나 자신을 설득한다.
'이번엔 다를 거야.'라고 혼잣말을 한다.
그냥 밖으로 나간다.
그것을 하지는 않지만 여전히 비참하다고 느낀다.
"짜릿할 거야."라고 말하고 나서는 그 일을 하고 있는 나를 보게 된다.
'문제가 생기지 않게 해결할 수 있어.'라고 말한다.
'모험이 없다면 인생은 너무 지루해.'라고 말한다.
그것을 하지 않고 나 자신을 좀 더 기특하게 생각한다.
그 유혹은 어떤 느낌일까 궁금해하고, 궁금해하는 것이 전부이며 절대로 그 대답을 얻지 못한다.
그 충동대로 행동하지는 않지만 '난 뭔가 잘못돼 있어'라고 생각하며 죄의식을 느낀다.

만일 우리가 변화와 성장을 자극하도록 (가끔은 이것들만 가지고, 가끔은 다른 치료 방법과 병행하여) 의식 수준을 더 높이고 싶다면 다음과 같은 문장 줄기로 바꿀 수 있다. '화가 날 때 하는 행동을 좀 더 의식한다면 _____', '두려울 때 하는 행동을 좀 더 의식한다면 _____' 등등.

이 문장 줄기들에 달리는 가장 흔하고 유용한 말꼬리 중 하나만 인용하겠다.

나는 다른 선택지들이 있다는 것을 알게 될 것이다.

창조적인 사람은 내면의 신호에 민감하다

몇 년 전에 동료 연구자들이 창의성이 뛰어나다고 평가받는 남성들과 여성들에 대한 흥미로운 연구 결과를 내놓았다. 테스트 결과에서 이 남성들은 (전통적인 성별 고정관념에 비추어) 전혀 여성스럽지 않은데도 고도의 감수성이나 심미적 성향 같은 전통적으로 여성적인 것을 연상시키는 많은 특질을 보였다. 그리고 여성들은 전혀 남성적이지 않았는데 자기 주장이나 강한 목표 지향성 같은 흔히 남성의 특성으로 여겨지는 많은 특질을 갖고 있었다.

20세기 초에 스위스 정신과 의사 카를 융은 직관적으로 이 테스트의 결과와 같은 내용을 추정했다. 융은 창조적인 사람들은 통상 그들의 반대 성을 연상시키는 특질이 평균적인 사람들보다 더 많은 경향이 있다고 주장했다.

나는 창조적인 사람들은 평범한 사람들보다 독립적이고 자기 내면의 신호에 좀 더 민감하다고 표현하고 싶다. 그 결과 좀 더 다층적인 인격을 발달시키는 면이 있다. 전통적인 남성과 여성의 고정관념에 맞지 않는 자신의 어떤 모습도 억압하거나 제거하지 않는다. 그들은 자신의 정체성을 더 넓은 스펙트럼으로 다채롭게 표현한다. 자기 내면의 음악을 더 많이 듣는다. 다른 영역에서는 그렇지 않을

지도 모르겠으나 이 점에서는 더 의식하며 산다.

특히, 익숙한 모델이나 틀에 맞지 않는 것처럼 보이는 내면의 신호에도 반응하는 것이 창조성의 한 특징이다. 그리고 좀 더 넓게 보면 독립성(자신의 눈으로 인생을 바라보는 능력)의 특징이기도 하다.

하지만 신념을 제한하면 내면의 신호를 포착하는 능력도 심각하게 제한될 수 있다. 신념을 제한하면 의식이 차단된다. 이를테면 내가 어떤 영적 갈망을 품는 것이 불가능하다고 생각하고 비물질적인 것을 경멸하는 냉정한 비즈니스맨이라면, 그 열망을 이해하지 못하고 부정하는 것 때문에 생기는 고통에 무감각할 수 있다. 이와는 반대로, 나의 자기 개념이 '인간사 위에 초월해 있는' 궁극적 진리를 추구하는 비물질적인 사람이라면 그저 그런 삶을 사는 능력밖에 없어서 세속적 성공에 굶주려 있는 나의 또 다른 면을 보지 못할 수도 있다. 그리고 때때로 나를 괴롭히는 '영적이지 못한' 쓸쓸함과 분노를 이해하지 못할지도 모른다. 어느 경우이건 나의 부정된 자기는 내가 이해할 수 없는 고통을 만들어내 나에게 앙갚음한다.

전에 같은 그룹에서 심리 치료를 받던 두 사람이 이런 문제를 안고 있었다.

알렉스는 돈과 관련 없는 것을 추구하는 사람을 경멸하는 38살의 변호사였다. 짐은 '영적 치료'라 불리는 치료를 전문으로 하는 41살의 심리치료사였다. 두 사람 다 똑똑했다. 종종 그 둘 사이의 대립은 재미있었다. 서로 상대의 입장을 이해할 수 없다고 느꼈다. 때때로 문제를 풀어 가는 상대방의 방식에 서로 눈살을 찌푸렸다.

알렉스는 왠지 자신의 삶이 공허하게 느껴져 불행했다. 짐은 매달 생활비를 버느라 급급해서 불행했다. 알렉스는 영혼의 문제 따위는 경멸한다는 태도를, 짐은 장삿속을 경멸한다는 태도를 숨기지 않았다. 그 둘이 서로를 싫어하면서 동시에 서로에게 매혹되고 있다는 것은 분명했다.

어느 날 그룹 멤버들끼리 서로에 대한 심리 해석을 삼가 달라는 나의 요청을 무시하고서 어떤 여성이 불쑥 내뱉었다. "당신들은 서로의 부정하는 자기들이군요. 그게 서로를 참을 수 없는 이유예요. 상대방을 보고서 당신들이 그렇게 열심히 부인하고 있는 자신의 비밀스런 부분을 보세요."

나는 대개 내담자들이 먼저 자신의 문제점을 집어내기를 좋아한다. 그런데 이번 경우에는 제삼자가 그 두 남자의 정곡을 찔렀음을 인정하지 않을 수 없었다. 두 남자는 몇 분 지나지 않아 사실이라고 인정했다. 그중 한 명이 상대방에게, "당신은 내가 절대 보고 싶지 않았던 나의 일부의 캐리커처 같군요." 상대방이 대답했다. "내 말이 그 말이라오."

나는 그 둘의 변화된 모습에 미소를 지었다. 알렉스는 아내의 생일 선물로 시집을 사러 갔고 짐은 치료비를 올렸다. 짐은 "죄책감 없이."라고 자랑스럽게 공표했다.

몇 달 후에 알렉스는 UCLA 공개 강좌인 '철학사' 과정에 등록했다. 짐은 어떤 것을 선택하는 게 자신의 경력에 좋을지 알아보기 시작하고 인생 후반부에 할 일을 생각하다 일 년 정도 휴직을 하기로 신중히 결정했다. 그는 자신이 관찰한 것을 얘기했다. "알렉스는 일상의 일터 밖 어떤 것에 대한 영혼의 갈망이 있어요. 반면에 나는 이 세상의 삶에 대한 굶주림이 있어요." "그것은 여러분 둘 다 균형을 추구하고 있다는 것을 뜻합니다." 하고 나는 대답했다.

영적인 것의 역할, 그리고 영적인 것과 의식적으로 살기의 관계에 대해서는 마지막 장인 '의식하기와 영성'에서 다룰 것이다.

하지만 먼저 의식과 자존감이라는 다른 주제를 검토하려고 한다.

의식하기와 자존감

이번 장은 의식하며 살기라는 주제와 관련된 자존감의 여러 양상과 자존감에 관한 흔한 오해를 짧게 살펴보겠다.

자존감은 경험하는 것이다. 자존감은 자기를 경험하는 특정한 방식이다. 이것은 단순한 느낌과는 차원이 다르다. 이 점을 꼭 강조해야 한다. 자존감에는 정서적이고 가치 평가적이고 인지적인 요소가 들어 있다. 또한 자존감은 행동과 관련되어 있다. 다시 말해서 삶에서 멀어지기보다 삶 속으로 들어가고, 사실을 부정하기보다 사실을 존중하고, 자기 삶과 행복은 스스로 책임진다고 결심하고 행동하는 것이다.

먼저 정의부터 내려야 하겠다. 자존감은 삶의 근본적인 어려움에 유능하게 대처할 수 있고 자신이 행복할 자격이 있다고 여기는 성향이다.[1] 그것은 자신의 생각하는 능력, 정신에 대한 확신이다. 구체적으로 표현하면, 어떤 것을 배우고 적절한 선택과 결정을 하고 변화에 효과적으로 대응하는 능력에 대한 확신이다. 또한 자신이 성공하고 성취하고 약속을 지키는 것(행복)이 정당하고 당연하다고 여기는 것이다. 이런 확신은 생존하는 데 아주 중요하다. 이 확신이 결여됐을 때는 생존이 어렵다.

자존감은 마약, 칭찬, 연애 감정 따위에서 일시적으로 생길 수 있는 황홀한 도취감이 아니다. 환상이나 환각도 아니다. 현실에 뿌리내리고 적절한 정신 작용을 통해 시간이 지나면서 형성되지 않았다면 그것은 자존감이 아니다.[2]

자존감은 현실 인식에서 시작한다

자존감에 대한 욕구의 뿌리는 의식이 의식 자체를 신뢰하는 법을 배우려는 욕구이다. 2장에서 살펴보았듯이 의식을 신뢰하는 법을 배우고 싶은 욕구의 뿌리는 의식이 자유 의지의 활동이라는 사실이다. 우리 스스로 더 밝게 의식하느냐 혹은 더 희미하게 의식하느냐 하는 스위치를 통제한다. 우리는 저절로 합리적 행동을 하는 존재가 아니다. 이는 우리가 자동적으로 현실에 초점을 맞추고 사는 존재가 아니라는 뜻이다. 즉, 우리의 정신을 적절하게 작동하는 법을 배우느냐 마느냐 하는 것은 궁극적으로 우리의 선택에 달린 문제라는 것이다. 의식하려고 분투하는가, 아니면 의식하지 않으려고 분투하는가? 합리적이고자 하는가, 그 반대인가? 일관성과 명료함을 추구하는가, 그 반대인가? 진실하려고 애쓰는가, 그 반대인가? 내가 《자존감의 여섯 기둥》에 쓴 자존감의 모든 덕목(자기 수용, 자기 책임, 자기 주장, 목적에 집중, 자아 통합)은 의식하기라는 토대 위에 서 있다. 의식하지 않고서는 불가능하다.

'의식하며 살기'는 이 '여섯 기둥'의 첫 번째 기둥이다. 왜 이것이 나머지 다섯 기둥의 필수 기초인지를 분명히 하기 위해 요점만 진술하겠다.

자기 수용의 실천: 자신의 생각, 감정, 행동을 회피하거나 부정하거나 부인하지 않고 (또한 자기를 부인하지 않고) 기꺼이 인정하고 경험하고 책임감을 느끼는 것. 자신의 생각과 정서와 행동을 반드시 좋아한다거나 지지한다거나 혹은 모른 체하지 않으면서 자신의 생각에 대해 생각해보고 자신의 정서를 경험하고 자신의 행동을 들여다보는 것. 즉, 자기에게 적용된 현실주의라는 덕목.

자기 책임의 실천: 우리가 자신의 선택과 행동의 주인이라는 것을 깨닫기. 각자가 자기 삶의 목표 성취와 행복에 책임이 있다는 것을 깨닫기. 자신의 목표를 이루는 데 다른 사람들과 협력이 필요하다면 자신도 기꺼이 다른 이들에게 협력해야 한다는 것을 깨닫기. 질문은 '누구의 책임이냐?'가 아니라 항상 '무엇이 행해져야 하는가?'('나는 무엇을 해야 하는가?')라는 것을 깨닫기.

자기 주장의 실천: 타인을 진실하게 대하기. 사회적 맥락에서 우리의 가치와 인격을 품위 있게 존중하기. 반감을 피하려고 우리의 정체성과 가치관을 속이지 않기. 적절한 맥락에서 적절한 방식으로 기꺼이 우리 자신과 생각을 주장하기.

목적 의식이 있는 삶의 실천: 장단기 목표와 목적을 확인하고 그것들을 이루는 데 필요한 행동 확인하기(행동 계획 체계화하기). 이 목적을 이루는 데 필요한 행동 조직화하기. 제 궤도에 있는지를 확인하기 위해 행동을 추적 관찰하기. 원점으로 돌아갈 필요가 있는지, 그리고 그때가 언제인지를 인식할 수 있도록 행동의 결과에 주의를 집중하기.

통합의 실천: 우리가 아는 것과 공언하는 것과 행동이 일치하게 살기. 진실을 말하고 우리가 헌신하는 것을 존중하고 우리가 가치 있다고 공언하는 것을 행동으로 실천하기.

이 모든 것들을 실천하는 데 공통점은 현실 존중이다. 현실 존중이 의식하며 살기의 핵심이다. 이것들을 실천하려면 절대적으로 정신을 작동해야 한다.(당연히 외부 세계에서 정신 작동의 구체적 결과를 얻는다.)

할 수 있는 한 최선을 다해 우리 자신을 현실과 일치시켜야 자존감을 키울 수 있다. 두려움 때문이건 욕망 때문이건 현실에서 도피하려 하면 자존감은 훼손된다. 현실(존재하는 것)을 인식하는 것보다 중요하고 기초적인 것은 없다.

당황스런 현실에 직면해서 그 현실을 보지 않으려 한다면 의식은 의식 자체를 신뢰하지 못한다. 자신의 의식, 지식, 신념을 늘 배신하는 사람(자아 통합이 안 되는 사람)은 자존감을 경험할 수 없다.

이 점을 의식하면 자존감은 절로 생기는 것이 아니라는 것을 알 수 있다. 자존감은 길러져야 한다. 획득해야 하는 것이다. 거울 속의 자신에게 키스를 날리면서 "안녕, 완벽한 나."라고 말한다고 해서 얻을 수 있는 것이 아니다. 칭찬 세례를 받는다고 해서 얻어지는 것도 아니다. 성적인 정복이나 물질 획득으로 얻어지는 것도 아니다. 최면술사가 심어줄 수 있는 것도 아니다. 아이들에게 실제 모습보다 더 나은 학생이라거나 실제 알고 있는 것보다 더 많이 알고 있다고 믿게 하는 것으로 길러지는 것도 아니다. 현실을 날조하는 것은 건강한 정신이나 진정한 자기 확신을 주지 않는다. 하지만 사람들은 마치 노력 없는 부를 꿈꾸는 것처럼 노력 없는 자존감을 꿈꾼다. 그리고 불행히도 세상에는 이런 갈망에 영합하는 장사꾼들이 넘친다.(그래서 자존감이라는 개념을 조롱하는 사람들의 쉬운 먹잇감이 된다.)

좀 더 의식적으로 살고, 자기 수용을 좀 더 잘하고, 좀 더 자기 책임감을 느끼며 행동하고, 좀 더 자기 주장을 하면서 살고, 좀 더 목적 의식을 품고 살고, 자신의 삶에서 좀 더 높은 수준으로 자아 통합을 이룰 수 있도록 격려받고 자극받고 지도받을 수 있다. 하지만 이런 것을 실천하고 유지하는 것은 오로지 각자 자신의 몫이다. "내가 나의 자존감을 좀 더 높은 수준으로 의식한다면 자존감을 키우는 책임감이 바로 나의 자존감이라는 것을 확인하게 된다." 어떤 사람도(부모도, 친구도, 연인도, 심리치료사도, 후원 단체도) 우리에게 자존감을 '줄' 수 없다. 우리가 이 사실을 충분히 이해하면 바로 이것이 '깨어 있는' 행위이다.

자존감에 대한 흔한 오해

앞에서 제안한 원리들을 이해하지 못했을 때 자존감을 찾을 수 없는 곳에서 자존감을 찾으려 하기 쉽다. 그리고 우리가 '자존감 높이기 운동'을 하고 있다면 우리가 자존감에 대해 잘못 이해한 것을 다른 사람들에게 그대로 전달하기 쉽다.

자존감의 뿌리를 제대로 이해하지 못하고 자존감이 중요하다는 개념만을 받아들이는 교사들은 (어떤 교사의 말을 인용해서) "자존감은 기본적으로 자신의 또래들로부터 형성된다."는 말을 할지도 모른다. 혹은 (다른 많은 교사들의 말을 인용하면서) "아이들에게 교과 성적을 매겨서는 안 된다. 왜냐하면 그들의 자존감에 상처가 되기 때문이다."라고 할지도 모른다. 혹은 (또 다른 사람들의 말을 인용하면서) "지역 사회에 이타적으로 봉사하는 것이 자존감을 높이는 가장 좋은 방법이다."라고 할 수도 있다.

우리는 '자존감 회복 운동'과 이른바 영성 지도자들로부터 자존감에 대한 또 다른 메시지를 들을 수도 있다. "자존감을 가지려고 애쓰지 마라. 너의 문제를 하느님께 돌려라. 네가 하느님의 자녀임을 깨달아라. 네가 자존감을 갖는 데는 이것이면 충분하다." 이 말이 함축하는 바를 생각해보라. 우리는 의식하며 살 필요가 없다. 자기 책임을 느끼고 행동할 필요가 없다. 자아 통합을 이룰 필요가 없다. 우리가 해야 할 일은 오직 하느님에게 책임을 넘기는 것이다. 노력 없는 자존감이 보장되어 있다. 이것은 사람들에게 도움이 되는 메시지도 아니고 사실도 아니다.

게다가 (이제까지 논의한 것과는 전혀 다른) 또 하나의 오해는 우리의 개인적 가치가 외적인 성취로 측정된다는 믿음이다. 이런 오해는 이해할 만하다. 그렇다 해도 오해인 것만은 사실이다. 우리는 스스로 이룬 성취이건 남들의 성취이건 성공에 감탄한다. 당연한 반응이다. 하지만 이것은 성취가 우리의 자존감을 측정하는 기준이고 근거라고 말하는 것과는 전혀 다른 얘기다. 자존감의 뿌리는 성취 그 자체가 아니라 우리가 성취할 수 있도록 내적으로 생성된 습관이다. 세상에서 얼마나 이루어내느냐 하는 것은 우리의 통제 대상이 아니다. 불경기 때문에 일시적으로 실직할 수는 있다. 하지만 불경기라고 해서 조만간 다른 직장을 구하거나 개인 사업을 할 지략까지 상실하지는 않는다. '지략'은 세상에서 얻는 구체적인 성취물이 아니다.(지략 때문에 성취해낼 수는 있지만 말이다.) 그것은 의식적인 행위이다. 그리고 바로 여기에서 자존감이 형성된다.

어떤 것이 자존감이고 어떤 것이 자존감이 아닌지, 그리고 자존감이 의식적으로 사는 것과 어떤 관계가 있는지를 이해하는 것이 중요하다는 것을 좀 더 분명히 하기 위해 자존감의 가치에 의문을 제기한 어떤 연구 보고서에 대해 논평하고 싶다. 이 보고서는 최근에 미디어의 주목을 받았다.

먼저 오늘날 자존감을 둘러싼 수많은 논의에서 가장 실망스러운 점은 현실 고려하기 혹은 현실 존중하기의 중요성에 대한 언급이 전혀 없다는 것이다. 의식과 합리성을 고려하지 않기 때문에 사람들은 대개 이 둘이 서로 관련돼 있다고 생각하지 않는다. 자기에 관한 긍정적인 느낌이라면 어떤 것이든 어떻게 그 느낌을 받게 됐고 그 근거가 무엇이건 간에 '자존감'과 동등하다고 보는 것 같다.

우리는 '높은 자존감의 어두운 이면'이라는 제목으로 여러 번 출간된 로이 바우마이스터, 조셉 보든, 로라 스마트의 연구 논문에서 이런 추정을 확인할 수 있다. 이들은 이 논문에서 이렇게 말한다.

> 낮은 자존감을 폭력의 주요 원인이라고 보는 것이 사회적 통념이었다. 하지만 이론상 반대 의견이 가능하다. 공격성, 범죄, 폭력의 징후에 관한 학제 간 연구 결과는 낮은 자존감이 그것들의 주요 원인이라는 기존의 견해와 모순된다. 폭력은 흔히 자기 중심적 성향이 위협받은 결과(즉, 자기에 대해 품은 최상의 자기 개념을 다른 사람이나 상황이 받아들이지 않을 때)로 나타나는 것처럼 보인다. 자기의 우월함에 대한 부풀려지고 불안정하며 일시적인 믿음은 위협당하기 쉽고 그 결과 쉽게 폭력이 일어날 수 있다. 그 조정 과정에서 자기 개념을 하향 수정하지 않으려고 외부로 분노를 터뜨릴 수 있다.[3]

이 논문에는 놀라운 주장들이 많지만 여기서는 몇 가지 대표적인 예만 인용하겠다.

"우리가 볼 때, 자신에 대한 호의적인 견해는 대개 자신에게는 이롭다. 하지만 그 밖의 모든 사람들에게는 짐이 되고 잠재적 골칫거리가 된다." "우리는 자신에 대해 전반적으로 단순히 호의적으로 평가하는 것을 자존감이라 부른다. 자존감이라는 용어는 매우 긍정적인 의미를 지니고 있다. 하지만 쉽게 표현하자면, 자존감은 자기 중

심성, 오만, 우쭐댐, 자아 도취, 우월감 같은 것들이 좀 더 많이 내포되어 있는 단어들과 동의어이고 이들은 호의적인 자기 평가라는 근본적 의미를 공유한다." "우리는 폭력의 주요 원인이 자신에 대한 평가를 남들이 위협할 때 자신을 방어하는 높은 자존감이라고 주장한다." "그래서 알코올은 대개 높은 자존감을 느끼게 하는 데 일조하는 듯하다."

먼저 저자들의 자존감 개념은 의식적인 삶, 자기 책임, 개인적 자아 통합에 기초해서 자존감을 지닌 사람(즉, 현실에 기반 해서 자존감을 지닌 사람)과 마약과 알코올 때문에 전반적으로 호의적인 자기 평가, 떠벌림, 우월감의 환상, 자신의 성취에 대한 과장된 평가, 과대망상증으로 이루어진 자존감을 지니게 된 사람을 구분하지 않고 있다. 기본적으로 이 둘을 구별하지 못하는 연구 결과나 자존감의 정의는 엄밀히 말해 타당하다고 주장할 수 없다. 자존감을 분석하는 데 현실을 무시하고 있다.

훈련받은 심리학자가 아니어도 낮은 자존감을 지닌 사람이 자신의 부족한 자존감에 대한 보상 심리로 자랑하고 우쭐대고 오만한 행동을 하려고 애쓴다는 것을 알아차릴 수 있다. 어느 정도 지적 교양을 쌓은 사람이면 보상 방어기제(compensatory defense mechanism)에 대해 알고 있다. 우리가 나르시시즘이라 부르는 신경증 혹은 과대망상증으로 드러나는 자존감을 보려면 무의식을 깊이 들여다봐야 한다. 자신의 지성을 신뢰하고 발견과 성취에 대한 열정으로 움직이는 선구적인 과학자나 기업가가 주기적인 고문과 살인이라는 마약으로 '높은 자기 가치'를 유지해야 하는 테러리스트와 자존감 측면에서 같다는 것을 확인하기 위해서도 그만큼 깊이 무의식을 들여다봐야 한다. '높은 자존감'의 예로 이 두 가지 유형을 제시한다면 이 둘을 한데 묶어 표현할 수 있는 용어는 따로 없다.

다르게 생각하기의 중요한 목적은 좀 더 효과적으로 현실을 탐색할 수 있도록 의미 있고 새롭게 구분하는 것이다. 그런데 우리가 이미 절대적으로 중요하다고 인정하는 구분을 파괴하는 '생각하기'에 무슨 의미가 있는가?

허울만 그럴듯한 추론의 예가 너무 많아서 이 보고서에 대해서 좀 더 자세히 논평하고 싶지만 이 책의 주제와는 별 상관이 없는 듯하다. 나는 자존감을 정확히 이해하는 것의 중요성, 그리고 의식과 현실이 이 탐색에서 배제되었을 때 어떤 일이 생길 수 있는지를 보여주고 싶을 뿐이다.

그래서 하나만 더 확인하고 결론을 내리겠다. 그 연구자들 중 한 사람인 로이 바우마이스터는 어떤 인터뷰에서 사람들이 자존감을 키운다는 목표를 세우는 데 반대하는 이유를 설명하면서 이런 말을 했다. "여러분 스스로에게 물어보라. 모든 사람들이 50% 더 우쭐댄다면 더 좋은 세상이 될 것인가?"[4] 이 질문이 암시하는 바는 분명하다. 자존감과 자만심이 같다는 것이고 둘 다 바람직하지 않다는 것이다. 《웹스터 새 세계 사전》은 자만심을 '자신이나 자신의 장점 따위에 대한 과장된 견해'라고 정의한다. 물론 모든 사람들이 자만심을 50% 더 갖는다면 세상은 더 좋아지지 않을 것이다. 하지만 사람들이 의식적으로 책임감을 느끼고 자아 통합을 이루고 살면서 50% 더 높아진 자존감을 획득한다면 더 좋은 세상이 될 것인가? 물론 그럴 것이다. 엄청나게 좋아질 것이다.

진짜 자존감과 가짜 자존감

자존감은 우리의 능력과 가치에 대한 가장 내밀한 견해를 반영한다. 이 견해는 가짜 자존감(실제로는 갖고 있지 않는 자기 확신이나 자기 존중이 있는 것처럼 가장하는 것)으로 우리의 결핍을 보상하려고 할 때처럼, 때때로 자신에게조차 노출하려 하지 않는 가장 은밀한 비밀이다. 무의식중에 (부인하고 회피하면서) 자존감을 보호하려고 애쓰는 것은 아주 흔한 일이다. 그런데 이런 노력은 자존감에 더 해로울 뿐이다. '신경증'이라고 불리는 많은 증상이 사실은 자존감을 훼손하는 수단으로 자존감을 지키려 하는 잘못된 노력이라고 이해하면 가장 정확하다.

인정을 하건 안 하건, 자존감이 아주 중요한 문제라는 것을 우리 모두는 어느 정도 알고 있다. 자기 확신이 부족한 사람들이 실수를 지적받을 때 보이는 방어적 태도를 보면 이 말이 맞다는 것을 알 수 있다. 혹은 무의식중에 무책임하게 저지른 역겨운 행동을 교묘하게 회피하고 자기를 기만하는 솜씨를 보면 알 수 있다. 혹은 가끔씩 배우자의 부나 위세, 고급 자동차, 유명 브랜드 의류, 고급 골프 클럽 회원권 따위로 자존심을 세우려 하는 한심한 모습을 보면 알 수 있다. 좀 더 최근에는 자존감이라는 주제가 점점 더 관심을 얻자, 자신의 자존감 문제를 감추려고 자존감이 중요하다는 주장에 얼굴을 찌푸리는 것도 같은 맥락이다.

가짜 자존감을 세우려고 시도해볼 수도 있는 모든 것들이 다 어리석거나 비합리적인 것은 아니다. 예를 들어, 생산적인 일은 분명 가치가 있지만 일 중독자가 되어서 부족한 자존감을 보상하려 한다면 아무리 해도 '충분하지' 않다고 느낄 것이다. 친절과 공감은 분명 미덕이고 도덕적인 행위이지만 의식과 독립성과 자기 책임과 자아 통합을 대신할 수 없다. 이 말을 이해하지 못하는 사람들은 종종 '사랑'을 얻으려고, 심지어는 도덕적 우월감을 얻기 위한 변장된 수단으로 친절과 공감을 이용한다. "넌 앞으로도 나만큼 친절하거나 나만한 이해심을 갖지 못할 거야. 그리고 내가 그다지 겸손하지 않았다면 너한테 이 말을 했을 거야."

의식적으로 사는 데 가장 어려운 점 중 하나는 자신의 자존감을 키우거나 자존감을 훼손하는 것에 '진짜로' 주의를 기울이는 것이다. 현실은 우리의 생각과 다를 수 있다. 예를 들어 누군가로부터 칭찬을 들어 엄청 기분이 좋을 수 있다. 그리고 다른 사람들의 인정을 받을 때 자존감이 올라간다고 생각할 수 있다. 하지만 그것을 또렷이 의식해보면 그 유쾌한 기분은 금방 사라져버리고 칭찬에 끊임없는 갈증을 느끼며 결코 만족하지 못한다는 것을 인식할 수 있다. 그래서 진짜 자기 승인의 근원에 관해 충분히 생각해봤을까 하는 의구심이 들게 할 수도 있다. 혹은 최선을 다해 우리의 업무를 의식하거나, 감당하기 힘든 진실을 용기 있게 대면하거나, 행동에 책임을 지거나, 어떤 상황에서 요구할 수 있는 권리를 알고 있을 때 당당히 요구하거나, 신념을 배반하기를 거부하거나, 인내하기 쉽지 않은 경우에도 인내할 때 나의 자존감이 높아진다는 것을 인식할 수 있다. 또

한 내가 반대로 행동한다면 자존감이 낮아진다는 것을 의식할 수 있다. 물론 이렇게 관찰한다는 것은 의식하기를 선택했다는 것을 의미한다.

　미래의 세상에서는 아이들이 자존감과 의식적으로 살기와 자기 책임감의 기본 역학에 대해 배울 것이다. 자존감이 무엇인지, 왜 중요한지, 자존감이 무엇에 달려 있는지를 배울 것이다. 진짜 자존감과 가짜 자존감을 구분하기를 배울 것이다. 생각하는 능력(그리고 학습 능력과 변화에 확신을 품고 반응하는 능력)이 생존의 기초 수단이고 위조할 수 없다는 것을 거의 모든 사람들이 분명히 알게 될 것이므로 진짜 자존감과 가짜 자존감을 구분할 수 있도록 교육받을 것이다. 학교 교육의 목적은 젊은이들을 어른의 삶에 도전하도록 준비시키는 것이다. 모든 것이 점점 더 빠르게 변화하고 있는 무한 경쟁의 글로벌 경제에서 무의식, 수동성, 자기 의심으로 차지할 수 있는 시장은 거의 없다. 비즈니스 용어로 표현하자면, 낮은 자존감은 경쟁적 열위에 놓이게 한다. 의식하며 살아가기를 제대로 실천하지 않으면 경쟁적 열위에 놓인다. 하지만 특별히 자존감이 높은 교사이건 자존감에 대한 개념이 분명하지 않은 교사이건 의식적으로 살기와 자존감과 현실에 적응하는 것 사이의 밀접한 연결 고리를 이해해야만 교사의 직무를 제대로 해낼 수 있다. 혹은 그래야 자신들이 교육이라는 중요한 일을 하고 있다고 주장할 수 있다. '미래 세계'는 자존감을 이해하는 것으로부터 시작된다.

의식하기와 영성

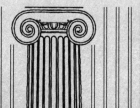

요즈음 청중들에게 의식하며 살기를 주제로 강의할 때 이런 질문들을 많이 받는다.

　만일 의식적으로 사는 것이 영적 여정을 추구하는 것과 관련이 있다면 어떤 관련이 있는 것인가요?
　만일 의식적으로 살기와 영성이 관련이 있다면 의식하며 살기와 신앙은 어떤 관련이 있나요?
　만일 의식하며 살기와 영성과 신비주의 가르침 사이에 어떤 관계가 있다면 그것은 무엇인가요?

　우리는 앞에서 다룬 내용보다 좀 더 전문적이고 추상적으로 이 질문들을 검토할 것이다. 점점 더 많은 서구인들이 절박하게 의식이니 영성이니 신비주의니 하는 것 따위에 관심을 보이는 듯한 요즘, 이것을 점검해보는 것은 의미가 있다고 본다. 우리가 마지막으로 다루게 될 '이성의 렌즈를 통해서 본 신비주의 도덕론'이라는 주제가 많은 독자들에게 특별히 흥미로울 수 있을 것이다.

1장에서는 이성의 본질에 대해서 생각해보았다. 이번 장에서는 '이성 너머의 세계'를 경험했다고 주장하는 사람들의 믿음을 살펴볼 것이다.

먼저 '영성'이란 무엇인가?

영성이란 무엇인가?

몇 년 전에 영성(spirituality)이라는 것이 정확히 무슨 의미인지를 따져보다가 내가 알고 있는 가장 똑똑한 사람 중 한 명인 (동의하지 않을 수도 있겠지만) 켄 윌버(Ken Wilber)에게 전화를 했다. 그는 세계의 영적 전통과 서양 심리학의 관계에 관한 심오한 책들을 쓴 저자로 유명하다. "혹시 '영적'이라는 말이 정확히 무엇을 의미하는지 말해주실 수 있을까요?" 하고 나는 물었다. 잠깐 침묵한 후 그가 살짝 웃으며 대답했다. "글쎄요, 사실은 정확한 의미를 말하기가 좀 곤란하군요."

영성에 대해 글을 쓰거나 말을 하는 사람들이 사용하는 '영성'의 명확한 정의가 없다는 것이 이 분야를 검토하면서 겪게 되는 많은 어려움 중 첫 번째로 맞닥뜨리는 어려움이다. 사실 문제는 그보다 더 심각할 수 있다. 종종 명확한 정의에 대한 필요성을 느끼지 않는 것처럼 보이기 때문이다. 그래서 가끔 이런 말들이 튀어나온다. "아, 알잖아, '영적'이라는 말이 대충 무슨 의미인지." "내가 말하는 '신'이 무슨 의미인지 알잖아." 사실 사람들은 그 핵심 용어에 대한 분명한 개념도 없으면서 거창한 주제를 장황하게 말하는 것은 어려워하지 않는다.

'영혼(spirit)'이라는 단어는 어원상 '숨(breath)'을 의미한다. 영혼은 생명의 호흡과 관련 있다. 아리스토텔레스가 혼(spirit) 또는 영(soul)에 대해 말했을 때, 그것은 유기체를 살아 있게 하는 기운을 의미했다. 오늘날 우리가 사람이나 말이 '활기 넘친다(high-spirited)'라고 표현할 때 그것은 생명력으로 가득 차 있다는 뜻이다. 혹은 어떤 사람이 생기(spirit)를 잃었다고 말하는 것은 적극적으로 살려는 의지가 사그라졌다(생명력이 억눌려졌다)는 것을 의미한다. 이렇게 '영적(spiritual)'이라는 것은 생명력 혹은 삶의 원리와 관련이 있다고 이해할 수 있다. 많은 사전에서 여전히 이렇게 정의하고 있지만 사람들은 대부분 이런 기본적인 의미로 쓰지 않는다.

오래전에 많은 사람들이 영성의 주된 요소를 생명에서 의식(혹은 영)으로 초점을 바꿨다. 이제는 '영혼(spirit)'이 '의식으로 드러나는 생명력 또는 생명 원리'에 좀 더 가까운 뜻이라고 생각한다. '영성'을 의식, 의식하려는 욕구, 의식하기의 발달과 관련지으면 가장 쉽게 이해할 수 있다.(의식이 대개 유기체의 수준에서 생명의 속성으로 이해된다는 점이 영성에 관한 이전의 개념과 연결된다.) 이렇게 정의하면 중립적이라는 이점이 있다. '영적인 삶이란 무엇인가?'라는 질문은 어떤 특정한 종교적 믿음이나 입장에 한정되지 않는 것이다.

더 나아가, 우리가 대개 '물질적인'과 '물질주의적인'이라는 것과 대비되는 의미로 '영적'이라는 말을 쓴다는 데 주목해보자. 오늘날 '영적'이라는 용어를 사용하는 사람들은 대체로 나처럼 영혼(spirit)

이나 의식을 비물질적(물질로 구성되지 않은)인 의미로 사용한다. 어떤 사람을 '물질주의적'이라고 말할 때는 그 사람이 지나치게 물질과 일시적인 것(그리고 육체적 만족이 전부인 것)에 관심을 두고 있다는 것을 의미한다. 반대로 '영적'인 사람은 의식에 대한 욕구와 의식 발달, 그리고 영속적인 것에 관심이 많은 사람이다.(나는 지금 육체적이거나 일시적이거나 세속적인 것을 경멸하려는 뜻이나 혹은 영혼과 육체를 이분하려는 뜻은 없다.)

어쨌든 이 논의를 하면서 영성이나 영적이라는 용어를 이런 식으로 이해했으면 한다.

'의식하며 살아가기'로서 영성

영성이 의식이나 의식에 대한 욕구나 의식의 발달과 관련된 의미라면, 살아가면서 의식하기와 개인적 성장(특히 자기 인식과 자기 반성)에 관심이 있는 사람은 누구나 영적 여정에 있는 것이다.

《자존감의 여섯 기둥》을 쓸 때 이렇게 잘라 말한 적은 없지만 영적 훈련에 대해 설명하고 있다는 것을 깨달았다. 여섯 개의 기둥으로 자신을 지속적으로 훈련하는 것, 즉 여섯 기둥을 일상의 삶과 활동에 통합하는 것은(그래서 여섯 기둥이 삶의 태도가 되는 것은) 영적 발달에 마음을 쏟는 것이다.

현실과 현실 속의 자신의 위치에 대해서 점점 더 투명한 관점을 가지려고 끊임없이 애쓰는 사람은 누구나(이 투명한 관점을 얻기 위한 열정으로 살아가는 사람은 누구나) 어느 정도 영적인 삶을 살고 있다.

나머지는 투자한 시간과 몰두한 강도로 측정되는 정도의 문제이다.

종종 영성은 기본적으로 그 사람의 현실과 직접 연관되는 '경험'의 영역이다. 종교는 근본적으로 믿음, 규칙, 제의의 영역이다. 진정한 영성은 무엇을 믿는지를 표명하는 데 있는 게 아니라 삶을 살아가는 방식이고 삶을 경험하는 방식에 있다. 그것은 본질적으로 순응주의적이라기보다 개인주의적이다. 어떤 사람은 자신의 종교를 개인적인 영적 여정, 즉 더 큰 의식의 탐색에 이용할 수 있지만 종교자체가 반드시 이런 탐색을 내포하지는 않는다. 사실 종교는 의식하기 대신 믿음을 선택하라 하고 그 종교에서 가르치는 것이 이치에 맞는지 이해하려 애쓰는 사람을 비웃거나, 이치를 따지면 지옥행의 벌을 받는다고 위협하면서 의식하기와는 반대 방향으로 영성의 환각을 유도하기도 한다. 그래서 어떠한 교리에 대해서도 이런 의문을 품어야 한다. 이것은 나의 정신을 적극적으로 활용하게 하는가, 위축시키는가? 나를 이해시키려 하는가, 공포감을 주려 하는가? 나를 깨어 있게 하는가, 의식하기라는 책임을 회피하게 하는가? 이런 질문을 하고 이 질문의 답을 찾는 용기가 바로 영적인 성취이다. 이 용기가 바로 의식 자체의 성장과 자기 실현에 전념하는 의식이다.

어떤 사람이 매주 일요일에 교회에 가고 설교를 듣고 찬송가를 부르면 영적인 삶을 살고 있다고 생각하기 쉽다. 하지만 사실은 우리의 생각과 정반대일 수도 있다. 그것은 쉽게 받아들여지는 것들을 그대로 받아들이는 현실 안주의 사고와 자신이 자라 온 신앙에 붙들려 살고 있는 것일 수도 있다. 이와 반대로 영성은 깨어 일어나 익숙한 것들을 산산이 부수고 그것들을 초월하라는 소환장이다.

인류가 지구상에 처음 등장한 이래로 의식은 진화하고 발달해 왔다. 한 인간이 유아기 최초의 의식으로부터 점진적으로 발달하고 강력해지는 의식—나중에는 생각할 수 있을 뿐 아니라 생각을 생각할 수 있을 만큼(즉, 정신 그 자체를 검토하고 정신의 작동 원리에 대해 검토할 수 있을 만큼) 가장 복잡한 원리와 추상성을 이해하고 그것을 통해 살아가는 것을 배우게 되는 것—으로까지 성장하는 삶처럼, 수천년 동안 인간이라는 종으로서 우리는 이런 똑같은 발달 과정을 거쳐왔다. 오늘날 우리가 이성의 진화 과정을 이해하는 대로 이성은 오랜 시간에 걸친 진화의 산물이다.

그리고 오늘날에도 수준 높은 이성으로 사는 사람들은 소수이다. 활발하게 작동하는 이성의 능력은 사춘기 초기에 나타나기 시작하는데 이것이 발달하고 발휘되고 유지되지 않으면 대부분의 성인들처럼 상실하게 되어 있다.(이것이 인지 발달 이론의 선구자였던 장 피아제Jean Piaget의 결론이다.) 아무튼 평균적인 사람의 정신 작용이 최적의 수준에 못 미친다는 것은 논쟁할 필요가 거의 없다. 대부분의 사람들은 인간 정신의 잠재력에 한참 못 미친다. 현재 우리가 알고 있는 인간의 잠재력에도 못 미치고 아직 미심쩍게 상상하기만 하는 잠재력에도 못 미친다.

나는 인류의 진화 과정이 끝났다고 추정할 근거가 전혀 없다는 사실을 강조하고 싶다. 진화는 우리 안에서, 그리고 우리를 통해서 계속되고 있다. 우리의 발달 가능성은 상상 이상이다. 일반적으로 불수의적 생리 과정으로 분류되는 것을 조절하는 사람들의 능력은 발달 가능성의 아주 소박한 예일 뿐이다. 인류 진화의 모든 단계에서 어떤 개인들은 그 당시 대부분의 사람들이 공유하지 못하는 능력을 보였다. 그런데 시간이 흐르면서 나중에는 그 능력이 평범한 일이 되었다. 예를 들어 대부분의 인간이 거의 감각에 기초한 정신 작용 수준을 보였던 시기에 어떤 사람들은 이미 좀 더 진화되어서 추상적이고 논리적인 사고 능력을 보였다. 그들은 인류의 미래를 연 선구자들이었다.

인지 수준이 더 원시적인 사람들은 인지 능력이 더 발달한 사람들을 '초자연적' 힘을 지닌 것으로 보았을 가능성이 높다. '초자연적'이라는 것은 우리가 가능하다고 여기는 영역 밖에 있는 것을 이르는 말이다. 하지만 물론 지식이 진보하면서 인간은 추상적 사고가 감각적 지각만큼이나 '자연스럽다'는 것을 인식하게 되었다. 이처럼, 오늘날 우리는 가끔 '합리성'의 개념이나 '합리적'인 것이라 불릴 수 있는 틀에 맞지 않는 것을 '비이성적' 또는 '신비주의적'이라고 한다. 1장에서 이 오류를 지적했다. '신비주의'는 매우 구체적인 의미가 있는데, 부적절한 의미로 쓰게 된다면 혼란을 일으킨다는 것을 앞으로 확인하게 될 것이다.

동서양을 막론하고 수많은 영적 수련법은 의식의 진화를 목표로 삼고, 전통이나 문화나 개인적 신경증의 필터로 걸러 보게 되는 정신으로 인지되는 세계보다 우위에 있는 실재에 대한 통찰력을 제공한다고 말한다. 영적 수련법의 영향력이 커지고 있다는 증거는 점점 더 많은 서양인들이 명상을 하면서 다양한 효과를 발견하고 있다는 데 있다. 명상을 하면서 자기를 이해하고, 창조성을 고양하고, 인생에서 중요한 것이 무엇인지를 더 정확히 이해하고, 자신의 정신 과정을 더 뚜렷이 파악하고, 현실을 더 깊이 지각하고, 더 고요한 평화를 느낀다. 이 모든 것은 어떤 특정 명상에 대한 종교적 혹은 철학적 추정에 대한 동의 여부와는 관련이 없다. 명상에 열광하는 많은 사람들이 종교나 신비주의에 흥미가 거의 없거나 혹은 전혀 없다. 명상 그 자체에는 어떤 '신비적'인 색채도 없다.

명상의 효과가 개인에 따라 아주 다양하다는 것은 놀라운 일이 아니다. 어떤 사람에게는 효율적으로 휴식을 취하는 데 유용하다. 또 다른 사람에게는 자기를 이해하는 데 아주 가치 있는 도구이고 또 누군가에게는 영적인 변화와 성장의 근원이다. 여러 요인 때문에 각자 다른 효과가 나타난다. 그 요인들 중 세 가지만 들면 다음과 같다. 명상을 하는 사람의 최초의 동기와 전반적인 심리 상태, 수행하는 명상의 종류, 명상 인도자의 질이다.

아주 많은 사람들이 영적 여정을 추구할 때 명상뿐만 아니라 이런 저런 영적·종교적·신비주의적 수련에 몰입한다. 나는 수련법에서 주장하는 근본 원리에 이의를 제기하려고 명상에 관심을 두는 것이 아니다.(명상은 아주 가치 있는 것이라고 본다.) 나는 수련자들이 도달했다고 주장하는 종교적이거나 형이상학적인 결론, 그리고 신비주의 자체의 인식론과 신비주의 지식에 대한 주장이 정당화되는 방법에 관심이 있다. 여기서 신비주의에 대해 언급해야겠다고 느끼는 이유는 많은 사람들이 의식, 영성, 그리고 동서양의 '전통적인 지혜'가 서로 연관성이 있다고 생각하기 때문이다.

의식하기와 신앙

많은 사람들이 '영성'이라는 용어를 나의 주장과는 꽤 다른 의미로 쓴다. 그들은 이 용어를 의식이나 정신의 진화라는 의미로 쓰지 않는다. 그들에게 '영성'은 신(신이라는 용어가 어떻게 해석된다 할지라도)을 알고 신을 사랑하는 데 깊이 몰두하는 것을 의미한다.(그리고 오직 그것만을 의미한다.) 만일 그들이 '의식의 필요와 발달'을 생각한다면 그것은 그저 신에 대한 관심 때문이다.

'영성'을 이렇게 정의하면 이 정의에 포함될 수 없는 것 때문에 곤란해진다. 아무도 불교가 위대한 영적 수련이자 종교라는 사실을 부정하지 않을 것이다. 그런데 불교에서는 신에 대한 언급이 전혀 없다.[1] 불교에 적대적인 사람들은 불교를 무신론이라고 매도한다. 오늘날 많은 사람들이 티베트 불교 지도자 달라이 라마가 영향력 있는 영적 지도자라는 데 동의할 것이다. 어느 인터뷰에서 왜 신에 대해서 언급하지 않느냐는 질문을 받았을 때 그는 이렇게 대답했다. "내가 관찰한 바로는 사람들이 신에 몰두해 있는 것은 물질에 집착하는 것만큼이나 자기 영혼의 성장에 도움이 되지 않는다." 불교의 모든 가르침을 다 알지 못해도 불교 신자들이 의식의 욕구와 발달에 관심이 있다는 것을 인정할 수 있다. 실제로 그들은 서양의 종교보다 훨씬 더 치열하게 의식과 의식의 작용을 연구해 왔다.(하지만 불교를 포함해 대부분의 신비주의 분파를 거쳐 반反개념주의적인 흐름은 항상 있었다. 아리스토텔레스를 서구에 다시 소개한 중세의 위대한 철학자 토마스 아퀴나스는 인간의 인지적 능력과 독특한 추론 능력을 이해하고 다루는 데 뛰어났다.) 그러므로 영성을 신(혹은 신에 대한 믿음)과 관련지어 좁은 의미로 이해하는 것은 옳지 않다. 이런 관점은 형이상학적으로 편협하다고 할 수 있다.

나는 오래전부터 사람들이 공언하는 믿음과 그들의 행동의 관계에 관심이 많았다. 오랜 관찰을 거쳐 단지 어떤 사람이 신을 믿는다고 말하거나 혹은 신을 믿지 않는다고 말한다는 것을 안다고 해서 그 사람의 구체적인 행위를 예측할 수 있는 건 아니라는 사실을 확인했다. 어떤 사람이 신을 믿는다고 공언하는 경우, 교회에 가거나 기도를 할 확률이 더 높다는 것은 예외이다. 하지만 내가 어떤 사람에 대해 알고 있는 것이 오직 '신을 믿는다, 혹은 신을 믿지 않는다'라는 진술뿐이라면 그가 얼마나 건설적인지, 사람들을 대하는 데 얼마나 공정하고 올바르고 우호적인지, 합리적인 토론에 얼마나 열려 있는지는 예측할 수 없었다. 나는 친절하고 우호적인 유신론자도 봤고 친절하고 우호적인 무신론자도 봤다. 물론 그 반대인 경우도 보았다. 아주 독창적인 유신론자도 알고 있고 아주 독창적인 무신론자도 알고 있고 그 반대의 경우도 알고 있다. 합리적인 삶을 사는 유신론자도 알고 있고 그와 똑같은 삶을 사는 무신론자도 알고 있고 그 반대의 경우도 알고 있다.

이론상으로 우리는 의미 있는 특질과 행동(예를 들어 생산성, 야망, 정의감, 진실성, 기본적인 예의, 내면의 평온, 역경에 대처하는 지혜, 혹은 인생을 즐기는 능력)에서 개인의 신앙이 드러난다고 생각할 수 있다. 내가 젊었을 적에는 신앙이 있고 없음이 여러 영역에서 분명 큰 차이가 있을 거라고 느꼈다. 혹은 차이가 나야 하지 않을까 하고 느꼈다. 하지만 그것에 대한 어떤 증거도 본 적이 없고 내 느낌을 확인해주는 어떤 연구도 본 적이 없다.

나는 지금 어떤 사람이 자신을 '신앙심이 깊다'고 말하느냐 아니냐에 대해 말하고 있는 것이 아니라는 점을 분명히 하고 싶다. 그것은 다른 사안이다. 나는 여기서 단지 신을 믿는다고 표명하느냐 아니냐를 말하고 있다. 내 말은 신앙(혹은 신앙이 없다는 것) 그 자체로는 한 사람의 영적, 도덕적, 혹은 심리적인 발달에 대해 아무것도 알 수 없다는 것이다.

사람들이 '신'이라는 용어를 아주 다양한 의미로 사용한다는 것도 이를 설명해주는 또 다른 이유이다. 이런 차이를 무시하는 것은 큰 오류를 범하는 것이다. '우리 모두는 똑같은 신을 경배하고 있다'는 말을 흔히 듣는다. 하지만 이것은 사실이 아니다. 기독교의 삼위일체설을 엄격하게 고려하면 유대교의 신과 기독교의 신조차 서로 다르다. 유대인과 기독교인(그리고 무슬림)이 사뭇 비슷한 뜻으로 '우리 하느님 아버지'를 거론할 수 있다 할지라도 우주를 창조한 이후 바로 은퇴해서 더는 인간사에 관여하지 않는 비인격적 힘이라든가 지적 존재로 생각하는 이신론자가 생각하는 신은 어떠한가? 신을 '사물의 본질적 특성'이라고 말하는 신비주의자는 또 어떠한가? 그들 모두가 같은 대상에 대해 비슷한 의미로 말하고 있는가? 나는 그렇게 생각지 않는다.

우리가 어떤 사람이 의미하는 '신'의 개념을 모른다면 그가 공언하는 신앙의 의미도 거의 알 수 없다. 그리고 최소한 신의 개념을 지적으로 검토할 가치가 있다고 생각한다면, 신의 개념에 대한 이렇게 큰 차이를 별것 아닌 것으로 무시하지 않는다. 그리고 무분별하게 '우리 모두는 같은 신을 경배한다'고 주장하지 않는다. 불행히도 대부분의 사람들은 비유나 상징으로, 혹은 막연히 추상적으로, 아니면 신이 아닌 것에 대해서만 말하는 식으로 '신'의 개념을 설명할 뿐이다. 신학자들에게조차 '신'은 엄정하게 이해할 수 있는 의미의 용어가 아니다. 사실 우리가 다른 용어에 적용하는 기준으로 보면 그것은 전혀 의미가 없는 말이다.[2] 만일 정말 그렇다면 신의 존재 유무에 대해 논쟁하는 것 자체가 무의미한 일이 되어버린다.

게다가 신앙 생활에서 '신'의 역할에 관한 문제가 있다. 어떤 사람들에게 '신'은 어떤 식으로도 그들의 삶에 영향을 미치지 않는 지적인 개념일 뿐이다. 다른 사람들에게는 마르지 않는 평온함의 원천이다. 또 다른 사람들에게는 심판과 공포의 근원이다. 또 어떤 사람들에게는 우주 안에 있는 누군가가 그들을 사랑한다고 믿을 수 있는 근거이다. 비극적으로 보이는 사건들도 더 깊은 뜻이 있어 일어난다고 위로하는 생각에 정당성을 부여하는 존재로 보는 사람들도 있다. 어떤 사람들에게는 자신의 전 존재를 붙드는 궁극적이고 영적인 의미이다.

어릴 적 신의 개념을 이해해보려고 애썼던 기억이 난다. 사람들이 신이라는 말을 어떤 의미로 쓰는지 이해하고 싶었다. '맹목적인 신앙에 근거한' 믿음은 혐오스러웠다. 나는 이해하고 싶었다. 열 살 무렵 '신은 어디에나 있다'는 개념이 이해하기 어려웠던 것을 기억한다. 어떻게 한 실체가 어디에나 있을 수 있을까? 내가 생각해낼 수 있는 유일한 해답은 만일 신이 모든 것이라면 어디에나 있을 수 있다는 생각이었다. 사실 나는 원시적인 범신론의 개념을 떠올렸던 것이다. 그리고 몇 주 동안 나의 독창성을 꽤나 자랑스러워했다. 사람들이 신의 의미를 스스로는 모르고 있다 할지라도 나는 그들이 '진짜로 의미하는' 바를 알고 있다고 결론을 내렸다. 그러다가 만일 '신'과 '모든 것'(혹은 '우주'나 '자연')이 완전히 똑같은 것을 의미한다면, 즉 완전히 똑같은 실체를 가리키는 것이라면 내가 신을 이해하는 데 아무런 쓸모가 없는 말을 '신'이라는 용어에 더할 뿐이라는 것을 깨달으면서 그 생각을 멈추었다. 나는 이런 식으로 '신'이라는 단어를 사용하는 것은 쓸데없는 개념을 덧붙이면서 신이라는 무의미한 용어를 구출하려 하는 것이 아닌가 하는 생각이 들기 시작했다.

나는 많은 사람들(가족, 친구, 친구들의 부모님, 교사, 유대인, 개신교인, 천주교인)을 이 두 가지 질문으로 괴롭혔다. "당신에게 신이란 무슨 뜻입니까?" "당신은 왜 신이 존재한다고 주장합니까?" 어떤 랍비는 이렇게 대답했다. "나에게 신이란 우주의 창조주이다. 그리고 우리가 여기에 있는 것이나 우주가 존재하는 것을 달리 어떻게 설명할 수 없기 때문에 신을 믿는다." 나는 그 랍비의 말에 허점이 있다고 느꼈지만 그 자리에선 반박할 말이 떠오르지 않았다.

열두 살이었던 어느 날, 그 랍비가 한 말을 곰곰 생각하며 길을 걷다가 하늘을 바라보았다. 그리고 전기 충격을 받은 듯한 경험을 하고서는 무신론자가 되었다. 돌아보건대 영적인 경험이라 부를 만한 것이었다. 상상할 수 없이 광대한 전 우주가 갑작스럽게 머릿속에 떠올랐다. 나는 생각했다. 만일 우주의 존재를 설명하는 데 신이 필요하다면 신의 존재를 무엇으로 설명할 수 있을까? 결국 신이 정말로 존재한다면 최소한 우주만큼 경이롭고 감동적인 존재여서 설명이 필요한 존재이다. 그렇다면 누가 혹은 무엇이 신을 창조했는가? 그리고 누가 혹은 무엇이 신을 창조한 그 무엇을 창조했는가? 우리는 무한 후퇴(infinite regress, 어떤 사항의 성립 조건의 조건을 구하고, 다시 그 조건을 구하는 식으로 무한히 거슬러 올라감)의 논리에 갇힌다. 하지만 이런 논리가 무의미하고 우리가 어떤 지점에서 시작해야 한다면, 모든 것의 출발점으로서 우주의 존재(존재함being의 존재, 그 형태가 무엇이건 간에)를 받아들이는 것이 좀 더 합리적이지 않겠는가? 궁극적이고 환원할 수 없는 기초로서 존재(다음에 이 용어를 어떻게 표현하는 게 좋을지 공부하겠다) 그 자체부터 시작해보라. 우주가 어떤 발달 단계를 지나고 있건, 여러 시점에서 그 형태가 어떻든 간에 궁극적 의미에서 '우주'는 존재한다. 여기가 우리가 시작해야 할 지점이다. 무척이나 들뜬 기분으로 머리 위의 푸른 하늘, 집 근처 나무의 초록, 현관 앞에 앉아 있는 사람들, 지나가는 자동차, 인도에서 놀고 있는 아이들을 바라보면서 이전에 경험해보지 못한 종류의 사랑을 느꼈다. 존재함에 대한 사랑. 존재 그 자체에 대한 사랑. 나는 커다란 평화를 느꼈다.

"가장 똑똑한 사람들도 신을 믿어!" 그날 저녁 식사 중에 어머니가 내게 소리를 쳤다. "아인슈타인도 신을 믿는다고! 그런데 어떻게 네가 신을 믿지 않을 수 있니?"

나는 반박했다. "하지만 사람들이 왜 신을 믿나요?"

"그들은 똑똑한 사람들이야. 그들은 분명히 알고 있을 거야."

나는 이런 식의 주장을 많이 들었다. 학교에서 누군가 말했다. "무엇이 옳은지 너만 알고 있다고 생각하니? 다른 사람은 다 틀렸고?" 나는 대부분의 사람들이 자기 자신의 지각이나 지식이나 경험 때문이라기보다 다른 사람들이 신을 믿기 때문에 신을 믿는 게 아닌가 하는 의심이 들기 시작했다. 이것이 많은 사람들의 신앙의 근거일 수도 있다는 생각이 들었다.

수백 년 동안 철학자들은 유신론이 반드시 신앙의 행위나 신비 체험을 요구하지 않는다는 것을 증명하기 위해 신(어떻게 정의하건 상관없다)의 존재에 대한 합리적인 증거를 제시하려고 노력해 왔다. 하지만 어떠한 시도도 성공하지 못했다.[3] 다른 철학자들이 계속해서 그 주장들을 반박했지만 그들의 모든 주장은 논파당했다. (하지만 그 주장이 어떻게 논파되었는지를 모르는 어떤 사람이 논쟁들 중 하나에 설득되는 경우, 맹목적으로 유신론을 받아들이는 것이 아니라고 생각하게 된다.) 많은 신앙인들이 이성적으로 신을 믿는 근거를 찾으려는 시도조차 반대한다는 것을 확인하는 것은 중요하다. 그들에게 존재를 '증명'할 수 있는 신은 신이 아니다. 단지 과학적 현상일 뿐이다. 그들의 태도는 이렇다. 만일 이성이 신이라는 개념을 수용할 수 없다면, 신의 개념에는 그만큼 더 유리하지만 이성의 차원에서는 그만큼 더 불리하다. 문제는 신을 이해할 수 없는 이성에 있는 것이지, 이성 위에 있는 신에게 있는 게 아니기 때문이다.

여기서의 목적은 신의 존재를 두고 논쟁하는 것이 아니다. 이 주제는 훨씬 더 긴 토론과 더 많은 쟁점을 검토하는 것이 필요하다. 그리고 개인적으로 그런 논쟁을 지켜본 적도 없고 신(어떻게 정의되건)에 대한 그럴듯한 개념을 갖게 하는 경험을 해본 적도 없는 내가 전투적으로 달려들 주제가 아니다.

여기서 내 목적은 두 가지이다. 하나는 의식적으로 산다는 것의 의미를 신에 대한 믿음과 완전히 분리하는 것, 두 번째는 1장에서 정의한 대로 우리가 이성을 이해한다면 '이성의 차원에서는 그만큼 더 불리하다'고 선언하는 것이 '의식의 차원에서는 그만큼 더 불리하다'는 뜻임을 분명히 하는 것이다. "나는 그것을 느껴, 그래서 그것은 사실이야."라고 말하는 것은 의식적으로 사는 것이 아니다. 의식적으로 산다는 것은 그렇게 믿는 근거는 무엇인지, 그 증거는 무엇인지를 고집스레 묻는 것이다.

영성을 유신론이나 종교와 동일시하고 영성이 유신론이나 종교와 본질적 혹은 필연적으로 연관되어 있다고 추정하는 오류에 이의를 제기해야 하는 것처럼, 영성에 관해 흔히 잘못 추정하는 또 다른 관점에도 의문을 제기해야 한다. 그 잘못된 관점은 영성을 자기 초월, 신비주의, 이타적인 도덕과 동일시하는 것이다.

이제 자기 초월, 신비주의, 이타적인 도덕에 대해 차례로 점검해보자.

자기 초월과 자기 부정

영성에 관한 문헌에서 '자기 초월'이라는 개념은 분명하게 묘사되는데, 종종 '자아의 해체'라는 용어와 함께 등장한다. 그 전제는 의식의 진화는 필연적으로 '자기(self)'는 우리가 탈출해야 할 감옥이라는 깨달음으로 이어진다는 것이다.

자신을 깨달음을 얻기 위한 영적 여정에 있는 존재라고 여기는 많은 서구인들에게 열렬한 환영을 받으며 점점 더 영향력을 넓히고 있는 불교는 한 단계 더 나아간다. 불교에서는 '자기'라는 것이 존재하지 않는다. 단지 환상일 뿐이다. 그리고 '깨달음'이란 이 환상을 내려놓는 것이다. 인간이 탈출해야 할 감옥은 자기가 아니라, 스스로 '자기'라거나 혹은 '자기'를 갖고 있다고 믿는 것이라고 가르친다. 불교는 이런 자유를 성취하기 위한 수단으로 명상을 통한 자기 관찰(자기 내면의 과정에 대한 지속적인 관찰)을 제안한다. "자기 관찰은 자기 초월을 용이하게 한다. 개인의 정체성이라는 개념은 폐기된다."라고 어떤 불교 신자인 학자가 나에게 말했을 때, 바로 이런 질문이 떠올랐다. 깨달음의 문이 마침내 열리면(혹은 열릴 때) 자기, 자아, 정체성이 다 사라지는데 누가 그 문으로 걸어 들어갈 것인가?

초월한다는 것은 제한된 관점이나 맥락으로부터 더 넓은 시야를 확보하는 곳으로 날아오른다는 것이다. 더 넓은 시야의 공간이란 이전의 더 좁은 공간을 부정하는 것이 아니고 그것을 포함해서 그 너머로 가는 것이다. 성장 그 자체는 정서적, 인지적, 도덕적, 그리고 그 밖의 것으로 발달의 한 단계에서 더 높은 단계로 나아가는 일련의 초월로 비칠 수 있다. 그래서 예를 들어 인지 발달에 관한 피아제의 이론에 따르면 우리는 더 높은 수준에 도달하려고 정신 작용의 한 단계를 뛰어넘는다.[4] 그리고 로런스 콜버그(Lawrence Kholberg)의 도덕성 발달 단계 이론에서처럼 우리는 더 높은 수준의 도덕에 도달하려고 한 단계의 도덕적 관점을 뛰어넘는다.[5] 좀 다른 의미이지만 우리가 가족을 떠나 스스로 책임지는 한 인간으로 존재할 수 있을 만큼 독립적인 인간으로 성장했을 때 더 높은 수준의 발달을 이루려고 하나의 발달 단계를 뛰어넘는 것도 같은 원리이다. 자립을 향해 나아가는 것이다. 그리고 이상적으로 나를 나의 몸이나 정서나 신념이나 생각과 분리해서 볼 때, 궁극적인 '나'(나의 자아ego)가 인식 그 자체(생각하고 선택하고 의지를 발동하는 것)를 통합하는 중심이지 인식의 내용은 아니라는 것을 깨달을 때, 세상에서의 나라는 낮은 관점으로부터 더 높고 성숙한 관점으로 옮겨 간다. 정확하게 규정되었을 때 이것이 초월의 통상적인 의미라고 생각한다.

이 쟁점의 본질에 접근하려면 우리는 지금 '누가 초월하고 있는가?'라는 질문을 해야 한다. 대답은 '바로 나'이다. 이렇게 간단하고 분명한 사실을 벗어날 수는 없다. 자기 초월이라는 개념을 문자 그대로 따져보면 이 말은 자체 모순이 되는 말이다. 논리적으로 일관성이 없다. 명쾌하게 개념을 정립할 수가 없다. '둥근 사각형'처럼 두 단어가 본질적으로 충돌하는 의미를 담고 있다. 이런 문장을 만들 수는 있다. 하지만 이러한 문장이 무슨 의미가 있는가?

만일 초월이라는 현상이 존재하기 위해 누군가 지금 틀림없이 초월하고 있다는 사실을 우리가 확인할 수 없다면, 우리는 '자아를 초월한 사람들에게 약속된 그 환희를 경험하게 될 사람은 누구인가?'라는 비논리적인 질문에 직면하게 된다. 명백한 사실은 자기와 자아가 사라질 때 의식도 사라진다는 것이다. 이런 상태는 무의식이나 죽음으로 불린다.

자기 개념을 부분적으로 초월하는 것은 말할 수 있지만 자기를 온전히 초월하는 것은 (합리적으로) 말할 수 없다. 엄격하게 제한된 자기 개념을 초월하는 것은 말할 수 있다. 하지만 (만일 자아의 의미를 정확히 이해하고 자아를 초월했다고 주장하는 것으로 허영심을 채우려 들거나 자신의 주장만 우기려고 하지 않는다면) 초월한 자아에 관해서는 (합리적으로) 말할 수 없다.

어떤 사람들은 지금 논의하고 있는 것과 아무 관계가 없는 무사무욕이나 자기 망각이라는 평범한 느낌과 혼동할 수도 있다. 만일 우리가 건강한 자존감을 지니고 있다면 자신에게 집중하는 것이 아니라 맥락을 파악하며 주어진 일에 주로 집중한다. 건강한 자존감을 지닌 사람은 대체로 자신이 얼마나 멋진지 따위를 생각하면서 책상에 앉아 있지 않는다. 하지만 이것이 이타적이라는 뜻은 아니다. 자기 가치가 관심의 대상이 안 될 만큼 확고한 자신감이 있다는 뜻이다. 혹은 때때로 자신의 일에 대한 열정 때문에 일상에서 삶의 기쁨을 포기하고 지내기를 선택하는 경우 이것은 자기 표현의 행동이지 자기 포기의 행동이 아니다. 때때로 사랑하는 사람을 위해 자신의 즐거움이나 편안함을 포기할 때, 아주 이타적으로 자신을 희생하고 있다는 말을 듣는다면 얼마나 심한 모욕이겠는가? 상대방의 행복이 부분적으로 자신의 행복이라고 생각하기 때문에 사람들은 사랑에 찬사를 보낸다. 그래서 우리는 이런 행동을 자아가 사라진다는 개념과 구별해야 한다.

신비주의 전통과 전혀 무관해 보이는 서구의 철학자에게서 자기나 자아의 현실 부정을 보게 되는 일은 꽤 흥미롭다. 영국의 경험주의 철학자 데이비드 흄(David Hume)의 경우가 그렇다. 그는 《인간본성론》에서 이렇게 썼다.

내가 나 자신이라고 부르는 것 속으로 아주 깊이 들어갈 때마다 나는 열기나 추위, 빛이나 그림자, 사랑이나 증오, 고통이나 기쁨 따위를 지각하는 문제에서 걸려 넘어진다. 그런 것들을 지각하지 못할 때는 절대로 '나 자신'을 파악하지 못한다. 나는 지각하는 것 이외에 나 자신에 관한 어떤 것도 관찰할 수 없다.[6]

그래서 그는 감각을 통한 직접적인 증거만이 현실을 확인한다고 (혹은 확인하지 않는다고) 확신하면서 자기나 자아 따위는 없다고 결론지었다.

이 점에서 불교의 입장은 좀 다르다. 불교는 의식이 감각적 인상(sensory impression)들의 흐름과 동일하다고 보지 않는다. 하지만 두 주장 모두 존재하는 것은 의식의 흐름이고 의식하고 있는 자기나 자아의 개념은 불필요할뿐더러 사실상 오류라고 본다. W. T. 스테이스(W. T. Stace)의 저서 《신비주의와 철학》에서 인용해보자.

(무아 혹은 영혼이 없다는) 이 교리는 데이비드 흄의 유명한 주장과 동일한 것으로서 자기나 영혼이라는 개념을 모두 거부한다. 정신 속에는 경험한 내용 외에 아무것도 없다고 주장하고, 흄이 그랬던 것처럼 이 전제로부터 '나'는 의식 상태의 흐름일 뿐이라고 결론 내린다.[7]

스테이스는 그 다음 단락에서, 경험을 하는 존재가 남아 있지 않기 때문에 '순수한 자아를 씻어내는 것은 신비한 경험 자체를 씻어내는 것'이라고 주장한다.

의식이 있는 한 자아는 있다. 인식하는 한 우리가 상상할 수 있는 어떤 최고의 수준에서도 자기는 있다. 우리의 모든 자아 개념이 초월되고 우리의 모든 집착이 사라진 후에도 어떤 식으로든 우리가 알고 경험하는 존재로서 존재하는 한, 생각하고 지각하고 경험하는 '나'(의식하는 '나')는 존재한다.(이 말은 결코 개인이 점점 더 높은 발달 단계로 진화하면서 '나'라는 내적 경험이 변형될지도 모른다는 것을 부정하는 게 아니다.)

나는 자기나 자아가 지각의 대상이어야 한다는 흄과 불교의 주장이 모순이라는 것을 지적하고 싶다. 궁극적 의미로 자기나 자아가 개인 안에 존재하는 모습으로 우리의 의식을 의미하기 때문에 의식이 의식 자체를 지각한다는 것은 이상한 일이다.(사실 의식할 수 없을 것이다.) 의식이 본질적으로 지각 기관이라면 의식은 반드시 자신이 아닌 외부의 어떤 것을 향하게 되어 있다. 마치 우리 눈이 외부로 향해 있고 거울 없이는 자신을 볼 수 없는 것처럼. 만일 우리의 눈이 (거울이 없는 세계 속에서) 말을 할 수 있다면, 그래서 실제로 "나는 다른 사람들과 물체는 보지만 나 자신은 볼 수 없어. 그래서 내가 존재한다고 추정할 어떤 근거도 없어."라고 말한다면, 이 추론은 논리적일 수 있는가?

게다가 의식이라는 개념은 의식하고 있는 실체(자기 자신)가 있다는 것을 관찰한 결과로 생긴 개념이다. 인간 정신의 발달에서 이런 관찰을 하지 않고 의식이라는 개념을 끌어낼 수는 없을 것이다. 의식이 살아 있는 유기체의 속성이라는 것을 이해할 때, 이 개념을 완전히 이해할 수 있다. 의식이 완전한 진공 속에 존재한다거나 혹은 의식하고 있는 실체(인간이나 동물)도 없이 의식할 수 있는 것처럼 허공에서 의식이라는 개념을 파악하는 척하거나 맥락을 무시하는 것은 비논리적이다.(그것은 팔꿈치가 달려 있는 어떤 사람에 대한 개념이 틀렸거나 불필요하다며 사람이라는 개념을 버리면서 팔꿈치라는 개념을 사용하는 것과 같을 것이다.) 이것은 객관주의 인식론에서 '도난당한 개념의 오류(fallacy of the stolen concept)'라 불린다. 이 경우에 도난당한 개념은 '의식'이다.[8]

좀 더 자세히 설명하자면, '고아'라는 말이 논리적으로나 유전적으로 필요로 하는 '부모'의 개념을 버리면서 '고아'의 개념을 세울 수 없는 것처럼, 의식이나 정신이나 영혼을 의미 있게 만드는 개념적 맥락을 버리면서 '의식하고 있는 어떤 사람도 없는 의식'처럼(신비주의자들이 그러는 것처럼) 의식이나 정신이나 영혼 같은 용어를 사용할 수는 없다. '우주 의식'이나 '우주 정신'이나 '대상이 없는 의식'(의식이 의식하고 있는 실체도 없이 의식하는 것) 같은 표현은 뭔가 의미심장하게 들린다. 하지만 "지금 정확히 꼬집어 뭘 말하는 건데?"라는 질문에는 말문이 막힌다.

에인 랜드(Ayn Rand)의 명쾌한 진술을 인용하겠다.

존재는 존재한다(존재하는 것은 존재한다). 그리고 이 진술을 이해하는 행위는 그것 자체로 필연적 원리를 두 가지 암시한다. 즉 지각의 대상이 되는 어떤 것이 존재하며, 의식을 소유한 누군가가 존재한다는 것이다. 의식은 존재하는 것을 지각하는 능력이다. 만일 아무것도 존재하지 않는다면 의식이 있을 수 없다. 의식할 대상이 없는 것에 대한 의식은 모순되는 말이다. 의식 자체만을 의식하는 의식이란 모순되는 말이다. 의식이 의식 자체를 의식으로 확인할 수 있으려면 어떤 것을 의식해야만 한다. 당신이 지각하고 있다고 주장하는 것이 존재하지 않는다면 당신이 소유하고 있는 것은 의식이 아니다.[9] (괄호 안의 말은 내가 강조하기 위해 첨가했다.)

의식하고 있다고 공언하는 자는 누구든지 이렇게 천명해야 한다. "나는 존재한다. 그리고 나 아닌 어떤 것이 존재한다."

신비주의와 의식하기

자기 초월이라는 신비주의의 개념은 '분리는 망상'이라는 주장과 밀접하게 연결되어 있다. 이 관점에 따르면 현실에서 '모든 것은 하나'라는 깨달음을 경험하는 것(이로써 분리에 관한 지각, '이원주의', 분별심이 모두 사라진다)은 의식의 최종적 승리로 여겨진다. 이 점을 개인적 차원에서 좀 더 구체적으로 진술한다면, 우리의 영적 진화의 목표는 구분되어 있다고 느끼지 않고, 개성이 없고, 개인적 정체성(존재하는 모든 것들과 함께 하는 정체성은 예외로 하고)의 느낌이 없는 의식의 상태에 마침내 도달할 때까지 우주 안의 다른 것들과 다른 존재들과 분리하는 환상을 만들어내는 자아의 벽을 계속 부수는 것이다. 혹은 '하느님(the Godhead)', '존재의 궁극적 기반(the Ultimate Ground of Being)', '진여(眞如)' 같은 정체성에 이른다면 더욱 좋다. 어떻게 표현하건 자기 초월이란 개성이 있는 것들은 사라져야 한다는 것이다.

우리는 경계를 정하자마자 적대적 관계를 만들 가능성이 있다고 주장한다. 그리고 자기는 '비자기(non-self)'인 '타자(the other)'라고 여기는 것들과만 전쟁을 할 수 있다고 주장한다.

이 말이 맞을 수 있다. 하지만 우리가 경계를 세울 수 없으면, 즉 개인적 정체성을 인식할 수 없으면 사랑할 수 없다고 말하는 것 또한 맞는 말이다. 자기는 자기와 타자를 구분할 수 있을 때만 또 다른 자기를 사랑할 수 있다. 심지어 나르키소스도 자신의 그림자를 또 다른 자기라고 상상해야만 했다.

하지만 구별과 경계의 반대론자들은 우리의 정체감이나 자기감이 모든 존재하는 것들을 포함하기 위해 확장될 때, 우리가 모두 하나라는 것을 깨달을 때 비로소 모든 잔인함이나 적대감이 그치게 될 것이라고 주장한다.

W. T. 스테이스는 《신비주의와 철학》에서 이렇게 말한다.

> 힌두교와 (특히) 불교에서는 증오와 윤리적 악의 뿌리가 개별 자아의 구분과 이 구분에 대한 집착이라고 강조한다 …… 각자의 분리된 자아가 제거되었을 때, 즉 개인이 자신을 단지 '나'가 아니라 모든 다른 개체들의 기운과 신의 기운을 지닌 존재로 느낄

수 있을 때, 비로소 구원의 희망을 품을 수 있다.

그는 또 이렇게 말한다.

> 도덕에 관한 신비주의 이론의 기초는 개별적 자기의 구분이 이기
> 주의를 만들어내고 이것이 갈등, 탐욕, 공격성, 이기심, 증오, 잔
> 인함, 적개심 같은 모든 악의 근원이라는 것이다. 그리고 이 분
> 별심은 모든 구분이 사라지는 신비적 의식 속에서 소멸된다는
> 것이다.[10]

이런 관념이 불교나 힌두교에만 있는 것은 아니다. 많은 학자들이
이런 관념을 사실상 모든 종교와 신비주의 전통에서 비밀스럽게 전
해 오는 가르침의 정수라고 말한다.

신비주의자들의 이러한 주장은 존재하는 모든 것들과 연결되어
있다는 영혼을 뒤흔드는 경험에 대해 말하는 것이 아니다. 그 경험
은 때때로 '자연과 하나가 되어' 혹은 '우주와 하나가 되어' 있는 느
낌을 준다. 이것은 어떤 사람들이 '영적인 느낌'이라고 표현할 때의
느낌이다. 이런 느낌은 신비주의자들이 분별심의 소멸을 언급할 때
의미하는 것이 아니다. '자연(혹은 다른 무엇이건)과 하나가 되어 느
낀다'고 말하는 것은 여전히 자기와 자연 혹은 자기와 우주의 구분
을 인정하는 것이다. 신비주의자들이 주장하는 것은 자기와 비자기
의 구별이 완전히 사라지는 상태이다.

'분별이 사라졌을 때' 증오와 잔인함뿐만 아니라 친절, 연민, 관대

함, 경탄, 사랑도 사라지게 되어 있다는 것을 깨달아야 한다. 정체성이 사라질 때 다른 모든 것도 사라진다.

인간이 생존하는 데 구별하는 능력보다 더 절실하게 필요한 특질은 없다. 유아가 정상적으로 발달하려면 분리를 이해해야 한다. 분리와 개별화가 일어나지 못할 때 정신병이 생긴다. 더 많은 차이를 인식할수록 더 효과적으로 세상을 항해할 수 있다. 성숙한 개인은 미성숙한 개인보다 더 많은 차이를 인식한다. 의식하며 사는 사람은 의식하지 않고 사는 사람보다 더 많이 구별할 줄 안다. 이 현실에서, 그리고 이 세계에서 차이를 감지하고 고려하는 능력은 필요불가결하다. 구별이 필요 없는 세계나 현실이 있을 수 있겠는가? 사람이 어떤 상태 안에 있는 한 효과적인 행동을 불가능하게 만드는 상태(사람이 제대로 기능하려면 반드시 벗어나야 하는 상태)를 성취하는 것을 어떻게 의식의 승리라고 할 수 있겠는가?

모든 분별심을 버릴 것을 주장하는 책을 사는 능력조차 분별하는 능력이 필요하다. 그렇지 않으면 분별의 중요성을 지지하는 책을 살지도 모른다.

물론 완전히 '깨달음을 얻은' 존재들(완전히 진화된 혹은 '깨우친' 영적 스승들)이 세상을 살아갈 때 나머지 인간들이 하는 그 똑같은 분별을 할 필요가 없다고 말한 적은 없다. 우리가 몸이 어디서 끝나고 문이 어디서 시작하는지 알아차리는 것처럼, 영적 스승들도 그것을 알아차린다. 아마도 그 차이는 영적 스승들은 이런 모든 지각이 실체이면서 동시에 환영이라고 인식하는 데 있을 것이다. 이 주장은 우리가 현실을 정확히 지각할 수 있다면, 그리고 그 지각한 것에 맞추어 행동한다면 우리는 더는 적절하게 행동할 수 없을 것이고 더는 현실의 정보를 제공받을 수조차 없을 것(정보를 제공할 자기가 없을 것이므로)이라는 놀라운 결론으로 이어진다. 무분별, 맹목성이 우리를 보호한다는 것이다.

우리는 대부분 항상 있는 그대로의 현실과 조화를 이루며 현실을 인지할 때 더 제대로 기능하는 것처럼 보인다. 그리고 환상, 망상, 환각의 기초 위에서 행동할 때 고통스런 결과를 겪는 것 같다. 하지만 신비주의자들은 영적 진화의 최고 단계에서는 이것과 정반대라고 말한다. 또한 이런 지혜를 인정하지 못하는 것은 부적절하게 진화된 정신의 한계 때문이라고 말한다.

실제 자기의 존재를 부정하면 지적으로 심각한 문제에 부닥친다. 내가 구별되는 실체로 존재한다고 믿는 것이 환상이라면, 그것은 분명 '나'의 환상이므로, 결국 어떤 형태로 내가 존재한다는 것을 의미한다. 내가 다른 사람의 의식 속에 있는 환영일 뿐이라고 주장된다 할지라도 그 다른 사람은 존재할 것이며, 우리는 무한 후퇴 논증의 함정에 빠질 것이다. 그리고 최종적으로 존재하는 모든 것이 우주 의식(Cosmic Consciousness)이라고 주장될 수 있다면(이 주장이 어떤 식으로 진술된다 할지라도 그것은 신비주의자들의 주장과 같다) 신비주의자들은 우주 의식(혹은 신이건 무엇이건)이 환영 때문에 흐려지고, 현실을 명료하게 보지 못하고, 우주 의식의 본질이 혼동된다고 주장하게 된다. '존재의 궁극적 기반', 또는 진여나 '하느님'이 현실적으로 인지되면서 모호해진다고 선언한다면, 당연히 논리적으로 모순에 빠지게 되어 있다.

하지만 신비주의는 논리적 일관성이 없다고 해서 곤혹스러워하지 않는다. 신비주의는 감각 관찰이나 이성의 권위를 초월하는 특별한 인지 능력으로 파악할 수 있는 존재의 양상이 있다고 주장한다. 이 특별한 능력은 자신들이 지배권을 주장하는 영역(즉, 현실의 궁극적 본질)에서 최고의 권위를 누리며 증거, 증명, 논리의 차원을 초월해 있다.

어떤 신비주의자는 이런 예를 들지도 모르겠다. 우리가 물속의 막대기를 볼 때 막대기가 휘어져 보이지만, 이성이 그 막대기는 실제로는 곧고 광선이 공기를 통과하는 것보다 물을 통과할 때 더 느리게 움직이기 때문에 착시가 일어난다는 것을 발견하게 해준다. 즉 이성을 통해 우리의 감각이 우리를 속이는 것이 아니라 그 증거를 잘못 해석한다는 점을 이해한다는 것이다. 하지만 우리의 감각에 우리 자신을 제한하면 이것을 이해할 수 없다. 우리는 좀 더 높은 수준, 곧 지성의 수준으로 옮겨 가야 한다. 마찬가지로 감각의 증거와 이성에만 의존하면 우리는 우리가 이해할 수 있는 것을 또 제한하게 된다. 우리는 반드시(최소한 가끔은) 현실을 파악하는 데 오류를 범하게 되어 있다.(신의 본질에 대한 모든 주장은 논리적으로는 모순이다.) 훨씬 더 높은 의식의 수준, 즉 신비한 통찰의 수준으로 옮겨 가야만 오류로부터 탈출할 수 있다. 거기에서 모든 모순이 해결된다. 이것이 바로 신비주의의 주장이다.

대체로 세계의 위대한 신비주의 전통들이 도달하는 결론은 현실의 궁극적인 '재료'는 물질이 아니라 의식이나 정신이라는 것이다.

《에덴을 넘어》에서 켄 윌버는 이렇게 말한다. "정신은 공간이 없으므로 무한하게, 시간이 없으므로 영원히, 아무것도 존재하지 않는 곳의 바깥에 존재하는 것이고 존재하는 모든 것이다."[11] 이 형이상학적 관점은 19세기 사상을 주도했던 물질주의 형이상학에 대한 반동(열렬히 환영받은 부분적인 이유가 이 반동 때문이다)으로 특히 지난 수십 년 동안 서구의 많은 지식인들에게 열렬히 환영받았다. 이 관점은 분명 더 높은 의식과 더 위대한 영성으로 가는 한 단계로 보인다.

물질주의는 존재하는 것은 오직 물질과 물질의 운동이 전부라고 주장한다. 의식의 모든 현상은 궁극적으로 이 운동으로 '환원'될 수 있다고 주장한다. '물질'의 개념이 현대 물리학에서 점차 파악하기 어려운 골칫거리가 되어 가고 있어서 (누군가는 '비물질화'되고 있다고 말할지도 모르겠다) 이제는 많은 사람들이 "존재하는 모든 것은 물리적 현실이다."라고 말하는 쪽을 택한다. 오늘날 정신이나 의식을 '설명'하려고 쓴 대부분의 책들은 이런 관점에서 썼거나 이 관점의 영향을 많이 받았다.

하지만 이 두 가지 이론이 전부가 아니라는 것을 알아야 한다. 우리는 일종의 물질주의나 일종의 이상주의 중에서 하나를 선택할 의무가 없다. 우리는 반드시 의식을 물질로, 혹은 물질을 의식에 '환원'할 필요가 없다. 물질이든 의식이든 서로 상대편으로 환원될 수 없다고 당당하게 주장할 수 있다. 당신에게 그렇게 주장할 수 있는 근거가 없다면 여기 논리적으로 환원주의에 반대하는 주장을 제시하겠다. 형이상학적으로는 정신과 물질이 다르다. 하지만 그 둘이 모든 점에서 다르다면 그 둘의 상호작용을 설명하기 어려울 것이다.

공통점이 전혀 없다면 어떻게 물질이 정신에 영향을 미치고 정신이 물질에 영향을 미칠 수 있겠는가? 이 딜레마 때문에 이 둘 중 하나를 다른 하나로 환원하려 든다.

자세한 설명은 생략하고 이 딜레마를 해결할 수 있는 방법을 제안하겠다. 바탕에 깔린 근본적 실재가 물질과 의식으로 드러난 것이라고 가정하면 본질적으로 사리에 맞는다. 우리의 나머지 지식과 모순되지 않는다. 이 가설은 수 세기 동안 철학자들을 괴롭혀 왔던 '정신과 몸의 문제', 즉 의식과 물리적 현실의 상호 관계에 관한 문제를 해결하는 방법을 제시한다. 만일 그 둘의 근본적인 공통점이 있다면 분명 좀 더 자연스럽게 상호작용할 수 있게끔 겹치는 부분이 있다. 어떻게 이 가설을 검증할지 혹은 어떻게 그 가설에 정당성을 부여할지는 또 다른 문제이다. 하지만 이 바탕에 깔려있는 실재를 '신' 혹은 '영혼'이라 부르는 것은 어떤 것도 명쾌하게 하지 못하고 우리가 이해하려 하는 것을 더 모호하게 만들 것이다.

신비주의자들은 자신들의 통찰이 타당하다는 것을 어떻게 주장하는가? 요점은 이것이다. 모든 지식은 구체적 행위를 하고 관찰을 하고 관찰한 대상의 함축된 의미를 파악하고 정식으로 훈련받은 동료들과 그 결론을 확인한 후 확립된다. 이것이 과학의 방식이다. 신비주의의 방식도 똑같기 때문에 행동하고 관찰하고 인지하고 동료들에게 인정받은 신비주의의 통찰은 인증된 '지식'으로 선언된다. 즉, 이렇게 통찰한 진리를 받아들이는 것은 이성적이라는 것이다. 이성은 여전히 최후의 결정권자로 인정된다. "이런 비논리적이고 비합리적인 통찰을 받아들이는 것은 논리적이다. 왜냐하면……."

이 주장을 오류라고 생각한다는 것이 내가 지금 말하고 싶은 것은 아니다. 내가 주장하고 싶은 것은 누군가 일단 논쟁을 시작하면 신비주의자들이 '그 너머로' 진화했다고 공언하는 바로 그 이성의 능력을 사용하고 의지할 수밖에 없다는 것이다. 그리고 너무 양심적이어서 "내가 그렇게 느끼기 때문에 그것은 사실이다."라고 쉽게 공언하지 못하는 누군가의 궁극적 딜레마가 이것이다.

우리가 항상 이성적인 과정을 거쳐 통찰하는 것은 아닐 수도 있다. 하지만 이성은 그 통찰을 궁극적으로 확인해주는 수단(때때로 '현실 검증'이라고 불리는 것)이다. 즉 통찰한 것을 우리의 나머지 지식이나 관찰한 것과 모순 없이 통합하는 것이다. 이 사실을 이해하는 것이 의식하며 살기의 핵심이다.

신비주의자들에 대해 더 많은 반대 논리를 펼 수 있다. 얼마든지 분석할 수 있다. 하지만 이 책은 신비주의를 다루는 논문이 아니다. 이 정도면 충분하다.

이제 '이성을 넘어서' 발견되는 우월한 지혜의 표현이라고 주장되는 이타성의 도덕을 '영성'과 동일시하는 것에 대해 생각해보자.

이타주의와 이기주의

도덕적 맥락에서 '이타성'은 사심이 없음 혹은 사심으로 더럽혀지지 않음을 의미한다. 그래서 이타적으로 행동한다는 것은 자신의 어떤 이익에도 관심을 두지 않고 행동한다는 것이다. 이것은 흔히 도덕성의 정수로 여겨지고 '영적으로 진화된' 사람들이 사는 방식이라고 추정된다. 사실 이런 행동은 가끔 진화된 '영성'의 증거로 받아들여진다.

이 주장이 의식하며 살기의 원리와 양립 가능한지 살펴보자.

먼저 이타성이 도덕성과 같다면 사사로운 이익을 꾀하는 행동은 부도덕하거나 도덕과 관계가 없다는 뜻을 내포한다. 즉 그것은 옳지 않거나 도덕적으로 의미가 없다는 뜻이다. 예를 들어 만일 내가 찬성하지 않는 프로그램을 지원하는 세금을 내는 데 항의하는 경우, 위의 관점에 따르면 나는 이기적이고 그래서 부도덕하다. 만일 먹고 살려고 일한다면 그것은 부도덕하지도 않고 그렇다고 칭찬받을 일도 아니다. 도덕적으로 중립적이다.

이 주장은 자기 이익과 도덕성의 충돌을 당연하다고 본다. 우리는 사적 이익을 추구할 수 있거나 혹은 도덕적일 수 있다. 하지만 사적 이익을 추구하면서 동시에 도덕적일 수는 없다. 그리고 이 주장은 자기 희생을 이상적인 것으로 본다. 가끔 이상적인 삶은 '이타적인 봉사의 삶'으로 표현된다.

어떤 심리학자는 이것에 관해 이렇게 주장한다.

> (영적으로) 깨닫기 시작하면 반드시 자아 중심에서 타인에게 봉사하고 싶은 마음으로 옮겨 간다. 타인에 대한 봉사는 깨달음과 발달이 계속된다면 절대적으로 필요한 것으로 보인다. (영적으로) 성장하는 데 봉사의 삶이 필요하기 때문이다.[12]

'이기심'을 악으로 보는 이런 관점이 인류사에서 얼마나 다양한 형태로 나타났는지 확인하는 것은 의미가 있다. 이기적으로 행동하지 말라(너 자신의 이익보다 부족의 이익을 먼저 생각하라). 이기적으로 행동하지 말라(너의 이익보다 가족의 이익이 우선순위다). 이기적으로 행동하지 말라(파라오, 황제, 왕, 교회, 국가, 민족, 사회, 지구촌에 희생하라). 기억하라. 봉사는 가장 고귀한 목표이고 이기심은 모든 악의 뿌리이다.

이런 주장은 이기심을 편협함, 옹졸함, 물질주의, 미성숙, 나르시시즘, 반(反)사회성, 착취, 비열함, 오만, 무자비, 무관심, 잔인함, 잠재적 살인이라고 가정한다. 이런 특질들은 이기심의 표현으로 분류된다. 이렇게 생각하는 사람들의 심리를 추측해보는 것은 재미있다. 도덕성에 대해 전혀 다른 개념을 가진 나로서는 이런 특질들을 자기 파괴적이라고 말하고 싶다. 그리고 자기 파괴는 자기 이익을 추구하는 것이 아니다.

우리의 목표가 행복하고 충만한 삶이라면, 다른 사람들을 합리적이고 건설적이고 진실하고 공정하고 친절하게 대할 때 우리의 이익이 가장 커진다. 장기적으로 생각하고 행동의 결과를 예측하기를 배우는 것이 도움이 된다. 이것은 자신을 스스로 책임지는 삶을 사는 법을 배운다는 뜻이다. 무책임, 어리석음, 부정직, 무자비는 자기 이익에 도움이 안 된다.

이 책은 의식적으로 사는 것(명백히 심리적으로도 최적의 상태일 뿐만 아니라 도덕적인 것)이 바로 자기 이익과 직결된다는 것을 증명하려는 것이다.

도덕성과 자기 이익 사이의 갈등을 당연하게 여기면서 자기 희생과 이타적인 봉사를 주장하는 사람들은 첫째로 사람들이 도덕적으로 사는 것에 이기적인 흥미를 느낄 수 없고, 둘째로 도덕성의 목표는 개인의 행복에 기여하는 것이 아니라 개인의 행복보다 좀 더 고귀한(?) 데 있다고 여긴다. 이것이 도덕성이 이타성과 같다는 생각의 전제 조건이다. 이 명제는 개인에게 딱 잘라서 이렇게 말한다. "너의 삶은 너의 것이 아니다. 너는 너 자체로 중요한 목표가 아니고 다른 사람들의 목표를 이루는 수단일 뿐이다. 너는 봉사하려고 여기에 있다. 너는 너 자신을 위해 존재할 권리가 없다." 분명한 것은 이 도덕적 관점이 종교적 맥락에서 제시된다는 것이다. 이것은 '인간에 대한 사랑'이라는 표현과 동일하다.

다음 예를 살펴보자. 어떤 젊은 여성(마니라고 부르겠다)이 건축가가 되고 싶다고 진로를 결정한다. 마니의 아버지는 몹시 실망한다. 딸이 대학을 졸업한 후에 자신의 의류 사업을 같이 했으면 좋겠다고 생각했기 때문이다. "넌 꼭 그렇게 이기적이어야겠니?" 마니의 어머니가 묻는다. "아버지 마음을 아프게 하잖니."

"건축을 공부하지 않으면 내 마음이 아플 거예요."

그래서 마니는 건축 관련 대학에 진학한다. 대학에서 그녀는 자신을 사랑하는 남자와 데이트를 한다. 그는 마니에게 건축가가 되기를 포기하고 자기와 결혼해서 자기 아이들의 엄마가 되어 달라고 간청한다. 그녀는 그의 마음을 아프게 할 생각이 없어 부드럽게 말한다. "우선 난 널 사랑하지 않아. 그리고 나는 아이를 낳을 생각이 없어. 최소한 내 미래가 확실해질 때까지."

"아이를 낳을 생각이 없다고?" 그 남자가 외친다. "어떻게 그렇게 이기적일 수가 있어? 그리고 내 행복은 아무래도 상관 없어?"

"그럼 내 행복은?" 마니가 웃으면서 대답한다.

몇 년 후 건축사 사무실을 연 마니는 한 남자에게 반한다. 그의 강인함, 자기 확신, 자아 통합, 사랑이나 육체적 친밀감을 두려워하지 않는 열정적인 성격이 마니를 매혹한다. 그와 결혼해서 짜릿함과 기쁨을 함께 나누고 때때로 그의 성장을 돕는다. 자신이 어려울 때 그가 지지해주는 것처럼 그가 힘들 때 그와 함께한다.(두 사람이 가치 있다고 생각하는 것을 위해 함께 싸운다.) 이렇게 가장 자연스럽고 호의적인 의미로 '이기적'이라는 단어를 경험한다. 그녀는 '자신'의 가치관대로 산다. 마니의 삶은 생산적이고 활기 넘치고 사랑으로 가득차 있다.

남편이 병들었을 때 마니는 그를 돌보려고 오랫동안 자신의 거의 모든 활동을 접는다. 친구들이 그녀를 '이타적'이라고 칭찬하자 마니는 이해할 수 없다는 듯이 그들을 바라본다. "사랑하니까."라고 짤막하게 대답할 뿐이다. 이타적인 봉사라는 생각은 머릿속에 떠오르지 않을 것이다. 마니는 자신을 희생하며 남편을 돌본다는 말로 남편에 대한 자신의 감정을 모욕하지 않을 것이다. "너희들이 모든 상황을 본다면 그렇게 말하지 않을 거야. 내가 '이기적'으로 행동한다면 무엇을 하게 될까? 그를 버리는 것? 그게 누구한테 이익인 거지?"

나중에 남편이 회복되고 삶은 다시 평온해진다. 마니는 엄청난 열정을 품은 채 자신의 일로 돌아온다. 그녀는 잃어버린 시간을 보충

하려고 열심히 일한다. 친구들이 개인적 문제로 만나자고 할 때 얼마 동안은 그들과 함께하지만 자신의 에너지가 소진되는 것을 깨달으면 그만 일어서겠다고 말한다. "미안해. 너희들을 실망시키고 싶지 않지만 지금 당장 해야 할 급한 일이 있어."

"어쩜, 넌 이기적이야." 친구들이 말한다.

마니는 다른 사람들을 대할 때 그들이 자기 이익을 따지는 것을 존중하고 자신을 희생하는 것 이상으로 다른 사람들이 자신을 희생하기를 원치 않는다. 그리고 다른 사람들이 이런 식으로 생각하지 않는다는 게 이해가 가지 않는다.

마니는 사람들이 그녀에게 원하는 것을 하기보다 자신이 원하는 일을 할 때 자신을 '이기적'이라고 평가한다는 것을 알아챈다. 자신은 이런 식의 비난에 움찔하지 않지만 다른 사람들은 위협을 느낀다는 것도 알아챈다.

여기서 질문. 마니는 미덕을 갖춘 사람인가, 아닌가? 도덕적인가, 비도덕적인가? 이타주의자가 아닌 것은 확실하다. 그렇다면 마니는 어떤 사람인가? 그녀에 대해 뭐라고 할 수 있는가?

마니에 대해 내가 말하고 싶은 첫 번째는 그녀는 의식하며 산다는 것이고 두 번째로는 전통적인 도덕의 범주 밖에 있다는 것이다. 다시 말해, 마니는 자기 이익의 의미를 깨우친 사람이고 합리적으로 자기 이익을 주장하는 사람이다. 자기 희생은 이상적 도덕이고, 자신을 다른 사람들에게 희생한다는 것이 곧 다른 사람들도 자신에게 희생해야 하는 것이라고 생각하는 사람들은 마니의 삶의 태도를 결코 수긍하지 못한다. 마니도 이런 사람들의 생각을 받아들이지 않는다. 그녀는 인간의 희생 자체를 믿지 않는다.

마니는 온전히 그녀의 가치관에 충실하게 산다. 자신의 판단대로 행동한다. 그녀의 판단은 사려 깊고 충동적이지 않다. 세상에서 가장 사랑하는 남편에게는 (합리적인 기준에서) 거의 무한대로 어떤 것이든 할 준비가 되어 있다. 친구들에게는 훨씬 더 많은 한계가 있다. 너그럽지만 자신의 더 큰 가치관을 무시하는 지점까지는 허용하지 않는다. 만일 그녀가 어떤 대의명분을 지지한다면 그것은 '자신'에게 중요하고 자신이 살고 싶어 하는 어떤 세상의 중요한 가치관과 연결되어 있기 때문이다. 자기 이익을 존중하지만 자신의 이익에 도움이 되느냐 안 되느냐의 문제가 늘 명확한 것은 아니라는 것을 이해한다. 그 문제를 판단하는 데는 생각이 필요하다. 그리고 그녀의 관심 범위는 그 순간의 편리함이나 불편함이 아니라 인생 전반이다. 이것이 내가 마니가 의식하며 살고 있다고 말하는 이유이다.

심리치료를 하는 사람들은 다들 얼마나 많은 사람들이 정당한 자기 주장마저 두려워하는지 알고 있다. 그들은 자신들이 이기적이라는 비난에 어떻게 대답해야 할지 모른다. 얼마나 많은 사람들이 자기 중심적이라고 비난받을까 봐 두려워서 남의 욕구와 요구를 존중하느라 자신의 꿈과 열망을 포기하는가? 이것은 누구나 아는 비밀이다. 거의 모든 사람들이 알지만 거의 아무도 그것에 대해 말하지 않는다. 그 대신에 자아가 우리의 모든 고통의 원인이라고 주장할 뿐이다.

대부분의 사람들은 일상 속에서 일관성 있게 자기 희생을 기준으로 삼아 선택하고 결정하려 하지 않는다. 그게 가능하지도 않을 것이다. 하지만 도덕적 진공 상태에서 사는 게 아니라면, 자기 희생을 옳다고 받아들이는 한 사람들은 혼란스러울 것이다. 대부분의 사람들에게는 자신들을 이끌어줄 적절한 행동 원리가 없다. 그들은 인간관계에서 자신에게 허락할 수 있는 것과 타인에게 허락할 수 있는 것을 무엇이 결정하는지 모른다. 그들은 자신이 당연히 취해야 할 것이 무엇인지, 타인의 호의로 얻은 것이 무엇인지, 누군가의 희생으로 얻은 것이 무엇인지 모른다. 그들은 개인적 욕망과 외부 명령의 압력 사이에서 갈등하면서 타인을 위해 자신을 희생하는 것과 자신을 위해 타인을 희생하는 것 사이의 양극단을 오간다. 자기를 버리는 것이 미덕이라는 믿음과 살아남으려면 어느 정도의 이기심을 숨기고 살아야 한다는 것을 아는 현실 사이에서 흔들린다.

사람들이 진짜로 이기적으로 살겠다고 작정할 때, 대개 합리적이고 대범하기보다 편협하고 옹졸하게 이기적으로 행동하는 것이 그렇게 놀랄 일은 아니다. 아무도 '합리적' 이기주의가 가능하다는 것을 가르치지 않았다. 그리고 실제로 자신에게 장기적으로 이익이 되는 것에 대해 주의 깊게 생각하는 것이 의식을 지닌 인간의 의무라는 것을 가르치지 않았다. 그들은 이기적이라는 말이 쩨쩨하고 잔인하고 물질주의적이고 반사회적이고 비열하다고 혹평당하면 움찔한다. 죄의식 때문에 그 비난이 정당하다고 느낀다.

이 주제는 책의 앞부분에서 짧게 논의했던 것이다. 앞에서 나는 우리가 의식적으로 살기를 지향한다면 어릴 적부터 주입된 도덕적 가치관에 대해 인식하는(자신의 눈을 통해서 도덕적 사안을 바라보는) 것에 초점을 맞추고 어떤 것이 삶의 행복에 도움이 되고 어떤 것이

해로운지를 숙고해야 한다고 제안했다. 여기서는 영성과 이타성 윤리의 동일시에 대해서만 좀 더 다루고 싶다.

어떤 사람이 '이타적인 봉사의 삶'을 제안할 때, 딱 잘라서 '왜?'라고 묻는 것이 의식적으로 사는 삶이다.

에인 랜드의 《아틀라스(Atlas Shrugged)》를 인용해본다.

> 왜 당신의 행복이 아니라 다른 사람의 행복에 봉사하는 것이 도덕적인가? 즐긴다는 것이 가치가 있다면 왜 다른 사람이 경험하는 것은 도덕적이고 당신이 경험하는 것은 비도덕적인가? ……
> 왜 당신이 욕망하는 것은 비도덕적이고 다른 사람들이 욕망하는 것은 도덕적인가? 왜 가치를 창출하고 그 가치를 지키는 것이 비도덕적이고 그것을 줘버리는 것이 도덕적인가? 그리고 당신의 가치를 지키는 것이 도덕적이지 않다면 다른 사람들이 그것을 받아들이는 것은 도덕적인가? 당신이 자신의 가치를 주는 것이 이타적이고 미덕이라면 그들이 당신의 가치를 받는 것은 이기적이고 악하지 않은가? 악에 봉사하는 것이 미덕인가?[13]

영성을 이타적인 봉사와 연결짓는 사람은 대개 '왜'라는 질문에 두 가지로 답변을 한다. 첫 번째 답변은 사실 답변이라고 볼 수 없다. 그것은 영적 진화의 어떤 수준에 이르면 더는 설명이 필요 없이 당연하게 이타적인 봉사의 삶을 살아야 한다는 신비한 통찰을 얻는다는 것이다. 그것은 태양이 하늘에 걸려 있다는 것만큼이나 분명해져서 사람들은 그저 그것을 '눈으로 확인할' 뿐이다.

훨씬 더 흥미로운 두 번째 설명은 봉사의 가치는 수혜자가 얻는 도움이 봉사하는 사람이 얻는 자아로부터의 자유만큼 크지는 않다는 것이다. 봉사하는 삶은 자기 초월을 용이하게 한다고 말한다. 이것은 세속적 용어로 자기 중심의 정당화에 아주 가깝다. 즉 나는 나의 발달을 위한 수단으로 다른 사람들에게 봉사할 것이다.

나는 사실 이타적인 봉사의 삶이 문자 그대로 무슨 의미인지 정확히 이해하지 못하고 있다고 인정한다. 어디에서도 그 명쾌한 정의를 찾을 수 없다. (남을 즐겁게 해주기 위해 사는 사람처럼) 우리가 무엇을 하기를 원하는지 남들에게 묻고 나서 그것을 하는 게 그런 봉사의 삶인가? (전체주의 사고방식을 가진 이타주의자처럼) 무엇이 그들에게 가장 좋은지를 생각하고 그것을 하는 것이 바로 그런 삶인가? (망아 忘我를 영광으로 여기는 사람처럼) 우리가 자아로부터 자유를 획득하기 전에 선택한 인생과 일을 포기하고 인류의 고통을 개선하려고 찾아 나서는 것이 이타적인 봉사의 삶인가?

나를 또 혼란스럽게 하는 것은 교수가 되고 책을 쓰다가 어느 시점에 유명세를 타고 이타적인 봉사라는 이상을 껴안은 저명한 지식인들을 많이 봐 왔다는 것이다. 그들은 여전히 교수이면서 글을 쓰고 책 속에서 봉사의 이상을 설파한다. 하지만 그것들을 빼고는 그들이 삶이 달라졌다는 것을 확인할 수 없다. 그들은 누구에게 봉사하고 어떻게 봉사하고 있는가?

아마도 그들은 이런 질문을 할 것이다. 하지만 세상에 그렇게 많은 고통이 있다는 사실이 봉사의 삶을 살아야 하는 이유 아닐까요?

당신에게도 친절과 연민의 마음이 있지 않나요?

두 번째 질문에 대한 나의 대답은 긍정적이다. 그렇다. 친절과 공감은 미덕이다. 이런 것들 없이는 품위 있는 삶을 살 수 없다. 하지만 왜 어떤 사람들은 친절과 공감을 자기 희생과 동일시하려 할까? 그것이 인간 생명의 가치를 존중하는 것처럼 가치관의 문제라면, 친절은 자기를 표현하는 다른 행동과 똑같이 자기를 주장하는 행동일 수 있다. 그리고 맞다, 세상에는 많은 고통이 있다. 그리고 그 고통의 원인 중 하나는 많은 사람들이 진정으로 인간다운 삶의 방식을 뒷받침해줄 도덕적 원칙들을 배워본 적이 없기 때문이다.

친절과 공감은 분명 미덕이다. 하지만 인류를 동굴 밖으로 끌어내고 기대 수명 24세를 넘어서 세상을 움직이고 진보시킨 것(질병을 정복하고 끊임없이 인간의 삶의 짐을 가볍게 하고 지상에서의 충만한 삶과 기쁨을 위한 새로운 가능성을 창조해 왔고 계속 창조하고 있는 것)은 정체와 고통을 우리의 숙명으로 받아들이기를 거부한 남성들과 여성들이 해낸 것이다. 대담한 상상력이 넘치고 합리적이고 자기 주장이 강한 자아를 지닌 그들이 해낸 것이다.

"당신이 말하는 모든 것이 사실이라 할지라도 진보와 동시에 새로운 문제들, 새로운 혼란, 불안정, 위험 요소가 생겨나지 않았느냐?"라는 질문을 가끔 받는다. 대답은 다음과 같다. 인간의 진보의 모든 단계에는 새로운 어려움과 새로운 도전이 나타난다. 그것들은 극복될 수 있고 극복될 것이다. 지성이 작동할 수 있는 자유를 억압하지 않는다면.

"하지만, 인생에는 단순히 물질적 현실 말고 또 다른 것이 있지 않겠느냐?" 간단히 대답하면, 물론이다. 좀 더 긴 대답을 원한다면 《아틀라스》에서 내가 좋아하는 구절을 인용하고 싶다.

　　너는 몸에 대한 천박한 관심, 단지 육체적인 욕망을 채우는 지루한 삶 너머로 오르기를 갈망한다고 주장한다. 그렇다면 한 공기밥을 얻으려고 손쟁기를 갈며 아침부터 저녁까지 일하는 힌두교인과 트랙터를 운전하는 미국인 중에서 누가 육체적 욕망의 노예인가? 못투성이 침대에서 자는 사람과 스프링이 내장된 매트리스에서 자는 사람 중에서 누가 물리적 현실의 정복자인가?[14]

　만일 자아가 통합하는 의식의 중심에 있다면, 성취의 과정을 생각하고 판단하고 의지력을 발휘하고 매진하는 우리 내면의 능력은 (이타성을 이상적인 것으로 열렬히 환영하기 전에) 자아가 탈출하려는 그 세상의 본질을 숙고하고 그 세상이 당신이 존재하고 싶은 세계인지를 고려한다.
　바로 여기, 바로 지금이 의식적으로 살 기회이다.

의식하며 살기는
나 자신에 대한 의무다

지난 수십 년 동안 내가 한 일들을 돌이켜보건대, 그 모든 일과 내가 쓴 모든 글의 밑바탕에는 일관되게 한 가지 주제가 깔려 있었다. 그 주제는 다음과 같은 핵심 메시지로 표현할 수 있다. "여러분의 인생은 중요합니다. 인생에서 자신이 원하는 것을 이루었는가는 중요한 문제입니다. 행복한지 그렇지 않은지도 중요한 문제입니다. 자신이 지닌 잠재력을 존중하고 그것을 위해 싸워야 합니다. 자기실현(내가 지닌 최고의 잠재력을 실현하는 것)은 삶의 가장 고귀한 목표입니다." 내가 쓴 글에서 나머지 부분은 이러한 관점을 철학적, 심리학적으로 정교하게 제시하려는 노력이었으며, 한편으로 이 관점을 실행에 옮기는 데 필요한 실제적인 단계와 방법을 찾는 데 이바지하는 것이었다. 이 기획을 진행하면서 나는 필연적으로 인간의 행복에서 정신이 맡는 역할에 초점을 맞추게 되었다.

정신은 대부분 사람들이 이해하는 것보다 더 다양한 방면에서 인간에게 꼭 필요한 생존 도구이다. 몇 주 전에 나는 노화에 관한 보고서를 한 편 읽었다. 보고서에는 지적인 도전을 계속하거나 자신의 정신을 적극적으로 활용하는 노인들이 더 오래 살 가능성이 높다는 내용이 담겨 있었다. 다른 모든 조건이 같다면 정신적으로 능동적인 사람이 수동적인 사람보다 장수하는 경향이 있다는 것이다. 나아가, 지속적으로 지적인 자극을 받고 새로운 것을 배우는 사람들이 알츠하이머병에 덜 걸리는 경향이 있다는 증거도 있다.

우리의 목표가 높은 의식 수준에서 살기를 배우는 것이라면, 의식은 부담스러운 짐이 아니라 자유와 자율성과 더 많은 가능성의 원천임을 파악하는 것이 특히 중요하다. 어떤 상황에서건 더 많이 의식할수록 더 많은 선택지를 찾아낼 수 있다. 덜 의식할수록 선택지는 더 적게 떠오르기 마련이다. 바꿔 말하면, 곤란한 상황에 놓였을 때 더 많이 의식할수록 더 많은 해결책을 떠올릴 수 있다.

살면서 겪게 되는 온갖 어려움에 대처할 수 있다는 자신감은 인간에게 절대적으로 필요하다. 이런 자신감은 자존감의 핵심 요소이다. 자신에게 생각하고 배우고 결정하고 익숙하지 않은 것에 대처하고 어려움을 극복할 수 있는 능력이 있다고 믿으려면, 앎에 헌신하는 정신이 필요하다. 앎이 필요한 상황에서 앎을 회피할 때 불안을 느끼는 것은 당연하다. 우리는 무장 해제된 상태로 삶을 마주하고 있으며 지금껏 그렇게 살아왔다는 것을 알고 있다.

의식하며 사는 것은 쉽지만은 않은 일이다. 하지만 인생 전체를 놓고 볼 때, 의식하지 않고 사는 것이 우리를 훨씬 더 힘들게 한다.

문제는 의식하며 살지 않을 때 종종 우리는 자신이 겪는 많은 고통이 바로 의식하지 않고 사는 데서 기인한다는 사실 자체를 알아차리지 못한다는 것이다. 결혼 생활에서 느끼는 공허, 자녀의 불행, 단절된 경력에서 오는 실망, 변화 앞에서 느끼는 불안, 만성적인 피로와 지루함, 서로를 멀어지게 만드는 갈등, 자존감 결핍에 이르기까지, 우리는 이러한 문제들과 의식하기를 회피하는 태도 사이의 연결고리를 보지 못한다. "나에겐 뭔가 문제가 있어."라고 근거 없는 자괴감에 빠지거나 "세상이 틀려먹었어." "인생은 도대체 왜 이렇게 불합리한 거지?" "신이시여, 왜 하필 저에게?"라며 막연한 불평과 한탄을 반복할 뿐이다. 그리고 고통이나 좌절을 느낄 때 우리는 (쉽게 상상할 수 있듯이) 인생을 견딜 만하게 만들려고 더욱 더 의식하지 않는 쪽을 택하려 한다. 많은 사람들이 자주 이렇게 반응한다. 그러고는 이루지 못한 것들로 인한 공허 속으로 점점 더 깊이 빠져든다. 우리가 그토록 죽음을 두려워하는 이유 중 하나는 자신이 얼마나 불충실하게 인생을 살았는지 속으로는 알고 있기 때문이다.

의식하며 살기는 다른 사람들에 대한 의무가 아니다. 나 자신에 대한 의무이다. 자신의 긍정적인 가능성을 사랑하는 행위이다. 개인적으로 자신의 삶에서 중요하고 가치 있는 것에 몰두하는 행위이다.

이런 여러 이유 때문에 이렇게 자문해보는 것이 유용하다는 것을 알게 될지도 모르겠다. "어느 정도로 의식하고 집중해서 이 책을 읽었는가?" "내게 익숙하지 않을 수 있는 어떤 주장이나 관점에 얼마나 마음을 열었나?" "이 책의 어떤 부분이 불편했다면 그 부분이 나를 의식하지 못하게 했을까, 아니면 더 심사숙고해서 읽게 했을까?" "나는 그런 불편함을 눈을 감아버리라는 신호로 받아들이는가, 눈을 크게 뜨라는 신호로 받아들이는가?"

만일 이 책의 어떤 부분 때문에 불안했거나 화가 났거나 지루했거나 초조했다면, 그런 부분은 반드시 다시 읽어봐야 할 내용일 수 있다.

아주 정중하게 한마디만 더 하고 싶다. 의식하며 살기가 어떤 것인지 분명히 이해했다고 느낀다면 지금이 바로 이 책을 처음부터 다시 시작하기에 아주 이상적인 마음 상태라고 말하고 싶다. 이 책에는 때때로 손잡이를 두세 번 돌렸을 때에야 비로소 열리는 문들이 있다.

'의식하며 살기'를 도와주는
문장 완성 프로그램

이 책에서 나는 의식을 확장하기 위해 문장 완성 기법을 실제로 활용한 사례를 여럿 보여주었다. 삶의 다양한 영역에서 의식을 깊게 하는 데 여러분을 도와줄 수 있는 문장 완성 프로그램이 아래에 있다.

여기서 우리가 사용하게 될 것처럼, 문장 완성 과정의 핵심은 불완전한 문장인 문장 줄기를 쓰고 그 다음엔 계속해서 (6~10개 정도의) 말꼬리를 맺는 것이다. 각각의 말꼬리는 가능한 한 빨리 완성하되 문법적으로만 맞으면 된다.

가능한 한 빨리 문장을 완성하라. 속도가 중요하다. 어떤 말꼬리가 진실할지, 합리적일지, 의미 있을지 걱정하지 말라. '생각하려고' 멈추지 말고, 검열하지 말고, 막히면 만들어내면 된다. 어떤 말꼬리이든 상관없다. 그냥 계속하라.

문장 완성을 잘하는 방법은 내면의 어떤 것도 금지하지 않고 정신이 고도로 집중된 상태를 유지하는 것이다. 여기에 기술된 대로 매일 이 작업을 하면 통찰과 통합을 얻고 종종 자발적인 행동 변화까지 일어날 것이다. "내가 의식하고 있는 것들을 어떻게 통합하느냐?"고 사람들은 가끔 묻는다. 말이 아니라 글로 문장 완성 작업을 한다면 공책이든 컴퓨터든 아무것이나 상관없다.

입문자 연습용

1주차

월요일부터 금요일까지 일 주일 동안 하게 될 첫 번째 문장 연습은 이 기법에 익숙해지도록 도와줄 것이다. 그 이후의 문장 연습은 당신을 더욱더 깊이 인식할 수 있도록 이끌어 갈 것이다.

하루 일을 시작하기 전에 아침에 첫 번째로 할 일은 앉아서 다음 문장 줄기를 쓰는 것이다.

나는＿＿＿＿＿한 사람이다.

그리고 생각하느라 지체하지 말고 가능한 한 빨리 2, 3분 동안에 할 수 있는 한 많은 말꼬리를 완성하라. 6개 이하는 안 되고 6개에서 10개 정도의 말꼬리면 충분하다. 당신의 말꼬리가 '심오할지' 어떨지 신경 쓰지 말자. 무엇이든 쓰되, 어떤 것이라도 쓰라. 하루에 똑같은 말꼬리를 반복해서 쓰지 말라.(일 주일 동안 똑같은 말꼬리가 반복되는 것은 피할 수 없을 것이다.)

그러고 나서 다음의 문장 줄기로 넘어가라.

사람들이 나에 대해서 이해해줬으면 하는 것은 ＿＿＿＿＿
그 다음에는,
내가 사람들에 대해 이해했으면 하는 것은 ＿＿＿＿＿
그 다음에는,
내가 사람들에 대해서 정말로 보려고 한다면 ＿＿＿＿＿

그 다음에는,

사람들이 진실한 내 모습을 보게끔 한다면 _____

그 다음에는

난 _____를 점점 의식하고 있다.

기초 사항

2주차

오늘 일상의 활동에서 5%만 더 의식한다면, _____

오늘 나의 중요한 인간관계에서 5%만 더 의식한다면, _____

오늘 나의 감정적 반응을 5%만 더 의식한다면, _____

오늘 의사소통을 하면서 5%만 더 의식한다면, _____

나는 _____를 점점 의식하고 있다.

3주차

오늘 나의 가장 깊은 두려움을 5%만 더 의식한다면, _____

오늘 나의 가장 깊은 갈망을 5%만 더 의식한다면, _____

오늘 다른 사람들 때문에 느낀 기분을 5%만 더 의식한다면, _____

오늘 자기 판단이나 자기 비판 없이 내 감정을 들여다본다면, _____

나는 _____를 점점 의식하고 있다.

4주차

내가 좀 더 의식하며 사는 것을 상상한다면, _____

좀 더 의식하며 살 때 가장 두려운 것은 _____

좀 더 의식하며 사는 것에 대한 두려움을 5%만 더 의식한다면,

_____

내가 자꾸 회피하려고 하는 사안에 대해 5%만 더 의식한다면,

_____

지금 당장 _____가 분명해질 것 같다.

5주차

남과 다른 부분들을 좀 더 많이 받아들인다면, _____

가끔씩 일어나는 이상한 생각이나 감정을 좀 더 받아들인다면,

_____

나의 모든 특이한 점들을 알아챈다면, _____

나의 이미지에 맞지 않는 부분까지 받아들일 수 있다면, _____

나는 _____를 점점 의식하고 있다.

부모에게서 받은 영향 탐색하기

6주차

어머니는 항상 _____

어머니와 함께 있을 때 나는 _____을 느꼈다.

어머니는 나에게 _____ 관점을 갖게 했다.

나 스스로에게 _____라고 말할 때 어머니의 목소리로 말하게 된다.

어머니에게서 원했지만 받지 못했던 것은 _____

나는 _____를 점점 의식하고 있다.

7주차

아버지는 항상 _____

아버지와 함께 있을 때 _____을 느꼈다.

아버지는 나에게 _____ 관점을 갖게 했다.

아버지에게서 받고 싶었지만 받지 못했던 것은 _____

나 스스로에게 _____라고 말할 때 아버지의 목소리로 말하게 된다.

나는 _____를 점점 의식하고 있다.

8주차

어머니는 나에게 _____ 인생관을 주었다.

어머니는 나에게 남자들에 대해 _____ 견해를 갖게 했다.

어머니는 나에게 여자들에 대해 _____ 견해를 갖게 했다.

어머니는 사랑에 대해 _____ 견해를 갖게 했다.

어머니는 성에 대해 _____ 견해를 갖게 했다.

나는 _____를 점점 의식하고 있다.

9주차

아버지는 나에게 _____ 인생관을 주었다.

아버지는 나에게 남자들에 대해 _____ 견해를 갖게 했다.

아버지는 나에게 여자들에 대해 _____ 견해를 갖게 했다.

아버지는 사랑에 대해 _____ 견해를 갖게 했다.

아버지는 성에 대해 _____ 견해를 갖게 했다.

나는 _____를 점점 의식하고 있다.

10주차

어머니로부터 받은 무언의 메시지는, ＿＿＿＿

아버지로부터 받은 무언의 메시지는, ＿＿＿＿

내가 만족스러운 연애를 하고 있다고 어머니가 생각한다면, ＿＿＿＿

내가 만족스러운 연애를 하고 있다고 아버지가 생각한다면, ＿＿＿＿

내가 성공적인 인생을 살았다고 어머니가 생각한다면, ＿＿＿＿

내가 성공적인 인생을 살았다고 아버지가 생각한다면, ＿＿＿＿

나는 ＿＿＿＿를 점점 의식하고 있다.

11주차

어머니가 내 인생에 끼친 영향을 생각해보면, ＿＿＿＿

아버지가 내 인생에 끼친 영향을 생각해보면, ＿＿＿＿

어머니에게 사랑받으려고 여전히 하는 일들 중 하나는, ＿＿＿＿

아버지에게 사랑받으려고 여전히 하는 일들 중 하나는, ＿＿＿＿

내가 쓴 것들 중 어느 것 하나라도 진실이라면, ＿＿＿＿

12주차

어머니와 비슷하다고 생각되는 내 모습은, ＿＿＿＿

아버지와 비슷하다고 생각되는 내 모습은, ＿＿＿＿

내가 어머니의 자식 그 이상이라는 것이 드러난다면, ＿＿＿＿

내가 아버지의 자식 그 이상이라는 것이 드러난다면, ＿＿＿＿

내가 내 인생의 대본을 자유롭게 쓴다면, ＿＿＿＿

가치관

13주차

내가 사람들에게서 보는 특질은, _____

내가 살아가며 지키려고 하는 규칙은, _____

나는 사람들이 _____ 할 때 그들을 가장 존경한다.

가끔 나는 _____ 하는 사람들에게 끌린다.

지금 당장 나에게 _____ 하는 것처럼 보인다.

14주차

나를 이끌어주는 원칙은, _____

내가 인생에서 원하는 것은, _____

사람들로부터 원하는 것은, _____

직업을 통해 얻고 싶은 것은, _____

나 자신에게 기대하는 것은, _____

나는 _____를 점점 의식하고 있다.

15주차

인생이 가장 뿌듯해 보일 때는, _____

인생이 가장 고통스러워 보일 때는, _____

사람들이 인생을 비극이라고 말할 때는, _____

사람들이 산다는 것은 신나는 일이라고 말할 때는, _____

진심으로 살아 있다고 느낄 때는, _____

나는 _____을 의심하기 시작하고 있다.

16주차

사람들과 교류하면서 5%만 더 의식한다면, _____

배우자나 연인이나 친구를 선택할 때 5%만 더 의식한다면, _____

인간관계에서 내가 갈망하는 것은, _____

인간관계에서 나를 좌절하게 하는 것은, _____

인간관계에서 나 자신에게 솔직하다면, _____

17주차

경청하는 것을 창조적인 활동으로 본다면, _____

내가 사람들에게 끼치는 영향에 주목한다면, _____

내가 칭찬에 어떻게 반응하는지 주목한다면, _____

내가 비판에 어떻게 반응하는지 주목한다면, _____

나의 의사소통 방식에 주목한다면, _____

18주차

사람들에게 바라지만 대개 얻지 못하는 것은, _____

내가 원하는 것을 사람들이 나에게 주기 어렵게 만드는 나의 태도나
행동방식은, _____

내가 사람들과 거리를 두는 방식은, _____

사람들과 함께 있을 때 내가 두려워하는 것은, _____

내가 두려워하는 것이 실제로 일어나게 만드는 나의 태도나 방식은,

_____

19주차

사람들과 관계에서 5%만 더 호의적으로 대한다면, _____

내게 짜릿한 일을 좀 더 기꺼이 사람들과 공유한다면, _____

내가 상처받기 쉬운 사람이라는 것을 좀 더 기꺼이 드러낸다면,
_____

자기 보호의 갑옷을 벗고 사람들을 대면한다면, _____

나는 _____를 점점 의식하고 있다.

20주차

내 인간관계를 현실적으로 바라본다면, _____

나의 의사소통 방식을 좀 더 의식한다면, _____

이해받기 위해 좀 더 책임감을 갖는다면, _____

다른 사람들을 이해하는 데 좀 더 책임감을 갖는다면, _____

나는 _____를 점점 의식하고 있다.

저항감

21주차

좀 더 의식하게 됐을 때 두려운 것은, _____

좀 더 의식하며 행동하는 것에 대해 생각하면, _____

무의식적으로 행동하면, _____

좀 더 의식했을 때 좋은 점은, _____

내가 두려워하는 것을 부정하거나 부인하지 않고 대면할 수 있다면,
_____

결론

22주차

내가 보는 것을 기꺼이 들여다보고 내가 알고 있는 것을 이해하고 있다면, _____

'혼란스러운' 척하기를 거부한다면, _____

내가 알고 있는 것에 대해 솔직하다면, _____

답을 얻기 위해 계속해서 나의 내면으로 더 깊이 들어간다면, _____

나의 소유물 중 가장 소중한 것이 나의 정신이라는 사실을 충분히 받아들인다면, _____

지금 당장 _____가 아주 분명해질 것이다.

제안: 당신이 22주짜리 이 문장 연습 프로그램을 끝마쳤을 때 한 주를 쉬고 한 번도 해본 적이 없는 것처럼 처음부터 다시 한 번 하라. 대답이 많이 달라져 있다는 것 때문에 놀랄지도 모른다. 그리고 그것은 여전히 극복할 필요가 있을지도 모를 장애물뿐만 아니라 의식하며 사는 길의 방향을 제시할 것이다.

머리말

1) 가격과 임금 통제는 전형적인 예로 언급된다. 대부분의 경제학자들이 이런 통제가 극단적으로 역효과가 난다는 것을 인정한다. 그 통제를 통해서 개선하려고 하는 바로 그 상태를 더 악화하는 경향이 있다. 역효과를 내는 또 다른 사회 입법의 사례들은 나의 책 《책임지기(Taking Responsibility)》에 나와 있다.

1장 자존감의 첫 번째 계단, 의식하며 살기

1) 에인 랜드(Ayn Rand)는 《아틀라스(Atlas Shrugged)》에서 이 법칙을 다음과 같이 설명했다.: "인과율은 행동에 적용된 동일률이다. 모든 행동의 원인은 실체들이다. 행동의 본질은 행동하고 있는 실체의 본질에 의해 야기되고 결정된다. 사물은 그 본질과 모순되게 행동할 수 없다."(New York: Random House, 1957, 1037) 어떻게 그리고 왜 동일률이 인과율을 필요로 하는지에 대한 아리스토텔레스학파의 훌륭한 토론을 H. W. B. 조지프(H. W. B. Joseph)의 저서 《논리학 입문(An Introduction to Logic)》(second edition, chapter XIX. London: Oxford University Press, 1957)에서 확인할 수도 있다.

2) 이것과 정신의 발달에 관련된 다른 이슈들을 더 알아보려면 에인 랜드가 쓴 다음 책을 보라. 《객관주의 인식론 입문(Introduction to Objectivist Epistemology)》(second edition, edited by Harry Binswanger and Leonard Peikoff. New York: Meridian, 1990)

3) 동일률에서 두 번째로 도출되는 원리가 배중률이다. 배중률은 어떤 사물이 A이거나 A가 아니라는 것을 진술한다. 다시 말해, 어떤 실체는 특정한 원인을 소

유하거나 소유하지 않는다. 또 (주어진 시간과 주어진 사항에서) 어떤 명제는 사실이거나 사실이 아니다.

4) 이 문제를 좀 더 자세히 살펴보려면 다음 책들을 보라. 《자존감의 심리학(The Psychology of Self-Esteem)》(New York: Bantam Books, 1969), 《자존감의 여섯 기둥(The Six Pillars of Self-Esteem)》(New York: Bantam Books, 1994).

5) 나는 가능하면 이 논의를 쉽게 전개하려고 했다. 하지만 어떤 독자들은 내가 여기서 간략하게 묘사하는 인식론적, 형이상학적 관점이 아리스토텔레스 철학이자 객관주의 철학이라는 점을 알 것이다. 나는 《자존감의 심리학》 3장에서 지식과 의식에 관해 더 자세히 논했다. (내가 짧게 이야기한) 이성과 객관성에 대해 20세기 철학자들이 보이는 반감이라는 문제에 관해 말하자면, 이 책의 주제는 그들의 주장을 비평하는 것이 아니다. 대신에 브랜드 블랜샤드(Brand Blanshard)의 저서 《이성과 분석(Reason and Analysis)》(La Salle, Illinois: Open Court, 1991)과 제임스 해리스(James Harris)의 저서 《상대주의에 반대함(Against Relativism)》(La Salle, Illinois: Open Court, 1993)을 확인하라.

6) 나는 의지에 따라 이루어지는 사고(思考) 작용의 본질에 대해 다음 책들에서 논의하였다. 《자존감의 심리학》; 《자기 존중(Honoring the Self)》(New York: Bantam Books, 1985); 《자존감의 여섯 기둥》.

7) Mortimer J. Adler, *Intellect*, New York: Collier Books, Macmillan Publishing Company, 1990, 4-5.

3장 의식하는 삶1: 자기 인식

1) 의식하며 열정적으로 사랑하는 법에 관해서는 《낭만적 사랑의 심리학(The Psychology of Romantic Love)》(New York: Bantam Books, 1981)을 보라. 의식하며 자녀를 양육하는 법에 관해서는 《자존감의 여섯 기둥》을 참조하라.

2) 나는 누구나 각자 집에서 문장 완성 연습을 할 수 있도록 방법을 알려주기 위해 다음 책을 썼다. 《자기 발견의 기술(The Art of Self-Discovery)》(New York: Bantam Books, 1994).

4장 의식하는 삶2 : 목표 의식

1) 심리적 가시성에 관해 더 알고 싶으면 《자존감의 심리학》과 《낭만적 사랑의 심리학》을 보라.

2) 이 표현은 워런 패럴에게 빚진 것이다.

3) 여기에서는 이 여성 지인의 말을 일부만 짧게 소개했는데 나의 다른 책 《책임지기》의 '자기 책임과 낭만적 사랑'을 다룬 장에 전문을 수록했다. 의도하건 의도하지 않건 개인적 고백이라는 느낌 없이 이 주제에 관해 말할 수 있는 사람은 아무도 없다는 점은 《낭만적 사랑의 심리학》에서 논의했다.

4) "The Era of Conscious Action," in *Encyclopaedia Britannica Book of the Year*, 1973. 이 문제에 관해 더 알고 싶으면 《자존감의 여섯 기둥》을 보라.

5장 나의 내면 세계 의식하기

1) 인간의 몸을 바라보는 다양한 관점을 이렇게 표현하는 것은 지나치게 단순화한 것이라고 말할 수 있다. 하지만 나는 이것이 핵심이라고 믿는다.

2) 나는 이 단계에 대해 나의 다른 책 《책임지기》에서 설명했다.

3) 나의 다른 책 《자기 존중》을 보라.

6장 의식하기와 자존감

1) 때때로 나는 "자존감이란 삶의 어려움에 유능하게 대처하고 자신이 행복할 자격이 있다는 것을 경험하는 것"이라고 간단히 정의하지만, 더 정확하게 표현하려면 더 자세히 길게 진술해야 한다.

2) 이 주장에 관해서는 《자존감의 여섯 기둥》에서 더 자세히 다루었다.

3) Roy F. Baumeister, Joseph M. Boden, and Laura Smart, "Relation of Threatened Egotism to Violence and Aggression: The Dark Side of High Self-Esteem," *Psychological Review* 103 (1996) 5-33.

4) Scott Mckeen, *Edmonton (Alberta) Journal*, March 18, 1996.

7장 의식하기와 영성

1) 불교의 몇몇 종파는 유신론적이다.

2) 나는 물론 신앙인이 이런 진술을 받아들이는 것은 고사하고 이해하는 것도 매우 어려울 수 있다는 것을 이해한다. 용어와 진술이 언제 의미가 있고 언제 무의미한지를 인식하는 것을 배운 사람들이 거의 없다는 것이 우리 교육 제도의 약점이다. 우리는 이런 정보를 얻기 위해 대학의 철학 수업을 기다려서는 안 된다. 최소한 고교 수준에서도 가능해야 한다.

3) 신이 실존한다는 주장에 근거가 되는 주요 '증거들'과 그 '증거들'에 대한 탁월한 철학적 반증을 존 호스퍼스(John Hospers)가 쓴 다음 책에서 볼 수 있다. 《철학적 분석은 어떻게 하는가?(Introduction to Philosophical Analysis)》 (third edition, chapter 7, Englewood Cliffs, New Jersey: Prentice Hall, 1988).

4) Jean Piaget, *The Essential Piaget*, New York: Basic Books, 1977.

5) 로런스 콜버그(L. Kohlberg), 《도덕성 발달에 관한 에세이(Essays on Moral Development)》(vol 1, San Frnacisco: Harper, 1981). 나는 발달의 최고 수준에 관한 콜버그의 견해에 전혀 동의하지 않는다. 《자기 존중》에서 밝혔듯이 나는 합리적이고 계몽된 자기 이익의 도덕을 옹호하지만, 콜버그는 자기 이익과 관련 없는 의무의 도덕을 옹호한다.

6) David Hume, *Treatise of Human Nature*, London: Oxford University Press, 1978, 252.

7) W. T. Stace, *Mysticism and Philosophy*, London: Macmillan Press Ltd., 1980, 124.

8) 이 문제를 더 자세히 알고 싶고 에인 랜드가 '자명한 개념'이라고 불렀던 '자기(Self)'에 관해 더 잘 이해하려면 랜드가 쓴 다음 책을 보라. 《객관주의 인식론 입문》(expanded second edition, edited by Harry Binswanger and Leonard Peikoff, New York: Meridian, 1990, 251-256).

9) Ayn Rand, *Atlas Shrugged*, New York: Random House, 1957, 1015.

10) Stace, *Mysticism and Philosophy*, 321-322, 324.

11) Ken Wilber, *Up from Eden*, Garden City, New York: Anchor Press/ Double-day, 1981.

12) J. Levy, "Transpersonal and Jungian Psychology," *Journal of Humanistic Psychology*, vol. 23, no. 2, Spring 1983, 49.

13) 에인 랜드의 《아틀라스》, p. 1031. 랜드와 나는 서로 동의하지 않는 부분들이 있지만, 나는 랜드의 작품에 뜨거운 갈채를 보낸다. 이 소설의 절정 부분에 등장하는 연설(나는 약간만 인용했다)에서 자기 희생을 분석한 부분은 내가 이제껏 읽었던 글 중에서 가장 걸출한 철학적 분석이라고 생각한다.

14) Rand, *Atlas Shrugged*, 1052.

고연수

전남대학교 사범대학을 졸업했고, 현재 번역가로 일하고 있다. 한국어로 쓰인
소설을 영어로 번역할 수 있으면 좋겠다는 소박한 꿈을 꾸며 날마다 글쓰기를
하고 있다. 옮긴 책으로 《토드를 위한 심리 상담》《여성 영웅의 탄생》이 있다.

자존감의 첫 번째 계단

2018년 12월 31일 초판 1쇄 발행

- ■ 지은이 ──────── 너새니얼 브랜든
- ■ 옮긴이 ──────── 고연수
- ■ 펴낸이 ──────── 한예원
- ■ 편집 ──────── 이승희, 윤슬기, 양경아, 유리슬아
- ■ 본문 조판 ──────── 성인기획
- ■ 펴낸곳 교양인

　　　　　　우 04020 서울 마포구 포은로29 202호
　　　　　　전화 : 02)2266-2776 팩스 : 02)2266-2771
　　　　　　e-mail : gyoyangin@naver.com
　　　　　　출판등록 : 2003년 10월 13일 제2003-0060

이 도서의 국립중앙도서관 출판예정도서목록(CIP)은 서지정보유통지원시스
템 홈페이지(http://seoji.nl.go.kr)와 국가자료종합목록시스템(http://www.
nl.go.kr/kolisnet)에서 이용하실 수 있습니다. (CIP제어번호 : CIP2018041348)